學貫大成

百〇七歲叟馬識遠

国学经典

中华上下五千年

张婷婷 编著

第五卷

民主与建设出版社
·北京·

刘知远建后汉

刘知远于天福十二年（947）二月在晋阳即皇帝位。六月入大梁城（开封），改国号为汉，仍用后晋天福年号。以汴州（治所大梁城）为东京，史称"后汉"。后汉广顺元年正月为后周所灭，仅存在四年。

刘知远（895—984），沙陀部人。其先祖世居沙陀，后移居太原。刘知远与石敬瑭均为李存勖之偏将。李存勖建后唐，石敬瑭为太原（治所在晋阳）节度使，刘知远为其部将。

石敬瑭密谋河东称帝时，刘知远也出过点子，但对石敬瑭向契丹称儿、称臣、割地、输财的做法却很有异议，但这些建议不被石敬瑭所采纳。石敬瑭建后晋，刘知远任陕州节度使。天福六年（941）刘知远改任北京（今太原）留守、河东节度使。七年六月，石敬瑭死，其侄子石重贵即位，是为晋出帝。晋出帝加刘知远为"检校太师"，又晋其为中书令。

刘知远是后晋的河东节度使。当后晋与契丹交战时，他广募士卒，有步骑五万人，声言防备契丹，却按兵不动，采取观望态度据守本境。

后晋将领杜威投降契丹后，一部分后晋军逃归河东，增加了刘知远的势力。契丹贵族耶律德光攻入后晋都城开封称帝后，刘知远一面防止契丹入侵，一面派人三次入开封刺探辽的国情。辽主企图拉拢刘知远，刘知远则以静制动，在耶律德光开封称帝后，不久亦在晋阳（今山西太原）起兵，称帝，即后汉高祖。

刘知远称帝后，并不建立国号，以此来收揽人心。刘知远继续使用后晋高祖石敬瑭所用的年号，以示不忘晋朝。辽太宗耶律德光闻知刘知远称帝便下令削夺刘知远的官爵，并派耿崇美为潞州（今山西襄垣县）节度使、高唐英为相州（今河北临漳县）节度使、崔廷勖为河阳（今河南孟州西）节度使，包围河东地区。在与辽的争战中，刘知远以迎晋出帝（石重贵）到晋阳为名出兵抗辽。其下诏令河东各处官吏，不得搜刮百姓的钱帛贡奉契丹，处死所辖地区残酷剥夺百姓的契丹族官吏，慰劳表彰武装抗辽的民众。刘知远的措施与辽在开封附近大肆掠夺的政策形成鲜明的对照，因

而获得民众的支持，后晋的旧臣武装纷纷归附刘知远，为灭辽出谋划策。河东境内及其他地方的民众也纷纷组织起义军，到处攻杀辽的守军，抢占城镇。一些被迫投降辽的后晋官吏此时也杀辽官而降刘知远，并以此谋求官位。刘知远在民众的支持下，先打破了辽的围攻，其支持潞州权知留后王守恩击退耿崇美的进攻。辽所派相州节度使高唐英尚未到任，州镇早已为梁晖据有。会同十年（947）年末，辽太宗终因中原地区民众起义此起彼伏，契丹人不习惯中原水土等原因而仓皇撤军北返。

刘知远随后又采取大将郭威的建议，先定陕晋，后攻汴洛。派自己的弟弟刘崇镇守太原，自己则亲率大军由太原出阴地关（今山西灵石县西南）至晋（今山西临汾县）、绛（今山西新绛县），安定了陕、晋后方，又委派部将史弘肇为先锋，攻进汴洛。史弘肇治军严明，兵卒人人奋勇，一路所向披靡。辽守将闻刘知远进攻，纷纷弃城北逃。洛阳守将刘晞在刘知远发兵的前两天便弃城而逃往大梁（今河南开封附近）。刘知远自太原发兵，仅用了二十一天便占领洛阳。在洛阳下令改国号为汉，是为后汉，仍续用后晋石敬瑭天福年号，刘知远则为后汉高祖。自洛阳进军开封，一路畅行无阻。刘知远入开封后，后晋时的藩镇相继降汉称臣，黄河以南的州镇名义上归后汉所有。

天雄节度使、后晋的叛将杜威，盘踞魏州以抗后汉。刘知远率兵亲攻魏州，杜威力竭而降，刘知远杀杜威，魏州归后汉所有。乾祐元年（948），麻答与耶律忠慑于定州民众起义，弃城而逃归辽国，定州亦被收复。后晋末陷入契丹的州县至此已皆为后汉所有。

石敬瑭割地建后晋

石敬瑭，沙陀族人，后唐明宗的女婿。明宗末年，身兼太原尹、北京（今山西太原）留守、河东节度使三要职，握有重兵和财权。明宗死后，即位的闵帝想让他移镇成德而未成功。清泰元年（934），唐末帝即位，对石敬瑭也怀有戒心。石敬瑭把他在洛阳和诸道储存的财物全部收归晋阳；又借口备边，请求增兵运粮，把驻守在幽州、并州的禁军也控制在他的手中，这一系列动作加剧了他和唐末帝之间的矛盾。

清泰三年（936）五月，唐末帝听从大臣薛文遇的建议，命令石敬瑭移镇天平（郓州军号，今山东东平）。石敬瑭拒命，并与部下桑维翰、刘知远等在晋阳起兵叛乱，宣称末帝是唐明宗养子，不应立做皇帝，要求其传位许王。末帝颁下诏书剥夺敬瑭所有官爵，任命张敬达为太原四面兵马都部署，杨光远为副，率兵讨之。六月，后唐的军队把石敬瑭围困在晋阳城中。七月，石敬瑭遣使向契丹求救，令桑维翰草表称臣于契丹国，请以父礼事之，约事捷之日，割卢龙一道及雁门关以北诸州给契丹。契丹主耶律德光得表大喜，答应秋季时倾国赴援。九月，耶律德光亲自率领五万骑兵来援救石敬瑭，后唐对契丹毫无戒备，没有提前在雁门等险要的关口驻兵把守，使得契丹兵轻易度过险要，在晋阳城外大败唐兵。石敬瑭会合契丹兵后，乘胜把唐兵五万多人，战马上万匹包围在晋安（晋阳城南）寨中，阻断了张敬达和后唐朝廷的联络。十一月，耶律德光在太原城北门外的柳林册立石敬瑭为大晋皇帝，石敬瑭穿戴契丹服饰接受了册封，并和契丹订下盟约，向契丹称"子"，把幽（北京）、蓟（天津蓟州区）、瀛（yíng，河北河间）、莫（河北任丘）、涿（河北涿州市）、檀（北京密云）、顺（北京顺义）、新（河北涿鹿）、妫（北京怀柔、延庆）、武（河北宣化）、云（山西大同）、应（山西应县）、寰（huán，山西朔县东马邑镇）、朔（山西朔县）、蔚（山西蔚县）十六州割让给契丹，每年向契丹贡献布帛三十万匹。天福元年（936），改年号为天福，国号晋，这就是历史上所称的"后晋"。

同年十一月，后唐又委任卢龙节度使赵德均为诸道行营都统，来抗御契丹，围攻石敬瑭。赵德均趁机要挟唐末帝，企图扩充自己的实力，遭到拒绝，因此，他把军队驻扎在团柏口，暗中却派遣使者用重金贿赂契丹主，请求立己为帝。契丹主因率孤军深入，担心被截断退路，而准备答应赵德均的请求。石敬瑭听到这个消息后，立即派遣桑维翰卑躬屈膝地乞求契丹主拒绝赵德均的请求，并且指石为誓。几个月后，被包围在晋安寨中的唐兵粮草皆尽，又得不到援兵，因此杨光远杀招讨使张敬达，向契丹投降。晋高祖石敬瑭留他的侄子石重贵镇守河东，亲自率兵和契丹主一起南下，驻扎在团柏口的唐兵不战而溃，赵德均、赵延寿父子逃回潞州后也投降了契丹，被押解到契丹去了。耶律德光到潞州后，留下五千骑兵继续帮助后晋，自率大军返回契丹。石敬瑭则率军继续向洛阳逼近。天福元年（937）闰十一月二十六日唐末帝在玄武楼自焚而死，后唐亡。石敬瑭进占洛阳后，因当地宫室残破，便把汴梁（今河南开封）作为都城。

天福二年（937）二月，晋天雄节度使范延光自感被石敬瑭猜忌，因此举兵反叛，自称天子。晋派东都巡检使张从宾、侍卫都军使杨光远率兵征讨。不料张从宾到河阳（今河南孟州市）后，反而举兵响应范延光的叛乱，并且杀掉了石敬瑭之子石重信，回兵攻入了洛阳。直到七月，张从宾才被石敬瑭的军队击败，溺死洛水。义成节度使符彦饶也打算响应范延光，但刚刚起兵就被部下拘捕。范延光孤军无援，困守广晋（今河北大名县东）年余，不得不投降。石敬瑭仍封之为高干郡王，但授以冗职（闲散的官职），把他羁縻在汴京福。天福三年（938）七月，晋帝向契丹主及太后献上尊号，奉表称臣，称契丹主为"父皇帝"。十月，契丹封晋帝为英武明义可汗。晋建东京于汴州，以汴州为开封府，以东都洛阳为西京，以西京长安为晋昌军节度。

当初，石敬瑭把雁门关以北的地方都割给了契丹，因而吐谷浑等都归属契丹。但是吐谷浑忍受不了契丹的暴虐统治，想重新归属中国，并且晋成德节度使安重荣也不断施以利诱。因此，吐谷浑诸部落千余帐归附于晋。契丹大怒，遣使切责晋帝招纳叛人。天福五年（940），晋帝下令驱逐散处在并（山西太原）、镇（河北正定）、忻（山西忻县）、代（山西代县）四州山谷中的吐谷浑人，使还故地。次年六月，成德节度使安重荣耻于向契丹称臣纳贡，杀掉了契丹的使臣，又抢掠幽州的南部边境，上表斥责晋帝认契丹为父，竭尽中国的财富去满足贪得无厌的北房，要求进攻契丹，遭到桑维翰的极力反对。八月，晋帝亲自到邺都，连下十道诏书劝谕安重荣，但毫无效果。十月，晋河东节度使刘知远派遣亲信将领郭威劝说吐谷浑断绝和安重荣的往来，归属晋王朝。因此吐谷浑首领白承福率众降晋，刘知远把他们安置在太原东山及岚、石之间，并且上表推荐白承福为大同军节度使，收其精骑隶麾下。十一月，山南东道节度使安从进联结成德节度使安重荣，首先举兵反叛。十二月，安重荣也反，募集境内饥民数万，南下汴梁，被晋军打得大败，只好退守镇州。次年正月，镇州牙将引导晋兵攻入城中，安重荣被杀。石敬瑭令以漆漆安重荣的头颅，装在木函中送到契丹，改镇州为恒州。七月，晋高祖石敬瑭死，他的侄子石重贵继承了皇位，史称晋出帝。遣使到契丹告哀，称孙不称臣，契丹大怒，遣使责之，并且声称"何得不先承禀，遽即帝位"。八月，晋军攻克了围攻一年多的襄州（今湖北襄樊），安重荣全族人自焚而死。

天福八年（943）十二月，契丹主派赵延寿率领幽、云数州兵五万多人南扰晋境，并且许诺事成之后立赵延寿为帝。晋也修筑边城，征调附近各道军队防备契丹的进攻。天福九年（944）正月，契丹大举南犯，攻陷了贝州，从雁门关到恒、邢、沧分几路向南推进。二月，晋平卢节度使杨光远背叛晋朝，勾结契丹，在青州（今山东益都）举兵反晋。契丹自马家口渡河攻打郓州，响应杨光远的起兵，但在马家口被晋军打得大败，溺死俘斩数千人，因此不敢东渡，断绝了对杨光远的援救。三月，契丹主亲自率领十万大军攻打澶州（今河南濮阳南。澶，chán），苦战至暮，双方死伤不可胜数。契丹引退，分遣北归，所过焚掠，方圆千里被一掠而空。五月，晋派兵征伐杨光远，至十二月青州城中饿死大半，契丹援兵不至，其子胁迫杨光远开城纳官兵，杨光远被杀。同年冬天，耶律德光再次南侵，河北诸州告急。开运二年（945）二月，晋出帝征调诸道兵，下诏亲征，至澶州后，诸军依次北上，三月会于定州（今河北定县），攻契丹，取泰州（今河北保定）。契丹主从古北口拥众南下，晋军退至阳城（今河北顺平县）反击契丹。大败契丹军后，结阵南下，在白团卫村又被契丹包围。晋军都招讨使杜威畏敌不战，马步都监李守贞等率军奋击，又大败契丹，追敌直至阳城。六月，晋遣使向契丹奉表称臣，卑辞求和。由于契丹企图割据镇定两道而没有成功，后晋开运三年（946），契丹主指使赵延寿和瀛州刺史诈降后晋，暗送假情况诱骗晋朝。十月，晋中计，命杜威为北面行营都招讨使、李守贞为兵马都监，大规模发兵征伐契丹。十一月，契丹第三次南下，自易、定州入寇。杜威率军退至武强后，准备继续南撤，正值张彦泽从恒州率兵来会合，彦泽声称辽兵可破。因此，杜威率军再次向恒州进发，双方夹滹沱河（在今山西境内。滹，hū）对峙。但是，杜威畏敌不战，被契丹兵切断了粮道和归路之后，率众投降。契丹乘势自邢、相（今河南安阳）州向南进攻，杜威率降兵以从。契丹派遣降将张彦泽领两千骑兵直取大梁。张彦泽率兵倍道疾驱，夜渡白马津，于后晋开运四年（947）一月十二日，从开封北门斩关而入，晋出帝降，后晋至此灭亡。

后晋历晋高祖、晋出帝两帝，前后存在约十二年而亡。

燕云十六州

燕云十六州，又称"幽云十六州""幽蓟十六州"，是指中国后晋天福三年（938）石敬瑭割让给契丹的位于今天北京、天津以及山西、河北北部的十六个州。"燕云"一名最早见于《宋史·地理志》。936年，后唐河东节度使石敬瑭反唐自立，向契丹求援。契丹出兵扶植其建立晋国，辽太宗与石敬瑭约为父子。作为条件，两年后，即938年，石敬瑭把燕云十六州之地献出来，使得辽国的疆域扩展到长城沿线。

唐朝灭亡之后，沙陀人李克用建立后唐。到末帝李从珂继位时，大将石敬瑭为河东节度使。后来，末帝开始对石敬瑭起疑，石敬瑭也暗中谋自保。石敬瑭以多病为由，上表请求朝廷调他到其他藩镇，借此试探朝廷对他的态度。末帝在清泰三年（936）五月改授石敬瑭为天平军节度使，并降旨催促其赴任。石敬瑭怀疑末帝对他起疑心，便举兵叛变。后唐派兵讨伐，石敬瑭被围，向契丹求援。九月契丹军南下，击败唐军。石敬瑭在十一月受契丹册封为大晋皇帝，认契丹主为父，自称儿皇帝，然后向后唐都城洛阳进军，末帝在闰十一月（937年1月）自焚，后唐遂亡。石敬瑭灭后唐后，建立后晋，并在938年按约定将燕云十六州献给契丹。

燕云十六州被割让以后，中原失去了与北方游牧民族之间的天然屏障和人工防线，辽国也开始从单纯的游牧民族，向游牧与农耕相交杂的民族发展。在燕云十六州，汉族也和契丹族混居。

显德六年（959），后周世宗柴荣率军攻辽，水陆并进，一个多月内收复瀛、莫、宁（天津静海区南）三州，以及益津关（河北霸州市）、瓦桥关（涿州市南）、淤口关（故址在今河北霸州市东信安镇）三关。五月，欲攻取幽州（今北京）时，因病重班师，六月十九日，卒于东京（今河南开封）。

932年，后唐明宗李嗣源派遣他的女婿石敬瑭出任北京留守、河东节度使，晋阳城迎来了它的新主人。

虽然富贵后的石敬瑭自称春秋卫国石大夫和汉丞相石奋是他的先祖，却改变不了他世代沙陀族的血统。他父亲是李克用的部将，名叫臬捩（liè）鸡，一个现代人看来很有个性的名字。出生于太原的石敬瑭朴实稳重，寡言少笑，喜好兵法，古代名将李牧、周亚夫是他尊崇的楷模。石敬瑭射术精良，李嗣源器重他的才干，将自己的亲军"左射军"交给他统领，后来又将他招为女婿。

石敬瑭成名于晋梁夹河苦战时期，曾在晋军受到突袭时率领十余名骑兵纵横驰骋于敌阵之中，势如破竹，连一向骁勇异常的李存勖也由衷地赞叹道："人们说将门出将，这句话果然不假！" 926 年，受命镇压魏州兵变的李嗣源被部下劫持拥立为皇帝，就在他举棋不定的时候，政治上更有远见的石敬瑭分析当时的严峻形势之后，自告奋勇以三百骑兵为先锋夺取大梁，为李嗣源登基立下了汗马功劳。

然而，也正因为这些原因，石敬瑭受到继位后的唐闵帝及其谋臣的猜忌，将他和手握重兵的凤翔节度使李从珂调任，借此来削弱他们的实力。李从珂拒不受命，打着"清君侧"的旗号率兵攻入洛阳，闵帝在百名亲骑的保护下出逃，路上遇到回京接受调任的石敬瑭，居心叵测的石敬瑭以闵帝的随从有叛变之心为借口将他们全部诛杀了，将闵帝孤身一人留在卫州驿站，自己率人马扬长而去，从而导致闵帝被李从珂派人缢杀的结局。

李从珂即位不久，在一些大臣的劝说下，让大病初愈的石敬瑭官复原职，但二人之间的猜忌仍未化解。一向与李从珂不睦的石敬瑭回到晋阳之后，开始积蓄力量，不断以防备契丹为由要求朝廷增兵运粮。这年夏天，朝廷派遣使臣来到石敬瑭军中，向军士们发放夏装，并宣旨抚慰，深受感动的士卒四次高呼万岁，石敬瑭因此命令部将处斩了三十六名带头谢恩的军官和士卒，此举无非是想像后世的年羹尧一样，建立一支不受君命听将令，完全服从于自己的私家军队，石敬瑭拥兵自重的野心暴露无遗。

936 年，石敬瑭上书请求调任到内地军镇，借以试探朝廷的态度，李从珂考虑再三，在意识到有可能招致变乱的情况下调任石敬瑭为天平节度使。诏书下到晋阳，石敬瑭召集下属商议对策，大将刘知远说："明公统军多年，众望所归，凭借晋阳的有利地势和精锐部队，一定可以成就霸业，怎么可以受制于一纸诏书而自投虎口呢?！"石敬瑭最终下定决心起兵，以李从珂不是先帝亲子为由上书，要求李从珂传位给许王，公开与后唐朝廷决裂。不久，绰号"张生铁"的后唐大将张敬达奉命率军三万兵临晋阳城下。

然而，以当时的实力，石敬瑭还不足以抗衡李从珂，谋臣桑维翰因此提出了借助契丹力量的建议。

契丹是古代鲜卑族的一支，朱温称帝的那一年，耶律阿保机被推举为契丹首领，九年后统一契丹各部，建立政权。契丹据有中国北部和东北部的广阔地区，凭借兵强马壮多次南侵。阿保机曾经率兵骚扰云州，晋王李克用北上与之会盟，结为兄弟，相约共讨朱温，因为双方会盟有怀想仁人之意，所以，将会盟之地命名为"怀仁"，至今沿用。但背信弃义的阿保机后来却投靠了朱温，李克用因此在去世前留下一支箭嘱托李存勖北击契丹，四年后，李存勖率领以步兵为主力的十万晋军，在幽州大破号称三十万的契丹骑兵，完成了李克用的遗愿。此后，双方又发生多次战争，觊觎中原的契丹成为后唐王朝的主要威胁之一，也正因为如此，负有北部边防重任的石敬瑭才得以积蓄起使他产生反叛之心的军事实力。

面对大兵压境，石敬瑭让桑维翰草表向契丹称臣，以父子相称，以求得契丹出兵相救，并许诺事成之后割让北方诸州作为酬谢。对此，石敬瑭最为信任的大将刘知远提出劝阻，并且指出，此举将会使契丹成为中原的心腹大患而令人追悔莫及。然而，利令智昏的石敬瑭早已置国家利益于不顾，他眼里此时只有他的一己私利。

周世宗改革

　　周世宗，本姓柴名荣，其姑为周太祖（郭威）圣穆皇后，柴荣幼从姑在周太祖家，因谨厚深得周太祖喜爱，被周太祖收为义子。柴荣长大后，器貌英奇，善骑射，性沉重寡言。乾祐三年（950）冬，周太祖推翻了汉隐帝的统治，建立后周，柴荣被任命为澶州刺史、检校太傅、同中书门下平章事。广顺三年（953）拜为开封尹，进封晋王。显德元年（954），后周太祖郭威病死，周世宗继位。他在周太祖革弊的基础上，继续进行改革及新政。

　　周世宗精明强干、志气宏大，即位后，他澄清吏制，赏罚分明，任用李谷、王溥、范质等人为宰相，魏仁浦为枢密使，整顿纲纪，内政上取得了很大成就。

　　针对当时佛教传播极盛，各地寺院林立，隐匿编户甚多的现象，周世宗实施了毁佛计划。显德二年（955），周世宗下令天下寺院，非敕额（朝廷特许）者一律废除；禁私度僧尼，只许两京、大名府（魏州）、京兆府（长安）、青州五处设戒坛；不得家长允许，不许受戒出家；禁僧俗舍身、断手足、炼指（束香于指，以火烧灼，为僧尼修炼苦行之一）、挂灯（僧俗以身肉为灯，点燃以供佛，是一种修行方法）、带钳等惑人恶俗；令两京及诸州每年造僧尼帐，有死亡、还俗，都随时销账。这一年，天下寺观存留两千六百九十四所，僧四万二千余人，尼一万八千余人，寺院废除三万三百三十六所。减少寺院和僧尼，就是减少剥削者和坐食者，对民众有利。自佛教盛行以来，寺院多销铜钱造佛像，周世宗下令寺院除钟磬钹铎（bó duó，二者均为古代乐器）之类得留用外，所有铜佛像，一律送官府收买，用作铸钱原料，这使唐末以来长期缺钱的局面有所改变，有利于商贸流通的发展。

接着，周世宗又开始了他统一中国的战争。当时后蜀割据四川，并占据了陇西的秦、凤、阶、成四州，为了进取四川，显德二年五月，命郭向训、王景代蜀，攻取了陇西四州，三年（956）南征，对南唐用兵，至五年（958）三月，攻取了淮南、江北十四个州，势力南达长江。

对外用兵的同时，周世宗很注意恢复本国的生产。当时，战乱频繁，民户多离乡背井，四散逃亡。周世宗鼓励民户回乡定居，减免各种无名科敛，对来自西川、淮西和河东等处的流民，一律分给荒闲田地作为永业。他颁布了逃户田地的处理方法：鼓励农民垦殖逃户田，规定田主在三年内回乡的，归还其一半耕地；五年内回归的，给还三分之一。但上述两种情况均不包括佃户所盖的屋舍和种植的树木、园圃。对于五年以外回归的人，除坟茔地外，一律不归还；至于从契丹统治下回归的人，对他们在外的年限和获得土地的数量等规定，都相对有所放宽。显德五年（958），他依据元稹《均田表》所说的均平田租的办法，制成《均田图》，颁给诸道节度使、刺史各一，做好均田准备。不久，派出朝官三十四人，分行诸州，均定黄河以南六十州田租，取消特权。十二月，下诏诸色课户俸户编入州县民籍，所有幕职及州县官，由朝廷发给俸钱米麦，扫除唐初以来三百数十年的弊政。

周世宗也整理了法制。五代相沿，律令格式敕积至一百五六十卷，文字难懂，条目又繁杂不一，贪官污吏得以舞文弄法，陷害民众。周世宗令御史张湜（shí）等注释删节，王溥、范质等据文评议，评定为《刑统》二十一卷。显德五年（958），颁布

《大周刑统》，使全国遵守统一的法律，宋朝沿用《刑统》，成为继承《唐律》的一部重要律书。

恢复生产、整顿法律的同时，周世宗在军事上又继续实施他的远大抱负。显德六年（959）三月，他开始北征契丹，收复了燕云十六州中的瀛、莫二州。但在这次北伐契丹的战役中，他得了重病，没有完成"统一"中国的事业，于六年夏天病逝。

周世宗是中国历史上一位杰出的皇帝，他基本上结束了唐末以来政治腐败、藩镇跋扈的局面，恢复了北方地区的农业生产，为北宋的统一奠定了基础。建隆元年（960）赵匡胤推翻后周，建立北宋，统一了中国，但若论结束分裂割据局面的第一有功之人，当属周世宗。

耶律阿保机建契丹国

还在 4 世纪的时候，在辽河上游居住着一个少数民族，叫契丹族。当时，他们还处在氏族社会，过着渔猎和畜牧的生活。后来，伴随着人口的不断增加，逐渐发展成为八个部落。唐朝时候，这些部落结成了部落联盟，各部落的首领公推一人，作为部落联盟首领，统一领导各部落作战、生产和处理对外关系。

唐朝末年，汉族人民不断迁往契丹族居住的地区，开荒谋生，带去了一些先进的生产技术。契丹族人民在和汉族人民接触的过程中，逐渐学会了种地、织布、冶铁和建造房屋，开始过定居生活。

随着社会生产力的发展，氏族里出现了贫富分化现象，一些贫苦的氏族成员逐渐沦为奴隶；一些部落首领在跟外族作战中，把掳掠的大批战俘作为奴隶，自己变成了大奴隶主。

这样，原来的氏族部落组织已经不适应保护大奴隶主利益的需要了，在这种形势下，契丹族一个叫耶律阿保机的首领自称皇帝，建立了国家。

872年，耶律阿保机出生在迭剌部落耶律氏族一个贵族家庭里。契丹部联盟中有一个管理军马大权的重要职位，叫夷离堇（jǐn）。后来，契丹部落联盟中又设置了一个职位，叫于越，负责掌握部落联盟的军事和行政大权，比夷离堇的地位还要高。阿保机曾经先后担任夷离堇和于越，掌握了军政大权。

打这以后，阿保机不断发动对外战争，掠夺大量的财富和奴隶，他的权力很快就超过了部落联盟首领。唐朝灭亡那年（907），经过部落选举，阿保机当了部落联盟首领。从此，他不再担任于越和夷离堇的职务，但是，仍然紧抓军事和行政实权不放。他还建立了一支精兵，作为自己的侍卫亲军。

契丹部落联盟首领，本来是三年推选一次。可是，阿保机做到第五年，还不肯让位。很多贵族非常不满，就起来反对阿保机。阿保机镇压了这些贵族的反抗。

第二年，有些贵族又起来反抗，连担任于越和夷离堇等重要职务的贵族也参加了。当时，阿保机正领兵在外，他没有出兵反击，而是下令举行传统的选举仪式，结果，他又被推选为部落联盟首领。这就使反抗的人失去了反对的理由，只好向阿保机"谢罪"，表示愿意服从他的领导。

事情并没有结束，那些贵族不甘心他们的失败，决计策划一次大规模的战乱。几个月之后，战乱发生了。乱军到处杀害人民，抢劫财物，杀死牲畜，阿保机的士兵只好杀幼马、采野草做食物。

这次战乱前后长达两个月之久。经过艰苦的斗争，阿保机终于平息了战乱，并把三百多个参与这次战乱的人处了死刑。从此，他的地位更加巩固了。

那些参与战乱的贵族，都是氏族制度的维护者和代表者，他们反对阿保机建立奴隶主专政的国家。阿保机和他们之间的斗争，实质上是两种势力、两种制度之间的斗争。阿保机是经过激烈的斗争才取得胜利的，他决定废除部落联盟的旧制度，正式建立国家机构。

可是，这个国家机构怎样建立呢？

由于阿保机经常侵入汉族地区，俘虏大批的汉人，受汉族文化的影响比较深，所以，他决心按照汉族的政治制度来建立契丹的国家机构。

五代时候，后梁有个官员叫韩延徽，曾经出使过契丹，被阿保机扣留下来。阿保机见韩延徽很有才能，就加以重用。韩延徽在政治、军事，以及建立国家机构等方面，帮阿保机出了很多主意，后来他被封为契丹国的开国功臣。

916年阿保机在临潢府自称皇帝。他自己称为"大圣大明天皇帝"，他妻子称为"应天大明地皇后"。他儿子耶律倍被立为太子，年号叫"神册"。一个新的国家在北方诞生了。

阿保机在这个新成立的国家里，进行了一系列改革。他派人创造了契丹文字，制定了法律；对于那些在契丹统治下的汉族人民，仍旧依照汉族的法律治理。他还模仿汉族的城市，在潢河建造京城，称为上京。此外，阿保机还采取一些发展农业和商业的措施。这些做法在当时都是有进步意义的。

阿保机称帝建国，是契丹历史上一件了不起的事情。从此契丹历史进入了一个新的时期。

契丹建国以后，阿保机不断向周围各族进行大规模的扩张。那时候，中原地区正处于五代十国统治时期，群雄割据，不断混战。阿保机利用这个机会，侵入河北东北部，攻占了许多州县。接着，他又消灭了辽河流域一带鞣鞠（róu jū）族建立的渤海政权，统一了大漠南北和东北广大地区。他领导的契丹成为当时我国北方一个强大的地方政权。

916年，阿保机建国时，国号是"契丹"。到947年，国号改为辽，这就是辽王朝。

后周高平之战

后周的统一战争始于后周显德元年（954）正月，止于后周显德六年（959）六月，前后历时六年多。后周世宗郭荣显德元年（954）正月，北汉主刘崇乘周太祖郭威死、周世宗郭荣年少之机，联合契丹，欲一举灭后周。二月，辽派大将杨衮率马步军五万，号称十万，来到太原。北汉主亲率骑兵三万，以张元徽为先锋，与契丹杨衮数万兵进逼潞州。大军南出团柏谷之后，张元徽斩周潞州节度使李筠的部将穆会均，击败李筠。李筠逃归潞州，汉兵旗开得胜，乘势向南挺进。

显德元年三月，周世宗命郑仁海留守东京开封，命符彦卿、郭崇威从磁州（隶属河北省邯郸市）出兵赴潞州，命王彦超从晋州出兵，命樊爱能、何徽等领兵自开封先行北进，让反对迎敌的冯道去当山陵使为郭威修坟墓去了。

周世宗郭荣看到宋、唐、晋、汉四朝朝令夕改，都无力统一天下，致使天下战乱连年，便抱定大志，要统一天下，结束战乱。他不顾群臣反对，挂帅亲征。为了麻痹刘崇，周世宗故意要求部下不要打出龙旗，以骄刘崇之兵。就这样，五代史上著名的后周统一战争的序幕拉开了。

北汉主扎营于高平（治今山西晋城东北）之南，列阵巴公原（今山西晋城北30里），因见周军人数不多，便命张元徽率千骑逆风攻击周右军，两军刚一交战，周将樊爱能、何徽引骑兵先逃千余（一说数千），步卒解甲降敌，呼万岁声振动川谷。戎服督战的周世宗却临危不惧，跃马入阵，引五十名亲军直冲北汉主牙帐（中国古代将帅所居营帐）。宿卫将赵匡胤等也率兵猛击，张元徽等被杀。此时，南风呼啸，周军乘风势向前推进，北汉兵溃不成军。契丹杨衮既害怕周军，又恨北汉主骄狂自大，遂引军退走。

周世宗郭荣在巴公原大胜，挥军追赶刘崇。刘崇一路逃，一路收集溃兵，又聚合了万余人，退到一个山涧，越过山涧时，周兵已经追到。刘崇令人马据涧列阵，想抵挡一下。周世宗郭荣下令人马越涧杀敌。这时，刘词的后军赶到，周军声威更壮，喊声震荡山后谷。汉兵见周兵骤然增多，挥头就跑。周军杀过山涧，只杀得汉兵尸横遍野。周世宗攻杀了北汉大将张晖、枢密使王延嗣，并一路追击北汉主至高平，俘数千人，被杀者尸横遍野，所获辎重、兵器、驼马、乘舆、器服等不可胜数，北汉主化装后率百余骑逃回晋阳。

为整肃军纪，周世宗休兵于潞州（治今山西长治），大宴群臣，奖赏有功将士，有的士卒从行伍中被提升为军、厢等首领；又将临阵脱逃，剽掠辎重，骚扰百姓，不奉诏令，擅杀使臣和扰乱军心的樊爱能、何徽及麾下军使以上七十余人全部斩首，"由是骄将堕兵，无不知惧"，军威大振。于是，周世宗便想乘胜攻取晋阳，灭亡北汉。

北汉主逃回晋阳后，收罗残部，修缮器甲，加固城池，并且乞援于契丹，以抵御周军。

周世宗决定乘胜向晋阳进军，其军事部署是：任符彦卿为河东行营都部署兼知太原行府事，与镇宁节度使郭崇、宣徽节度使向训、侍卫马步都虞侯李重进等一起，率步骑两万人从潞州出发北攻晋阳，命王彦超等自阴地关（今山西灵石西南）出发北上，自率大军继后。合军而进，其目的在于北控忻口（今山西忻县之北五十五里），切断契丹的援路，任刘词为随驾部署，进击河东。

显德元年四月，周军发起进攻。符彦卿等攻占孟县（今山西省太原市东北），进抵晋阳城下。王彦超攻打汾州（治今山西汾阳），迫降北汉防御使黄希颜，莱州防御使康延沼攻打辽州（治今山西左权），密州防御使田琼攻打沁州（治今山西沁源），周世宗亲攻辽（治今山西昔阳）、沁（治今山西沁县）两州未下，后劝降北汉辽州刺史张汉超。数路人马构成一个分进合击的战势，向北汉境内推进。周军所到之处，州县纷纷投降，百姓亦箪食壶浆慰问将士。在一片凯歌声中，周世宗盲目地认为晋阳唾手可得，灭亡北汉的时机已经成熟。他不顾诸将提出班师回朝，准备刍粮（粮草，多指供军队用的饲料和粮食。刍，chú），待一切就绪后，留几十万人军聚于太原城下。由于粮草供应不济，剽掠百姓之事时有发生，令百姓很失望。

五月，周世宗亲至太原城下督战。当时，北汉代州防御使郑从谦已投降后周，晋阳以及屯驻于代、忻之间的数千名契丹骑兵已处于周军的夹击之下。周世宗命符彦卿等率步骑万余人先去攻打契丹，契丹退保忻口。由于周将史彦超恃勇轻进，战败被杀。

周兵伤亡惨重。

周军几十万大军屯于坚城之下达两个多月，后方给养已成问题，加上秋雨连绵，士卒疲病，周世宗被迫宣布班师。由于周军撤退仓促，队伍混乱，北汉兵又从后面抄袭，因而辎重的损失难以统计，已占据的州县又被北汉夺回。

杨行密"发迹变泰"

唐朝末年，江淮两浙的社会经济遭到严重破坏。藩镇将领、变兵和一些流窜的武装集团争城夺地，在大江南北进行混战。

扬州，这个唐代有名的繁华城市，从唐僖宗光启二年（886）到昭宗景福元年（892），六年有余，先经淮南节度使高骈部下诸将间的混战，后遭从北方南下的秦宗权部将孙儒的破坏，变成了一片废墟。

孙儒的流窜武装，到处烧毁房屋，掳掠丁壮妇女，以至杀人当粮，对社会生产产生极大的破坏作用。他在长江以北攻陷扬州、庐州（今安徽合肥），劫掠淮南各地，在江南又把润州（今江苏镇江）、常州、苏州烧抢一空，影响范围很大。

到了9世纪90年代初年，大江南北的局势逐渐安定，杨行密占有江淮，钱镠（liú）占有两浙，形成十国中的吴与吴越。他们推行了一些有利于生产的措施，促进了东南经济的恢复发展。吴越钱氏于978年纳土降宋，实际上存在了八十多年。吴后为南唐取代，中间没有经过战乱，到975年被宋所灭，实际上也达八十年以上。五代号为乱世，东南却比较安定，中国经济重心的南移，与唐代后期相比，有了更进一步的发展。

杨行密"发迹变泰"的故事很有点传奇色彩。他是庐州人，早年参加过地方上的农民起义，曾被俘获，侥幸没有被杀；后来应募当兵，做了队长，受上官欺压，带头起事，占了庐州，自称八营都知兵马使。这时，黄巢兵进关中，唐朝政府哪里管得了淮南地方上的事情，只得承认既成事实，拜杨行密做庐州刺史。

杨行密生得身材高大，力举百斤（一作三百斤），相传一天能走三百里路。他初起兵时，与田頵（yūn）、陶雅、刘威、刘金、徐温等心腹弟兄，号称三十六英雄，这些人颇有草莽豪杰的气息，与世代厕身（参与）军伍的藩镇旧将，出身和经历都有区别。

淮南节度使高骈是唐末大军阀，早年颇有英名，后来畏惧黄巢，不敢出扬州一步，声望顿减；他又迷信神仙，宠信方士，闹得与部下离心离德，被秦彦、毕师铎等囚禁起来，不久，被他们杀掉。杨行密以讨伐秦彦为名，进攻扬州，实际上是借此夺取地盘。

这次扬州争夺战造成极大的兵祸。杨行密围城半年，城中无粮，米价每斗卖到四五十千钱，居民大半饿死。军士抓了人卖给肉店，屠户就把活人权充猪羊，宰割出售。破城的时候，城中只有遗民几百户，都饿得不像人了。杨行密一生事迹大体上都可以肯定，唯独这件事情，应加以谴责。

杨行密进扬州，是光启三年冬天的事情。孙儒的军队就在这时渡过淮河，前来争夺扬州。第二年，杨行密被迫放弃扬州，退回庐州，接着又弃了庐州，渡江取宣州（今皖南宣城）为家。数年之间，他和孙儒为了争夺大江南北的土地，展开了激烈的战斗。

孙儒部队的战斗力很是顽强。他在淮南强迫丁壮当兵，声势浩大，最盛时号称有五十多万人，在江南行军，旌旗辎重，连绵一百多里，样子的确很可怕。杨行密同他交战，经常打败仗，最严重的时候，连宣州也差一点丢掉。但是在几年的冲突中，杨行密终于找到了孙儒的弱点：第一，淮南人不愿意跟随孙儒，希望散伙还家；第二，孙儒部队没有后方，他攻打任何一个地方，如果城池坚固，一时打不下来，附近又没有粮草可抢，就没有办法坚持下去。

杨行密针对这两点做工作，终于彻底打败了这个魔王。唐昭宗大顺二年（891），孙儒放火烧毁扬州，驱迫丁壮妇女过江。杨行密派兵进城，扑灭余火，搜寻藏粮，散给饥民。孙儒部下的淮南人，不论是投降杨氏的，或是临阵被俘的，杨行密都派人护送回乡，让他们恢复生产，重建家园。一边杀人，一边救人，淮南的民心归于杨行密，孙儒的军队逐渐瓦解，这是必然的趋势。

孙儒根本不懂得这一点，他依然耀武扬威地去打宣州。杨行密用坚壁清野的策略和他相持，景福元年（892）的夏天，终于一战擒获孙儒，把他杀掉，从此以后，杨行密以扬州为中心，据有江淮地区。唐政府任他做淮南节度使，尽管这时距离他受唐朝封吴王还有十年之久，十国的吴在事实上已经出现了。

这个出身低微的割据者，亲眼看到粮草不足、民心不附就无法持久的事实，吸收了一点教训。他便以召集流亡、与民休息作为主要的政策。不出几年工夫，江淮地区的农业生产就逐渐恢复了。

从另一方面来看，杨行密在世的时候，情形仍很紧张，打过不少仗。其中最重要的是乾宁四年（897）的清口之役。

孙儒本是秦宗权的部将，孙、杨相斗，朱温当然希望杨行密得胜。孙儒死后，特别是朱温消灭了徐州的时溥以后，形势改变，朱、杨变成南北对峙的两股势力。乾宁四年，朱温并吞了兖、郓，只过了几个月，就大举进攻杨行密。他派庞师古屯清口，准备直取扬州；葛从周屯安丰（今安徽寿县南），以寿州（今安徽淮南市）为目标；朱温本人驻在宿州（隶属安徽省），策应两路人马。这个架势颇有灭淮南的模样，朱温显然认为灭淮南并非难事。

杨行密尽管地跨长江两岸，但重心在江北，枢纽是扬州。清口在今江苏淮阴以西，是泗水（清水）入淮之口，是南北交通咽喉。由此而南，直趋扬州，地处运河沿岸，没有什么险阻。庞师古这支军队担任的是主攻方向，如果一战而胜，淮南势将为朱家所有。但是杨行密以寡击众（三万人对七万人），彻底击溃汴军，斩庞师古和将士一万多级，获得决定性的胜利。葛从周部先已受到小挫折，得了师古败讯，仓皇北撤。淮南兵乘胜追击，又获大胜。朱温并吞南方的幻想从此破灭。

清口之役对杨行密的意义，好比赤壁之战对孙吴的意义一样重大。三国与五代的两个吴国都是割据政权，然而这两个割据政权的存在，对东南地区的发展都起了积极作用。我们对一切历史现象，都得进行具体分析，不能把任何时候的割据都看作坏事。唐李敬方《汴河直进船》云："汴水通淮利最多，生人为害亦相和。东南四十三州地，取尽脂膏是此河。"（《全唐诗》508页）朱温如果得了江淮，势将取尽东南的脂膏，用于北方的征战。在这种特定的条件下，吴与南唐的割据就给东南人民带来了极大的好处。

吴与朱梁打的仗不仅一次，但此后汴军南下，吴军北上，都没有占到便宜。我们也就不去说他了。此外，淮南内部、田頵、安仁义等将领，都有割据一州、自称雄豪的意思，杨行密不得不用武力削平。杨行密和两浙的钱镠，也时常发生冲突。这些事情对大局虽没有重大影响，但杨行密确实是戎马倥偬（军务繁忙。倥偬，kǒng zǒng，事情纷繁迫促），没有什么安闲的日子好过。

吴国的情况，实际上要到徐知诰执政的时候，才真正地好起来。

唐天复五年（902），杨行密去世，儿子杨渥继位，军权掌握在张颢、徐温的手中。梁开平二年（908），两人杀死杨渥，立行密的次子隆演。徐又杀掉张颢，把杀杨渥的责任推到他的身上。于是吴国大权完全落到了徐温的手里。

这时候杨行密的旧将还多，徐温要独揽大权，必须限制军人收取民心。于是这个不通文墨的私盐贩子出身的将领发出了动听的宣言，他说要实行良好的政治，让老百姓每天晚上都可以脱掉衣服安心睡觉。他禁止军士欺压百姓。他用心审讯案件，自己不识字，便令人念诵词状，用心思索，力求判得公平合理。杨家旧将，公然抗命的，他毅然出兵讨伐；畏惧来见的，他以礼相待。这样，内部逐渐便稳定了。

杨行密的吴王，是唐朝的藩王。后嗣继承爵位，名义上不是独立的王国。919年，徐温做主，使杨隆演称吴国王，把唐天祐十五年改作吴武义元年。这个独立建国的举动，作用在于加强扬州所发号令的威信，也就是要所属州县向徐氏俯首帖耳的意思。

为了同样的目的，徐温竭力避免战争，借以防止武将扩大权力。吴与吴越，本来常在苏、常一带发生冲突。苏州一城，十多年中几次易手，争夺战打得相当激烈。武义元年，吴军在无锡大破吴越军，众将主张乘胜进取苏州。徐温却说："战乱不息，百姓困苦已极。若能使两地人民各安生业，君臣高枕无忧，岂不好吗？"于是他释放战俘，与吴越讲和。从此双方保持了二十多年的和平关系。我们不管徐温用意何在，反正结果对人民有利，就值得加以肯定。

徐知诰是徐温的干儿子，从武义元年的前一年起，就奉徐温之命，在扬州执掌吴的国政。相传他本姓潘，后来把吴改作南唐，自己做皇帝，改叫李昪，自称是唐玄宗的子孙。这是乱认祖宗，事实上他是战乱时期的一个孤儿，出身低微，亲身体味到战时流亡的痛苦。他曾经对手下人说："我生长在军旅之中，看人民受到的兵灾，实在是可怕，所以再也不忍心谈到打仗！"这一席话，看来是由衷之言，而且确实反映了当时人民的心声。他谴责的战争，也确实是非正义的军阀混战。

他在吴国执政近二十年（前十年徐温在世），加上做了皇帝的五年，共达二十五年（918—943）。他的心腹谋士豫章人宋齐丘，早先是个落魄秀士，穷得连纸笔都买不起。知诰有事，都和他商量。吴国开头订定的制度，田赋都收铜钱，另外还有丁口钱，也收现钱。宋齐丘认为农民从事耕织，纳税要付现钱，就是叫农民弃农经商（实际上是叫农民卖掉农产品换钱，必然是农民吃亏，商人占便宜）。他主张取消丁口钱，田税改收谷帛实物。当时每匹绢的市价值五百文，他建议把一匹绢抵原来一千七百文的税额，这个条陈一出，朝臣议论纷纷，都认为政府的损失太重。宋齐丘却说："哪里有百姓富庶而国家贫穷的道理！"徐知诰考虑了他的建议，赞叹道："这真是劝农的上策啊！"他坚决执行这项政策，调动了农民的生产积极性。江淮一带的荒地，很快都长满了庄稼。蚕桑事业也有了很大的发展。以后，他又禁止把良人子女买作奴婢。

从上面所说的来看，吴和南唐初年的政策无疑是对农业生产极为有利的。

南方沿海的闽和南汉

闽的建立与农民起义有直接关系。唐末农民大起义期间，河南有个屠夫王绪，他聚众起兵，攻占固始。固始县吏王潮出身农家，智勇双全，他与兄弟审知投入到王绪军中，做了军校。王审知便是日后闽国的创建人。

王绪怕被秦宗权并吞，引兵南下，流动作战，经江西进入福建。从他们活动的情形和史籍上所记王潮"吾属弃坟墓、妻子而为盗"的话来看，这支军队是一支农民起义军。

王绪不善用人，对于有才能的将校，怕他们反对自己，常常借故杀害。光启元年（885），王潮利用众心不服的机会，设计将王绪擒住，夺得了部队的领导权。王绪被禁闭了一阵后，便羞愤自杀了。

王潮带兵，纪律极为严明，不但深得兵心，也受到福建人民的拥护。泉州刺史廖彦若贪暴，居民听说王潮军纪严明，便要求他前去讨伐。光启二年（886），王潮攻克泉州，就把这里作为根据地。他招合流散的农民，减轻赋税，一面整军经武，形成了一支新的地方势力。

景福元年（892），范晖做福建留后，暴虐无道，王潮乘机进攻福州。泉州人民自愿捐献粮食，补助军费，可见他确实受到人民的拥护。第二年，王审知打破福州，从此王氏占有福建全部，闽国实际上已经出现了。但是王潮的身份只是唐朝的福建观察使、威武军节度使。乾宁四年底（898年初），王潮去世，审知接替了他的官职。后梁开平三年（909），朱温封审知为闽王，才有闽国的名称。

王审知统治二十八年，至后唐同光三年（925）去世。王氏弟兄崛起于起义军，对民间疾苦比较了解，自己生活较为俭朴。他们注意选择地方官，减轻赋役，与民休息。他们两人在位的三十多年中，福建境内始终保持着适于发展生产的条件。

王氏兄弟特别重视沿海的商业。他们免除繁重的商税，鼓励海上贸易。福州、泉州两地，船舶出入频繁，从此成为东南沿海重要的商港。古代海外进口商品很多是香料珍宝等贵重货物，王审知的侄儿延彬，在泉州三十年，发展海上贸易，人们都把他叫作"招宝侍郎"。

王审知还厚待流寓福建的士大夫，设立学校，对福建文化的发展，也起了有益的作用。

福建往南，广东和广西的一部分，有刘氏的南汉。南汉与吴、吴越、楚、闽、前蜀不同，建国的首脑不是草莽英豪，而是上层的地方长官。

南汉建国者刘隐的祖上，因经营商业，从北方（刘氏祖籍有上蔡、彭城两说）迁居泉州。刘隐的父亲刘谦弃商而官，到广州做牙将，向社会的上层爬去。刘谦娶节度使韦宙的侄女做妻子。韦氏是名门大族，韦宙本人做过宰相。刘谦配了这门高亲，社会地位又上升了一步。韦氏愿与一员牙将通婚，显然是受了南海富商财产的吸引。然"婚姻不问阀阅"，毕竟透露了时代变迁的消息。

刘谦后来做了封州（今广东德庆）刺史。死后，刘隐继承了他的官职。乾宁三年（896），唐宗室薛王李知柔到广州做清海军节度使，被叛将所拒。刘隐镇压了叛将，保护李知柔进广州。从这时候起，刘隐事实上已经是"南霸天"了。但历史上或以刘隐做节度使，或以刘隐的兄弟刘龑（yǎn）称帝，作为南汉的始年。前者是唐天祐元年（904），后者是后梁贞明三年（917）。

从上面所叙的事实来看，南汉的统治是从富商、名门、官僚地主的结合中产生的地方势力。

刘隐曾被朱温封做南海王。死后，兄弟刘陟（zhì）继位，他见中原多事，就自己做起皇帝来了。他造了一个字，上"龙"下"天"，读"俨"，做自己的名字，国号先叫大越，后改为汉。

南汉的统治并没有什么兴革。这个原因很简单：唐末农民起义军虽曾进入广东，很快就撤走，影响不大。唐军也没有与起义军在这个地区打过大仗，战争的破坏也不显著。这个从统治阶级上层产生的地方势力完全照老规矩办事，根本想不到有兴革的必要。

反之，从唐朝统治阶级的上层分子来看，在四海鼎沸的时候，岭南却是一块安全的"乐土"，南迁避难的人为数不少，原在岭南做官的，也都在此落户。这对传播中原文化，是起了积极作用的。但在另一方面，却使岭南成为传统势力最为浓厚的地区。王定保和赵光允的故事便能够说明这个问题。

刘龑其人，极为残酷，把用毒刑杀人当作游戏。但是他对"清流""甲族"，偏偏极为迁就。他要做皇帝，怕王定保反对，故意把他派到荆南去。定保回来时，刘龑已经登位，还怕定保有看法，派人去探他的口气。定保却说："建国当有制度，我看见城门上还挂着'清海军'的匾额，岂不被人耻笑?！"刘龑听了，才放下心来。赵光允在南汉建国后，觉得自己当了个"伪国"的大臣，一直闷闷不乐。刘龑知道了这情况，特地派人到中原，把住在洛阳的赵氏家属全部接到南方。赵光允因此感激涕零，才死心塌地做南汉的大官。

刘龑对王、赵二人的态度颇为宽厚，目的在于争取"清流""甲族"的拥护，也是尊重传统势力的表示。刘龑的毒刑名目繁多，或把人投入汤镬（huò，古代的大锅），或把人放在烧红的铁床上烤炙，或把人开膛破肚、肢解屠割。但是对于王、赵这些人，他却从来没有想到用这些东西来进行威吓。

南汉政权的设施，只有一件事情可以肯定，即促进了海上贸易。

刘家原是南海富商，刘隐弟兄称王称帝后，贪欲更加膨胀，竭力搜罗南海珍宝。这种商业纯粹是为统治者的奢华生活服务的，但广州这个港口却日益繁华，毕竟是一件好事情。

南汉刘龑在位时，还有一件不可不提的大事。交州（今越南北部）本来是南汉静海军，937年，节度使杨廷艺被牙将矫公羡杀死。次年，牙将吴权攻杀矫公羡。南汉主以助矫氏为名，想打败吴权，好派自己的儿子去做节度使。939年，吴权打败南汉军，称王。这是越南吴朝的开始。

以上列举的南方七国，是唐末和后梁时秦岭淮河以南的主要割据势力。实际上这几十年的情形非常复杂，许多地方出现过大大小小的割据者，时起时灭。历史上不把他们与十国并列，我们也因头绪太繁，不拟提到了。

我们看了这七国的情形，大致可以得到两个比较清晰的印象。第一，南方的半壁江山，在9世纪80年代到90年代中，或于数年战乱之后，生产较快地得到恢复发展；或没有经过重大破坏，维持着较为安定的状态。第二，各国的统治者，凡是能实行若干有利于生产的措施的，几乎都从下层崛起。他们的出身和经历，与北方的大军阀相比，显然有区别。

我们不是唯成分论者，不能专从出身看问题。事实上，出身与杨行密、徐温、徐知诰、钱镠、王建、王潮、王审知、马殷等近似的军人，专做坏事，猖獗一时，旋即灭亡的，也为数不少。杨、徐等人的长处在于到了身为一方之主的时刻，多少有点戒惧心理，能够从亲身经历过的巨大社会变动中，汲取经验教训。因此他们都觉得必须把政治搞得好一点，使社会经济取得恢复发展，让农民有勉强活下去的可能。

反之，中原的大军阀，如朱温和沙陀贵族李克用父子之流，在广大农民的尸山血海中，张牙舞爪，发展实力，提高地位。他们越来越狂妄，也越变越愚蠢，以为武力可以压倒一切，也可以得到一切。因此他们简直不想做一点对生产有利的事情。这样的统治必然会很快灭亡。朱梁垮台了，李存勖建立的后唐王朝也是长不了的！

孟知祥父子统治后蜀

孟知祥是李克用的侄女婿。后唐庄宗灭前蜀后，派他去镇守蜀地，亲戚关系是一个很重要的原因。另外，灭蜀的主将郭崇韬早年受过孟知祥的推荐，这时就举荐他为镇蜀的最佳人选，也起了促成作用。他在同光三年（925）受到委派，次年正月到差。当年后唐发生政变，庄宗被杀，明宗即位。此后，孟知祥便和后唐政府若即若离，俨然是割据一方的霸主了。

孟知祥所占据的原本只是西川，东川（治梓州，今四川三台）另有节度使董璋。孟知样先和董璋合作，抗拒后唐，再击破董璋，兼并东川。他在蜀九年（926—934），到最后一年才即位称帝，做了几个月皇帝便死了。他的儿子后主孟昶在位三十年，在宋太祖乾德三年（965）正月兵败降宋。

后蜀的政治不能算好，也不见得很坏，经济方面也还有些发展，但它仅能做到在中原混乱时期闭关自守而已。

孟知祥和他手下的大臣将相都是后唐的官僚，其中还有从后梁降唐的人员。这批人一般都没有卓越的见识和魄力，不可能创建一个有新气象的政权。孟知祥能够做的，不过是收拾王氏前蜀的残局，使蜀中局势很快安定下来。

他初到成都的时候，蜀中农民正苦于前蜀的暴政，群起反抗。孟知祥是个干练的封建统治者，他一面派兵镇压，一方选用比较廉明的人做地方官，免除苛捐杂税，召集流散人口，使社会情形逐渐稳定下来。他任用的人，如武漳，在褒中兴建水利工程，灌溉田地数千顷，确有可称道之处。经过这一番经营，后蜀逐渐稳定了。

孟昶与王衍都是蜀国亡国之君，然而孟昶其人，既有奢华荒淫的一面，也有精明干练、力谋改善政事的一面，实在不是王衍一流人物。

孟昶即位时才十六岁，将相大臣都是孟知祥的老部下，不把这个小孩子放在眼里。五代十国时期，老皇帝死了，将相大臣欺负孤儿寡母，取而代之，是极其常见的事情。孟昶要防止这类事变，显然并不容易。

孟昶刚即帝位，大将李仁罕便提出主管六军的要求。他不但派人到枢密院提要求，还到学士院看是不是按照他的要求起草命令。这个举动咄咄逼人。孟昶居然不动声色，先接受条件，任命李仁罕做中书令、判六军事，然后等他进宫朝见，令武士捉住李仁罕，当场杀死。另一员大将李肇到成都朝见新君，一路上拖拖拉拉，与亲戚宴会，到了成都又假装脚上有病，拄着拐杖，见了孟昶不肯跪拜。李仁罕一死，他吓得魂不附体，顿时丢掉拐杖，跪下去了。

李仁罕的外甥张业执掌禁兵，孟昶怕他谋反，千方百计加以笼络，甚至用他做宰相，又兼判度支。张业在家里私设监牢，监押欠债的人。他创立"盗税法"，规定税官吞没赋税的，照吞没的数目罚款十倍。税官受了罚，根据"羊毛出在羊身上"的法则，仍向百姓勒索，结果最吃亏的是下级官员和百姓。孟昶废除十倍罚款的办法，最后在后蜀广政十一年（948），用收拾李仁罕的老办法,把张业杀掉了。

孟昶在朝堂上设匦(guǐ,箱子),鼓励臣下陈说国事。有人上书论事,孟昶看了,认为说得不对,左右请求把上书的人喊来诘责。他引唐太宗纳谏的故事,拒绝了左右的主张。他曾经亲笔撰述箴戒,发给地方官,晓谕他们不要过分剥削人民。他还表示应把前蜀王衍看作前车之鉴,说要吸取王衍因骄奢淫逸亡国的教训。

从这些方面来看,孟昶可以说是一个颇有才识的君主,有可以肯定的地方。但是他的认识和实践很不一致。以骄奢淫逸为戒,却有许多骄奢淫逸的"事迹";如,铲除了一些不可靠的旧人,而同时也扶植了一批腐朽的新贵。因此,他又有阴暗的一面。这一面,越到后来,越是占据主导地位。这就是孟氏蜀国的悲剧。

这个悲剧是难以避免的。孟氏君臣不是从下层崛起的新统治者,是从后唐统治集团中分裂出来的,骄奢淫逸原是他们的本性。孟知祥父子最亲信的将领赵廷隐是后蜀的开国功臣,他家中金帛如山,又不断兴筑亭台楼阁,每天要征用几千个劳动力。

孟昶自己也做过不少劳民伤财的事情。他曾经建筑新宫,命挑选民间美女充实后宫。一时间蜀中人民大为恐慌,有女儿的人家怕被选中,急急忙忙地求人做媒,把女儿嫁掉,当时叫作"惊婚"。尽管孟昶接受了韩保贞的谏劝,放还了一批民女,人民吃的苦头已经不小。孟昶的生活起居极为豪侈,所用溺器(解决小便用的容器)也用七宝做装饰。蜀亡以后,宋太祖看到这件东西,立即下令把它毁掉了,并且说:"享受到这般地步,怎会不亡!"这虽出于封建皇帝的口,却也颇耐人寻味。

我们把各方面的情形综合起来看，对后蜀这个国家可以这样说：它的政治不算好，但也不太恶劣；环境安定，割据的形势使中原朝廷榨取不到蜀中的一丝一粒，有较好的发展经济的条件；文化上继承唐和前蜀的情况，与南唐、吴越同为文化最为发达的地区。

广政十三年（950），蜀中一斗米只卖三文钱，人民赋役的负担很轻，府库里储藏的粮食金帛却很丰富。成都城上遍种芙蓉，九月里花开的时候，望去好像一片锦绣。城外江边，处处亭榭，游人云集，十分热闹。这时的中原正在后汉末年，混乱黑暗。比起蜀中来，颇有天壤之别！

但这终究只是官僚、地主、富商的乐园，广大农民至多暂时得到赋役较轻的好处。当地统治集团的舒服日子也不可能长期存在下去，因为在这个安乐窝里只会产生腐朽的新贵，一旦中原王朝的实力强大起来，这些新贵的末日就到了。

孟昶的亲信大臣王昭远就是这些新贵中的典型。他十三岁做孟昶的侍从，是个贴身小使，后来做通奏使、知枢密事，执掌军国大事。孟昶要对付旧将，就必须提拔自己信得过的新人。在他的心目中，王昭远是绝对可靠的人物，府库财帛可以听他随便支取，没有任何监督。王昭远自己呢，随着权力和财富的膨胀，对自己的才干也估计得越来越高。他身居蜀中，执掌蜀政，便自命为诸葛亮。诸葛亮北伐中原没有成功，王昭远竟自夸取中原易如反掌，到了被宋军打垮的时候，他又羞又急，哭了出来，被人叫作"带汁诸葛亮"。

在这批人的统治下，后蜀晚年的政治一天比一天腐败。后周、北宋不动则已，一动，后蜀的偏安就保不住了。在这一点上，前、后周的情况几近相同。后唐出兵七十天而灭前蜀,北宋出兵六十六天而灭后蜀,所费时间相差无几,看起来像是巧合,实则并非偶然。

耶律德光开封称帝

中原北方的少数民族契丹族,由于受汉文化的影响,在唐末由原始部落制迅速向封建制国家过渡。在辽太祖耶德阿保机时,契丹八部的统一大业已经完成,后梁贞明二年(916),阿保机称帝,并定都皇都,后改为临潢府(辽上京,今内蒙古自治区巴林左旗南部)建立契丹国,年号神册。

契丹国建立后,阿保机对内健全制度,修订律令,对外大肆掳掠,扩充势力,其先后吞并室韦、奚与渤海,并不断南侵骚扰中原。辽太宗耶律德光继位时,契丹已基本完成向封建制国家的过渡。耶律德光在位期间奖励耕织,发展生产,并于天显十一年(936)借后唐叛将石敬瑭求援的机会,立石敬瑭为帝,推翻后唐,建后晋。契丹国则占据燕云十六州,自此,契丹南扰中原之祸更是日甚一日。耶律德光以燕云十六州为基地不断骚扰中原,并通过控制后晋石敬瑭而控制中原。

天福七年(942),石敬瑭死,其侄儿石重贵即位,改元开运,即为晋出帝。晋出帝在后晋朝廷主战派的影响下,在人民群众抗契丹入侵情绪的影响下,与契丹国疏远,在向契丹报丧时,一改石敬瑭向契丹称臣的做法,因而激怒了契丹贵族。开运元年(944)、二年(945年),耶律德光派军从燕州和云中两路出击后晋,兵至德州(今山东德州市)和贝州(今河北清河一带)时,遭到当地乡社兵的英勇抗击，耶律德光撤军而归。

此时后晋军不仅不乘胜追击，根除北患，反而在战争之后大肆搜刮民财，激起人民反抗。而朝廷中握有军事实权的人也想继续效法石敬瑭，依靠契丹的帮助，抢夺帝位。如青州（今山东潍坊一带）节度使杨光远就曾派人到契丹告知晋朝军力的虚实。降于契丹的幽州节度使赵延寿与契丹密谋推翻晋出帝，由赵延寿做儿皇帝。邺都（今河北大名县）留后任北面行营招讨使的杜重威，原受晋出帝委托，统军抗击契丹，但他竟然率全军投降契丹，引契丹军南下。后晋开运三年（946）八月，耶律德光再次率兵大举南犯。后晋守将纷纷投降或弃城，岁末，契丹军攻入后晋都城开封，晋出帝奉表投降。会同十年（947），耶律德光进驻开封，灭晋。降晋出帝石重贵为负义侯，改晋国为大辽国，改元大同，大赦天下。在开封，耶律德光再一次举行了称帝仪式，于开封崇元殿中身着汉族皇帝的服装接受汉藩官员的朝贺。

耶律德光于开封称帝后，对中原地区实行了疯狂的掠夺。他先将后晋的宫中之物如图籍、历象、石经、铜人、明堂漏刻、太常乐谱、法物、铠杖（甲胄和作战兵器）等以及宫中僚吏、嫔御、宦寺、方技、百工等送往上京。此后便将华北及中原地区的地方官吏尽可能地换成契丹贵族或少数民族中的贵族及投靠契丹贵族的汉人，将后晋所委派的节度使扣留在开封。辽所委派的地方官吏赴任后，用极其残暴的手段役使、搜刮百姓。他们横征暴敛，不仅剥夺汉族百姓的私产，而且歧视汉人官吏与士子，甚至公开勒索汉人官吏的财物。除朝廷及地方官吏的压迫外，耶律德光还放纵契丹兵四处抢掠财物，称为"打草谷"，开封及其四周九百里民间财货和牲畜被契丹兵掠夺一空。在契丹军大肆掠夺中原地

区之时，后晋朝廷所委派的各地节度使或投降归顺耶律德光，进开封庆贺契丹军入开封及辽国的建立；或据守本土，不战不

降，持观望态度。

对契丹入侵及掠夺进行最英勇抵抗的是各地的人民群众。在耶律德光称帝后，原来聚集山林的农民起义军与后晋军的起义兵士及当地百姓相结合，"多者数万人，少者不减千百"，竞相起义抗击辽军。辽境内群众起义连绵不断，保义（今河南灵宝一带）都头王晏与壮士们杀死辽委派的节度副使刘愿及契丹族监军；滏阳（今河北磁县。滏，fǔ）起义军在梁晖的率领下，杀契丹兵数百人，夺得军事重镇相州（今河南安阳县）并自称留后；晋州（今山西临汾县一带）百姓杀死到晋州搜刮钱谷的辽官赵熙；陕州（今河南陕县一带）指挥使汉人赵晖、丹州（今陕西宜川县）指挥使高彦珣（xún）都杀死契丹刺史，占领州镇；河南的归德、安徽的亳州、山东半岛的密州皆为起义军攻占；河北有孙方简领导的起义军，山西、陕西则有王易、侯章率领的起

义军,给开封的辽政权以不断地打击。

在抗辽斗争中,表现尤为突出的是澶州(今河南清丰县南)王琼领导的起义军。王琼联合夏津起义军张乙等,率千余人攻占了澶州南城,杀死契丹守将。后又围攻北城,耶律德光闻知大惊失色,急忙派兵援救澶州北城的守将,王琼战死,但耶律德光自此才无久留黄河以南之意。

此起彼伏的民众起义给耶律德光及辽军以沉重的打击,又由于契丹人不适应中原水土,天气转暖,冰雪消融,使辽军无法固守开封及扼制各地的起义,耶律德光因此决定放弃开封,撤回北方。在撤退途中,耶律德光总结开封称帝失败的原因时说:"我有三失,杀上国兵士,打草谷(军队出征,无专门的后勤保障,靠军人自筹给养,掳掠民间粮草财物的方式),一失也;天下括钱,二失也;不寻遣节度使归藩,三失也。"杀汉人,歧视汉人官吏,大肆搜刮汉人私产,纵兵抢掠是耶律德光无法久占开封的直接原因。后汉天福十二年(947),耶律德光在撤军途中于河北栾城县病逝。临死之际告诫辽官员要安抚汉民,任用汉人官吏。

中原地区人民群众对耶律德光入侵的武装反抗,终于迫使契丹军撤离开封,中原与华北一带重新为汉族所据有。此后,契丹贵族虽然常常南下侵扰,并助北汉与后周对峙,却再也不敢长驱直入黄河以南地区,终辽之世,契丹贵族也未敢将辽都迁到燕京。

契丹和后晋的破裂

契丹统治者把石敬瑭摆在皇帝的位子上以后,就把他当作警卫、门岗,把守燕、云"粮仓",也通过他向中原百姓进行勒索。

石敬瑭当了皇帝，不得不用傀儡政府的名义，竭尽一切力量，搜刮民脂民膏；再以儿皇帝的身份，奉献给契丹主子。石敬瑭的年龄，比德光要大好多岁，但是他毕恭毕敬拜倒在德光面前，规规矩矩地称儿子、称臣。石敬瑭就是这样屈辱供奉，一直到死。

石敬瑭死了，新皇帝（出帝石重贵）接位，统治集团内部出现了两种不同的主张：一派以李崧（sōng）为代表，主张遵循石敬瑭的道路走下去，这反映了一部分毫无气节、苟安享受的地主阶级上层分子的要求；一派以景延广为代表，主张采取强硬政策，调整对契丹的关系，把国家和皇帝分开。皇帝个人任随他去称孙子，代表国家民众的政府，不再向契丹称臣，这反映了绝大多数人不甘屈辱的愿望，包括了广大人民群众和部分稍有民族气节的上层官僚分子。由于景延广是政府里的实力派，立过大功，握有兵权，出帝石重贵只好跟着他的强硬政策走。

强硬派得势，在一定程度上，也是广大人民反抗压迫、不甘屈辱的一种胜利。

不过，在契丹统治者眼里，石晋政权，只是一个把管汉地的汉儿，只是一个任意摆弄的傀儡。现在，石晋政权既然拒绝称臣，破裂便是不能避免的了。

当（后）晋出帝石重贵对契丹称孙不称臣以后，德光便立刻派客省使（又作回图使）乔荣到石晋政府来责问。这个乔荣，一向往来南北间做买卖，并在大梁（今河南省开封市）设有货栈。不料想这次以使臣身份前来，石晋政府竟派人把他看管起来，没收了他存在货栈的货物，还杀了其他所有的契丹奸商。后来有人说，契丹援助过石晋政权，这样做未免太过分，才释放了乔荣。临走时，乔荣去向景延广告辞。景延广对他说："回去对你的主子讲，先帝（指石敬瑭）是北朝所立，所以奉表称臣；今上（指石重贵）是中原所立，我们南北两朝是邻国，因为有先帝的盟约，我们对北朝仍然很尊重。皇帝个人由他叙辈分称孙子，政府没有称臣的道理。希望北朝皇帝不要听信赵延寿的诱骗，估计错误。中原的兵马，你是亲眼看到的，不信可以来试试，这里有十万口磨好的剑，正在等人来送头颅。你们以后战败了被天下人取笑，可不要后悔。"乔荣一听，心想货物已经被没收，回去也不好交代，就说："您这些话，我怕记不全，恐有遗忘，希望能记在纸上。"景延广便叫人把他说的话写下来交给乔荣。乔荣回去以后，如实地报告给德光，德光大怒，决意对石晋用兵。

从943年到945年（辽会同六年至八年），契丹政府三次进兵，都遇到了中原士兵和人民的奋勇抵抗。战争中双方互有胜负，有时晋兵还打进北界，形势对中原十分有利。但是，后来的形势没能朝着顺利的方向发展。驻守在太原的晋将刘知远观望不前，只求自保；前方大将杜重威、李守贞等，竟率领二十万大军向契丹投降，这便造成了石晋的失败，晋出帝石重贵被捉。

契丹兵乘机抢掠杀戮，十分残酷。做过几朝元老的冯道对德光说："这时候苦难的老百姓，连菩萨也救不了，只有您可汗能够救他们。"德光这才下令禁止杀人。天福三年（938）冯道北使时，德光曾打算留下他，被冯道婉言谢绝了。当时德光赐给他貂袄貂衾等物。冯道有诗云："朝披四袄深藏手，夜覆三衾怕露头。"既不出头又藏手，正是他左右应付、圆滑处世的自白。

契丹统治者的野蛮屠杀，虽然获得了战场上的胜利，但是没能征服中原的民心。尽管德光和颜悦色地对百姓说："我也是人，大家不必害怕。"

大同元年（947）正月初一，德光用中原皇帝的仪仗进驻汴梁，坐在崇元殿上接受百官朝贺。同时宣布封晋出帝石重贵为负义侯，安排石晋旧臣张砺为平章事，李崧为枢密使，冯道为太傅，和凝为翰林学士；又分别安排了赵莹、刘昫、冯玉等人。随即派赵莹、冯玉、李彦韬押送负义侯和他一家眷属（母亲李氏、太妃安氏、妻冯氏、弟重睿、子延煦、延保等）到黄龙府囚禁（后经石晋太后请求被安置在建州附近）起来，并且把晋的官吏、妃嫔、方技、百工以及图书、石经、乐谱、铠仗等全部集中，运送到上京。

同时，正式宣布改国号为大辽，改年号为大同。把镇州（现在河北省正定县）升格为中京，以赵延寿为大丞相，兼任政事令枢密使、中京留守。

德光按照草地上的习惯，以战胜者的姿态，在中原纵情抢掠，激起了中原人民更大的愤怒和反抗。很多人结寨自保，多的数万人，少的千百人，不时出兵打游击，契丹军队吃了不少亏。石晋将领们，太原刘知远表面敷衍观望（不久称帝即位），彰义节度使史匡威据泾州拒绝契丹，雄武节度使何重建以秦、阶、成三州投蜀。形势对契丹极为不利，这才迫使德光不得不很快离开汴京。尽管德光口头上说天气炎热、水土不服，实际上内心里是带着比水土问题更沉重的负担，奔上归途，他刚走到栾城（今河北省栾城县）便一命呜呼了。

长乐老冯道

946年，契丹主攻入开封，抓走了侄子晋出帝石重贵，灭了后晋。后晋历二帝，十一年，以契丹而立，终以契丹而亡。

第二年正月，契丹主耶律德光在开封称帝，改国号大辽，意欲长期入主中原。但是，他却纵兵以"打草谷"为名，四处抢掠。开封、洛阳两京附近数百里内村舍皆空，禾稼全无。因而激起民愤，中原百姓纷纷聚义抗辽。他们或几十几百，或几千几万，推举出头领，率众击辽兵，杀辽官，声势越来越大。

晋将刘知远拥军五万，镇守河东。当契丹与晋相争时，他据守本境，坐观静变。

契丹攻陷开封时，他派部将王峻以贺胜为名，去京城观察形势。王峻回报说："契丹贪暴，志在掳掠，中原怨怒，其势必不得久。"有人劝刘知远出兵抗辽，刘知远却认为辽势正炽，尚需待机而动。

辽主眼见人民奋起，深为惶惧，于是率百官北撤，他自身也在行至栾城时死去。契丹内部为抢权而纷争，无暇南顾。刘知远乘机发兵晋阳，二十一天后进入洛阳，又八天进入开封。大兵所向，如入无人之境。黄河以南的后晋州镇，都为其所有。

当辽主称帝于开封时，刘知远已经在晋阳自立为皇帝，比至洛阳，建国号汉，史称后汉（947—950）。刘知远称帝后十个月就死去了，他儿子刘承祐继位，是为隐帝。

隐帝继位后，长安、凤翔（在关中）与河中（在晋西南）三镇同时发生叛乱。经老将郭威率兵征讨才平定下去。隐帝重赏郭威，郭威不受，而推功于在朝诸大臣和将士们，深得朝廷内外敬重。可是，年轻的汉隐帝却对老臣左右朝廷不满，想用亲信执政。他先设谋杀死了在朝的几位重臣，后又派人到魏州企图杀害郭威，从而激起兵变。

郭威率兵从魏州（今河北大名）出发，七天就进抵开封城下。

隐帝出城督师，后为溃军所杀。郭威以拥汉除奸的名义入开封城收拾残局，以天子的葬仪为隐帝举丧。

当时，开封西北有晋阳刘崇（刘知远弟弟），东有徐州刘赟（刘崇的儿子。赟，yūn），南有许州刘信（刘知远弟弟），皆为节度使，手握重兵，若联兵问罪开封，郭威的处境就岌岌可危了。

郭威持重，以李太后之命，宣告将立刘赟为帝，并派出深孚众望的使臣冯道去徐州奉迎新帝。刘赟见冯道来，疑虑顿消，坦然就道。晋阳听得是冯道去迎新帝，也就放宽心了。

冯道何许人也？

冯道为五代时的四朝元老，是那风云变幻时代的一个不倒翁。查其史传，初显于后唐，身为宰相，两度降新主。入晋后，出使契丹，足不旋踵。石敬瑭怕他跪拜契丹主时难为情，他却说："陛下受北朝恩，臣受陛下恩，有何不可！"甘心做奴才的奴才。契丹灭晋，冯道自动入朝拜见辽主，辽主问他："你是个怎样的老子（老东西）？"答曰："无才无德，痴顽老子。"他以辱骂自己来取悦于人，又得太傅高位。后汉初，他再次率百官迎拜刘知远，官拜太师。后汉将亡，他又以自己的"高德众望"做郭威的诱饵，钓刘赟上钩。

冯道曾自号"长乐老"，并著《长乐老叙》，记述自己朝秦暮楚，依阿诡随的几十年生涯，他以身处乱世能左右逢源而自得，以寡廉鲜耻为荣耀。人生最大的悲剧莫过于心死，冯道就是个心死透了的人。然而，五代时，他却被看成是有德长者，后来也有人赞美他德如孔孟。且不说这些伦理学的纷争，还是看冯道以其行为续写的自传吧。

冯道诱刘赟离开徐州，行至宋州（今河南商丘市南），郭威已在澶州（今河南清丰西）被将士们拥立为皇帝，回开封建国号大周，史称后周（951—960）。刘赟得知澶州事变时，已经被软禁在宋州的驿馆中，于是向冯道请教求生计谋，说："我之所以不疑有诈而肯就道而行，就因为您是三十年的老宰相，今日事已危急，您看怎么好呢？"冯道对这一事变早就心中有数，却装出痴顽的样子，默然以对。他把刘赟送上了断头台，却一点不露声色，而他回开封后就被任命为后周的太师宰相了。

后来，刘赟被杀，徐州投降；刘信自杀，许州归顺。晋阳刘崇这时只有遥望顿足，而后在晋阳称帝，仍以汉为国号，史称北汉。

后汉历二帝，四年，是五代中寿命最短的政权。

契丹军南下

石敬瑭对契丹主低头服小的政策，很不得人心，即便是在统治阶级内部，也有很多人不赞成。天福七年（942），石敬瑭一死，事情就起了变化。

宰相冯道和将领景延广因石敬瑭的儿子年龄太小，拥立他的侄儿重贵做皇帝。石重贵（出帝）任命景延广做同平章事、兼侍卫马步都指挥使，集将相于一身。景延广不赞成过分屈从契丹，他劝出帝对契丹称孙不称臣，表示只有亲属关系，没有君臣关系。出帝听了他的话，一下子惹恼了耶律德光。

有个人叫乔荣，是赵延寿的部将，做了契丹的回图使，常到东京贸易。景延广没收了他的货物，叫他回去传话："先帝为北朝所立，所以称臣奉表。现在的皇帝是中原人自己立的，称孙已经足够了。如果北朝发怒来战，孙儿有十万口磨好的宝剑，足以相待。将来被孙儿打败了，为天下人耻笑，切勿后悔！"

对于这一席话，当年桑维翰等人都认为惹了大祸。旧史家的议论也认为后晋并没有应敌的力量，横挑强敌，自取其祸。这种看法是否公允？我们应当根据耶律德光三进中原的事实来做判断。

第一次在出帝开运元年（944）。

上一年，中原发生严重的自然灾害，春夏苦旱，秋冬大水，大平原上，漫天飞蝗，把树叶都啃得精光。后晋政府入不敷出，不顾人民死活，下令搜括民间粮食。官吏如狼似虎，把农民逼得走投无路。饿死和逃散的百姓不计其数，人祸比天灾更重，而恒州（今河北正定）的人祸比别的地方更为严重。恒州天灾特重，原本属于免予搜括的范围。顺国节度使杜威硬要照样搜括百姓，勒索得到一百万斛粮食，他向朝廷只报了三十万斛，其余的都入了私囊。他还不肯罢休，又以"借"的名义，勒索了一百万斛粮食，到第二年春天出售，赚了二百万缗钱（用绳穿连成串的钱）。

这真是民生多艰的时代啊！平卢节度使原后唐晋安寨叛将杨光远却把它看作天赐良机，他想步石敬瑭的后尘，私通契丹，劝他们乘饥荒的机会，发动进攻。赵延寿本在契丹，耶律德光要他卖力，答应日后立他做中原皇帝。有了这两个家伙的牵引，耶律德光便野心勃勃地发兵南下了。

开运元年三月，耶律德光率兵十多万人，进逼澶州城北。出帝带着御营使景延广等出兵迎敌，耶律德光见晋军阵容严整，便吃了一惊，对手下人说："杨光远说晋兵已经饿死一半了，怎么还有这样一支队伍？"

契丹铁骑先向晋军两翼冲突，晋军屹然不动，万弩齐发，打退了敌兵。契丹军又集中力量，猛攻晋军右翼，也冲突不动。两军苦战到深夜，都伤亡惨重。契丹最终撤走，在澶州城外三十里处安营。

耶律德光讨不到便宜，又听说杨光远也打了败仗，便暗暗传下号令，弃了营帐，悄悄地撤走了。

契丹军撤走时，沿路烧杀掳掠，民间损失惨重。后晋政府又借战争机会，加重剥削，使者带着差役士卒，手执锁械、刀仗，闯入民家，逼取财物，说是收税，实同强抢。人民遭到的灾难是极其深重的，但是契丹军毕竟被击退了，杨光远的叛乱也跟着被平定了。

第二次进攻发生在同年冬天。耶律德光以赵延寿为前锋，深入河北。开运二年（945）初，河北发生了几次战斗，互有胜败。三月中，后晋得知耶律德光主力已经撤走，转而采取攻势。都招讨使杜威攻下泰州（今河北清苑）、满城、遂城（今徐水西）。耶律德光听到晋军北进的消息，率八万余骑从古北口南下，力求决战。杜威本无将才，连忙放弃泰州，逐步撤退，走到阳城（今保定西南）的白团卫村，被契丹军追上团团围住。

晋军安下营寨，插好鹿角（为阻止敌军前进而设置的树枝、荆棘之类的障碍物），准备扼守。当天晚上，东北风大起，黎明时分，风势更甚。耶律德光命骑兵下马，拔掉鹿角，手执短兵，冲杀进去，又命顺风放火，以壮声势。他号令道："晋军只有这些人，消灭了这支人马，便可以直取大梁！"

晋兵见形势危急，都愤怒地叫喊道："都招讨使为什么不下令反攻，让弟兄们白白牺牲！"众将也都摩拳擦掌，要求出战。杜威只是不死不活地说："等风小一些，再慢慢看吧！"将领李守贞说：

"敌众我寡，风沙之内，分不清多少，只要力战，便能取胜，要是等风停了，必定全军覆没。"另一员大将药元福说："敌兵欺我逆风，正好出其不意，来一个迎头痛击。"于是晋军诸将，不待主帅发令，出营反击。符彦卿、药元福等率骑兵在前，李守贞等率步兵在后，大举进攻，喊杀之声，震动天地。当时天色昏暗，宛如黑夜，契丹军措手不及，纷纷败退。契丹最精锐的号为"铁鹞"的骑兵下了马正在拔鹿角，被晋军一冲，连马也来不及骑，丢掉了马匹、铠甲、兵器便逃。这一仗，契丹军兵败如山倒，耶律德光最初坐一辆大车，速度很慢，逃了十多里路，见追兵已近，丢掉大车，骑上一匹骆驼，急急忙忙地逃回幽州去了。

杜威偶然打了个大胜仗，事后还有心有余悸。众将主张乘胜追击，他却说："遇贼被劫，幸而没有送掉性命，何必赶上去讨还衣包惹贼人发怒呢？"当然，按照当时的形势，晋军要扩大战果，也有困难。李守贞说："人马渴了两天，现在喝多了水，脚重无力，难以追击。"这是现实情形。然而从杜威来说，他的主要问题是畏敌避战。

后晋接连打退契丹的两次进攻，出帝志得意满，以为天下无事，便扩建宫殿，搜罗珍奇玩物，过着醉生梦死的生活。他没有料到契丹会发动第三次大进攻，更没有料到皇亲国戚会出卖他的国家。

契丹连年攻晋，兵马牲口伤亡很重，人民厌战的心情很强烈。述律太后也劝太宗："你即便是得了汉地，也不能住在那边，万一失败，后悔就来不及了。"但是太宗认为石氏负"恩"太甚，不肯轻易罢兵，最终发动了第三次攻势。

开运三年（946），耶律德光大军南下，与杜威统率的晋军，在恒州相持。杜威想学石敬瑭做皇帝，私通契丹。耶律德光大喜，骗他灭晋之后，立他为中原之主。杜威得到这句空话，信以为真，逼众将在降表上签名，然后传下命令，叫全军出营列队。军士当是出战，都很高兴，不料杜威下令解除武装，投降敌人。军士们失望，悲痛号哭，震动原野。这番哭声，和阳城白团卫村的喊杀之声，正好形成鲜明的对比。

耶律德光带了降兵，一路南下。叛将张彦泽先进东京，杀死桑维翰。这件事大大地忤逆了耶律德光的意旨，不久便被借故杀掉了。景延广被俘后自杀而死。景延广这个人的毛病在于大言而无实际，又不免于贪财奢侈，但是在对契丹贵族的态度上，骨头总算是硬的。出帝一家，被押送到北方，永远过着俘虏生活。

次年（947）二月，耶律德光在东京登基，表示自己正式成为中原的皇帝，宣布以大辽为国号，把会同十年改为大同元年。后晋大臣和各地军政长官，大部分都顺从了。唯有杜威和赵延寿两个，灰心失望，自然不消说得。

耶律德光的江山看起来很稳了，事实上却并非如此。他很容易地从后晋的统治者手里取得了中原地区，也很容易地被中原的人民群众轰得仓皇北逃。

晋朝全军投降之初，契丹翰林承旨、吏部尚书张砺就提出过一条建议："得了天下，中原将相应用中原人，不可用北方各族人，如果政令失当，人心不服，已经得到的天下，仍有丧失的危险。"

太宗看重张砺的才能，此刻却听不进去他的忠告。他在东京对晋朝降官说："中原的事情，我统统知道；我国的事情，你们就不懂了。"

他真的了解中原情形吗？实际上相差甚远。赵延寿请求给契丹兵发放粮草，他说："我国从来没有这种法度。"他放纵契丹兵，以牧马为名，四处掳掠，自筹给养，叫作"打草谷"。他又下令在都城和各州"括借（搜括征借）"钱帛，储藏在内库中，准备运往北方。他不信后晋降臣，不放已经投降的节度使还任，另派自己的子弟亲信担任地方长官。这些措施带给中原人民巨大的灾难，因而激起了不可抗拒的斗争浪潮。

那些新任的官长缺乏统治经验，不通语言风俗。地痞流氓利用这个机会，同这些新任长官结起来，向百姓敲诈勒索。"括借"钱帛的事逼得很紧，老百姓拿不出来，动辄遭到严刑拷打。"打草谷"的契丹兵，一批一批地去而复来，抢得到便抢，抢不到就杀。中原各州数百里间，人口被屠杀，作物被践踏，家畜被抢走，村落变成废墟，人间仿佛地狱。

人民无法忍受，纷纷举起义旗，武装自卫，用暴力来反击暴力。义兵少的数百人，多的数万人，攻破州县，杀掉契丹委派的官吏。义兵首领梁晖率数百人，夜袭相州（今河南安阳），杀契丹兵数百人，占领城池。陕州军官王晏、赵晖、侯章等杀掉契丹派的节度使刘愿和契丹监军，打败契丹军的反扑。澶州义兵首领王琼率众千余人，攻占在黄河南岸的南城，把节度使契丹人邪律郎五围在北城之中。后来契丹大举增援，王琼才战败牺牲。宋州（今河南商丘）、亳州（今安徽亳县）、密州（今山东诸城）等城都被义兵打开，许多州城受到围攻。淮北一带的义兵首领多向南唐求援，可是南唐正在攻打福建，顾不了中原的事情，拒绝了他们的请求。

辽太宗见义兵四起，无法镇压，才恨恨地说道："想不到中原百姓这样难弄！"

他在中原站不住脚，三月里便以天热北还避暑为名，离大梁而去。结果，他在中途病死，契丹内部因皇位继承问题，一度引起纷争；加上这次南进失败的影响，此后契丹对南方的威胁大大减轻了。

晋辽之战

天福七年（942），后晋高祖石敬瑭死，晋出帝石重贵即位。在中原人民反对契丹入侵斗争的压力下，出帝与辽渐有疏远，任景延广为宰相，景延广以反辽为己任。在致书辽国报丧时，景延广一反往日称臣于契丹的做法，称孙而不称臣，辽太宗耶律德光大怒，遣使者责问晋国，说出帝不先报丧于辽及不经辽许可便称帝是非法之举。景延广斥责辽使，极力摆脱晋与辽的臣属关系。景延广言于契丹使者"翁怒则来战，孙（晋）有十万口磨剑，足以相待"。因此，出帝即位之始，晋辽便开兵衅。

晋辽兵衅虽开，但晋却戎事不饬，视战争为儿戏，许多晋臣暗中降辽，如平卢节度使杨光远密召契丹，说中原可以谋取。早已降辽的赵延寿欲依靠辽国，取晋代之，也极力说服耶律德光进攻晋朝。开运元年（944），耶律德光以赵延寿与赵延昭为先锋，亲自率军攻晋，开运元年正月攻陷贝州。攻陷贝州后，辽军前锋抵达黎阳（今河南浚县），耶律德光所率大军屯兵元城（今河北大名县），任赵延寿为魏博节度使。晋以高行周为北面行营都部署，景延广为御营使，并下诏亲征，沿黄河设防。在晋辽的交锋中，中原军民团结一心，奋勇作战，抵御辽兵。所以辽兵进攻屡屡受挫。

耶律德光急于取胜，便听从赵延寿的主意，自率大军十余万，在澶州城北列阵，想一战取胜。晋以高行周先发，击辽，辽围高行周于戚城（今河南濮阳北部），博州刺史周儒降辽，引辽兵攻郓州（今山东郓城）以支援叛将杨光远。出帝派李守贞击败周儒，自率大军救援高行周，解契丹之围。又与辽军战于澶州，双方皆有损耗，辽军分兵两路北撤，留赵延寿守贝州。出帝亦留行周守澶州，又命李守贞击杨光远，获胜。

出帝自澶州归京都后，日益骄侈。景延广亦乘势使气，凌辱诸将，出帝怕景延广不逊难制，便任命他为西京留守，致书辽主，想重修旧好，耶律德光回信拒绝了，认为"已成之势，不可改也"，同年十二月便发兵击晋。

开运二年（945），辽兵驻军元氏（今河北元氏县），赵延寿仍为先锋。晋出帝欲亲征，因身体有疾未能成行，令马全节屯兵邢州（今河北邢台市）、赵在礼屯兵邺都（今河北大名县东北部）。战争之时，晋朝廷因畏惧而下令后撤，晋兵不知缘故，误以为战败，于是溃退，撤至相州时，晋朝廷复下令死守，军心才复归稳定，数万人列阵于相州安阳水南岸。此时辽太宗在邯郸，听传言以为晋军大至，于是仓皇北还，攻相州的辽兵不战自败。此时出帝病愈，听马全节之意，欲乘胜夺取幽州。于是下诏亲征。诸军依次北上，攻取满城（今河北满城县）、遂城（今河北徐水县西部）。辽军闻讯回兵，晋军后撤。至阳城（今河北清苑县东部）两军交锋，晋军李守贞等利用天气条件，乘大风而奋力击辽，辽因轻敌而大败。是谓阳城大捷。

阳城之捷后，出帝以为天下无事，专事游乐，搜刮四方珍奇，多造器玩，大兴土木，赏赐优伶无度，朝廷上下醉生梦死，荒淫无耻，因此大失民心。

开运三年（946），辽瀛州刺史诈降，劝晋发兵取瀛州。出帝轻敌自信，以杜重威为元帅，李守贞为副元帅，率军击辽。出征前下诏说："此次北征要先取瀛、莫（今河北境内），安定关南。次取幽、燕，荡平塞北。"又发布赏格：擒获辽主者，授上镇节度使，赏钱万缗，绢万匹，银万两。大军征发，京师守备空虚。同年十一月，晋军至瀛州，州城城门洞开，寂若无人。杜重威不敢轻易进取，撤军至武强（今河北武强县），闻知辽军已南下入寇，欲取道冀、贝南回，彰德节度使张彦泽劝他发兵恒州，晋军与辽军夹滹沱河对峙。杜重威派张彦泽为先锋，辽军则暗中派兵抄晋军后路，断其粮道与归路。奉国指挥使王清建议自率步兵两千人为先锋，渡河击敌，请杜重威率军后援。王清所率兵卒，作战甚勇，辽军向后稍撤。晋将请求乘胜渡河，杜重威没答应，王清孤军奋战，连续派人请求后援，均被杜重威拒绝。王清及渡河部队全部战死，晋大军隔河相望，无不愤慨、气馁。王清战死后，杜重威便与李守贞密谋降辽。辽兵因此而得恒州，又引兵自邢、相南下，派张彦泽率骑兵两千先取开封。张彦泽长驱直入，晋出帝做降表，向辽称臣。高行周亦自澶州到京师表示归辽。张彦泽纵军抢掠，次年（947）耶律德光入开封，贬出帝为负义侯，并将皇室押往辽国，安置在建州（今辽宁朝阳县），晋辽之战以晋的灭亡而告终。

打草谷

辽初，军队出征，"人马不给粮草，日遣打草谷骑四出抄掠以供之"（《辽史·兵卫志上》）。这种无专门的后勤保障，靠军人自筹给养，掳掠民间粮草财物的方式，被辽人称作"打草谷"。会同十年（947），辽太宗灭后晋，领兵进入开封（今属河南），有意留居中原，但不久即撤军北返。辽太宗被迫班师的主要原因是"纵兵掠刍粟"，即打草谷。由于进驻中原的辽军四处打草谷，中原人民不堪忍受，纷纷起兵反抗，使辽军在中原难以立足。辽中、后期，对军队后勤保障方面有所重视，在边境地区设置屯戍之兵，种植粮食，供给军饷。以后，在战争中，辽军打草谷的现象虽然没有完全绝迹，但是纵兵大掠的做法已不多见。

五代十国的立法

五代十国的法律，大体上都继续行用唐后期的律、令、格、式和编敕，对唐代法令不合时宜者，随时因人因事，颁敕处分，以敕破律，因敕改律，断罪以敕为定。因此，敕成为五代十国统治者感到比较得心应手、方便灵活的法律形式。敕颁得多了，难免有重复、抵牾（dǐ wǔ，矛盾）之处，就需要对先后颁行的敕令进行编辑、删改，编敕就成为五代十国时期立法最主要的内容。

后梁太祖朱温在开平三年（909）十一月，诏删定律、令、格、式。次年十二月，宰臣上重新刊定之《令》三十卷，《式》二十卷，《格》十一卷，《律》并目录十三卷，《律疏》三十卷，共五部十一帙一百零三卷，合称《大梁新定格式律令》。从各部的卷数看，都与唐代法律相同，当为删辑唐律而成。后唐同光元年（923），又以唐宣宗时的《大中刑律统类》为蓝本，编纂了《同光刑律统类》十三卷。末帝清泰二年（935），又将清泰元年以前后唐政权十一年内颁布的制敕，取其可长久施行者三百九十四道，编为三十卷，名为《清泰编敕》。后晋天福三年（938），又详定制敕三百六十八道，分为三十一卷，定名为《天福杂敕》。后周广顺元年（951），因后汉末年的战争兵乱，法律书籍大多亡佚，大理寺上奏，要求重定律、令、格、式、统类、编敕等。先将后晋、后汉及后周初年所发布的事关刑法的敕条二十六件，分为两卷，附于现行编敕之后，命名为《大周续编敕》，令省、寺暂时行用。到周显德四年（957），又因为旧法书已行用多年，其文意古质，条目繁细，使人难以理解，且前后颁布的格敕，又有相互重复、矛盾之处，令人难以定夺，特意命侍御史张湜等重新编集刑书。次年编成奏上，名为《大周刑统》，共二十一卷，颁行天下，与《律疏》《令》《式》等通行；而前朝所编之《刑法统类》《开成格》《编敕》等的主要内容已采掇既尽，故不在法司行用之限。

在十国方面，吴太祖杨行密虽起于草泽，却慎于刑法，及其即位，下诏修格令，建法制，删定《格令》五十卷。南唐主李昪（biàn），自为吴相，兴利除害，变更旧法甚多。即位以后，命法官及尚书删定条法，修《昪元条》三十卷。又有姜虔嗣编《江南刑律统类》十卷、《江南格令条》八十卷，及《蜀杂制敕》等刑法书皆为江南各国所立之法。但五代十国时期各国所编纂的法典，均已失传。

五代时期，军阀当政，因连年战乱不已，社会秩序混乱，统治者重操"治乱世而用重典"的旧训，用刑偏于苛酷，并常于法律之外，滥加刑罚。如对盗窃罪，按《唐律》最重不过加役流，唐后期加重，窃盗赃满三匹，即集众决杀。后唐又重申此制。而至后汉改窃盗赃至一文钱以上即处死。对犯"奸"罪，依《唐律》仅处一年半徒刑。后唐《同光律》规定，强奸罪男子处死，妇人无罪。后晋改奸罪为有夫妇人，不论强、和，男女一概处死。五代还增置了一些《唐律》中所没有的罪名及重刑条款，如以重法惩治制造和贩卖私盐、私酒曲者。五代普遍使用族诛和籍没（登记并没收家产）等早已废弃的酷刑，甚至为捕"贼"而杀灭数村之民。在死刑执行和刑罚运用方面，五代亦较唐代野蛮、残酷得多，军阀、贵族以杀人为乐事，常对政敌实行族诛，以抱旧怨。军将执法，喜怒随意，滥杀无辜。后汉史弘肇为都指挥使，部下稍不从命即杀之；

及其都辖禁军，巡察都邑，更是专行刑杀，毫不顾避；对犯事者，不问罪之轻重，皆处极刑；当时太白星在白昼出现，有的百姓抬头观看，被官吏抓住后，立时砍断他们的腰和脖子。其他如被割下舌头、撕破嘴巴、砍断筋骨、折断腿脚的人，无日不有。只要听说有过失，便处以极刑，被冤枉滥杀的家庭，没有人敢上诉。又有刘铢，也是生性惨毒好杀者，立法深峻（苛刻严酷），每杖人，遣双杖对下，谓之"合欢杖"；或杖人如其岁数，谓之"随年杖"。又如许迁为隰州刺史，抓到"盗贼"，就用钉子钉在墙上，令部下脔（luán，切成小块的肉）割，这实际上就是"凌迟"之刑。在司法审判中，轻罪重判，禁锢逾时，动辄处死狱囚的现象更是比比皆是。后汉高祖曾命苏逢吉"静狱（详细地审理狱囚而为之平反）"以祈福佑。这本是录囚徒、平冤狱以决遣系囚的"善举"，苏逢吉却将囚徒都杀了。至于各地的监狱，更是暗无天日。五代统治者对监狱实行军事管制，设立了马步司左右军巡院监狱，任用嗜杀成性的牙校掌管审判与狱政。百姓一旦获罪入狱，治狱官吏即乘机敲诈勒索、虐待折磨狱囚。封建刑律开始回到了"重典治世"的老路上。但是，五代法律也有值得称道的地方。

在法典编纂方面，后周编成的《大周刑统》以《唐律疏议》为基础，以《大中刑律统类》为蓝本，将律分类为门，附以与律文相近的令、式、格、敕，统一汇编，所谓"刑名之要，尽统于兹"，从而使"刑统"的形式固定化，在法典编纂体例上为宋代立法奠定了基础。在刑事立法方面，后唐长兴二年（931），重申《开成格》，对盗贼罪"须得本赃，然后科决，如有推勘（审问）因而致死者，以故杀罪论"。这是对野蛮的刑讯制度的否定，对被告人的生命多少能够起到一些保护作用。其后，后唐、后周也立法禁止对"盗贼"罪者，牵连攀引无辜。这在"滥刑"的五代具有积极意义。在民事经济立法方面，后周针对当时社会经济生活的纷乱和民事纠纷的复杂状况，用法律规定了有关所有权取得的时效、典权（占有、使用、收益他人不动产的一种物权）、债权方面的具体条款；对契约与牙保制度做了较为全面的规定；特别是制定了较为完整的"盐曲法"，对后世制定盐法产生了重大的影响。在监狱制度方面，也许正因为五代时监狱管理的黑暗、野蛮与腐败，狱治问题也就显得更为突出。各代稍有作为的帝王，都注重狱政，下令疏决（清理判决）囚徒，不得淹滞（迟滞、积压）；惩治酷吏，申雪冤滥。尤其是后唐时，开始在监狱中设置"病囚院"，对病囚派专人诊候、疗理，这在中国古代监狱史上具有重大意义，是封建狱政文明化的标志。其后，又重申唐代《狱官令》中有关狱政管理的规定，命令狱吏，定期洒扫牢狱；每五天一次，差人洗刷枷械；按时供应囚犯水浆；禁止克扣犯人口食；如有病疾者，差人看承医疗；囚死则由亲人掩埋，无亲戚者，官给棺，于官地埋瘗（yì，掩埋、埋葬）等。这些规定，虽不能从根本上改变当时黑暗、腐败的狱治状况，但对宋代的监狱管理制度提供了较为宽厚、文明的法律依据，对后世封建狱制的发展具有重大影响。

五代十国的兵制

五代的兵制大抵与唐相仿。地方的军队仍由节度使、团练使、防御使掌握，最大的变化是中央军加强了。五代十国的建国者多是唐末的节度使，他们能夺取和建立政权是因为手中拥有强大的兵力。后晋成德节度使安重荣就公开说："今世天子，兵强马壮则为之耳。"因此在建国以后，为了巩固统治，他们都设法削弱地方实力，强化禁军。唐朝灭亡前夕，朱温尽诛宦官，解散了宦官所领的神策军，后来，朱温以宣武节度使称帝，即以宣武镇兵为禁军，设在京马步军都指挥使。后唐改为侍卫亲军，置马步军都指挥使，是为侍卫司，以后相承沿袭。后周显德元年（954）二月，周世宗为加强朝廷直属部队，令诸道招募山林亡命之徒等骁勇者，送到开封充实禁军，称为"强人"。同年三月，北汉兴兵攻潞州，世宗率大军亲征，双方战于高平。这次战役虽然击退了北汉和辽的联军，但也暴露了禁军不守纪律、战斗不力的弊病。侍卫司的马军和步军两个指挥使樊爱能、何徽临阵脱逃并劫掠辎重，还扬言周军已败，扰乱军心。世宗处决了这两个指挥使和中级将校七十余人，以严肃军纪。这件事使世宗感到有整顿禁军的必要。是年十月，所谓"强人"业已召集完毕，世宗举行大阅兵（包括新招募的"强人"和原来的侍卫亲军），挑选武艺超群、勇猛过人者充任殿前侍卫，组成殿前军。从此，朝廷拥有一支强大的劲旅，为进行统一战争创造了条件。设立殿前都、副点检统辖殿前军，位在殿前马步军都指挥使之上。于是禁军乃有侍卫亲军和殿前军两部，殿前军由世宗亲创，经过严格挑选，战斗力较强，地位在侍卫亲军之上。殿前都点检位高权重，世宗任命后周太祖郭威的女婿张永德充当。显德六年（959），世宗率兵北伐，中途病危，怀疑张永德，便解除了他的兵权，以赵匡胤代之。次年，赵匡胤发动兵变，代周称帝，建立宋朝。宋初尚有殿前都、副点检之名，实际上都点检已经不再设置，副都点检也不久就废弃了。

五代十国的赋税

五代十国是唐末藩镇割据局面的延续，由于分裂割据，战争频繁，五代十国各政权都刻意敛财，无所不用其极，赋税十分繁重，除沿袭了唐朝赋税外，还巧立不少名目来搜刮民财。

田赋：五代后梁开国，正值黄巢起义之后，兵疲民困，梁太祖朱温鼓励耕桑，赋税基本沿袭唐代两税制。后唐庄宗李存勖代梁后，任用孔谦作租庸使，赋税加重，史称"峻法以剥下，厚敛以奉上，民产虽竭，军食尚亏"。此后历朝，基本沿袭后唐庄宗赋税之制，其间也有改动或新设名目。后唐长兴三年（932），实施"折纳"，即要求纳税户按不同季节，将粮或钱折为绫、罗、绢、帛后再上交朝廷，在折纳的过程中，百姓的负担往往要加重，而诸色折纳在五代时期十分普遍。除正赋之外，另有加征，如后唐明宗时，田税每斛加输二斗，称为"雀鼠耗"；后汉隐帝时，三司使王章又于旧制"雀鼠耗"之外加征二斗，即每征一斛粮，百姓实际要交一斛四斗，称为"省耗"。有时还要预征田赋，如后唐同光四年（926），因军粮不足，庄宗敕令河南预征夏秋税。南方吴国旧制，上等田每顷收税现钱二贯一百文，中等田一贯八百文，下等田一贯五百文，除计亩输钱外，还要征收丁口税，百姓负担十分沉重。徐知诰（李昪）为淮南帅时，采纳了宋齐丘的建议：田赋不收现钱，而收百姓生产的粮帛，并"虚抬时价，折纳油绵绢本色"。当时市价，绢每匹五百文，油六百文，绵每两十五文，宋齐丘主张绢每匹抬至一贯七百文，抽为二贯四百文，绵每两四十文，即用高于市价三四倍的虚价来折合百姓交纳的实物，同时废除了丁口税，以此来休养生息，恢复生产。徐知诰称帝建南唐后，又敕令桑农田免税五年，使江淮地区的经济较为发展。到李璟、李煜时，南唐的赋税逐渐加重。吴越地小人多，赋敛苛暴，其征收丁壮钱，以至贫苦之家无法生养，或弃子于褓褥之时，或卖子女为僮妾。田赋欠纳一斗者，处以徒刑。

盐酒税：五代征收盐酒税，酿酒要交曲引钱，吃盐要缴纳盐米（古代农民缴给官府代替田赋及借以换取官盐的米），产盐户要纳盐利，每斗盐折纳白米一斗五升，后晋初改为纳钱。五代的盐税尤为烦苛。官府自制自卖的盐，立各种名目派给收钱，如对城市居民，按屋税派给盐，称屋税盐；对乡村居民，按户口派给，称蚕盐。后晋高祖石敬瑭下诏按户等征盐钱：一等户纳钱一贯，五等户纳钱二百文，朝廷除征盐钱外，听任商人自由贩盐，盐价一时降了下来。但到了天福七年（942），又下令各州郡重向盐商征税，凡过路盐，每斤抽税七文，坐卖每斤抽税十文，盐价由此转贵，而按户征的食盐钱也不免除，反而变成了常赋，形成一盐而二税，官尽收其利。后汉乾祐年间（948-950），头青盐一石，抽税一千文加盐一斗，其税更重于后晋。后周广顺二年（952），太祖郭威敕令，青盐一石抽税八百加盐一斗，白盐一石抽税五百加盐五升。由于盐利是各政权的重要收入，五代时为获此厚利，历朝都实行极残暴的刑罚来维护盐禁。私贩盐十斤以上即处死；私自煮盐，不计多少斤两，皆处死；凡告犯禁十斤以上者，得赏钱二万，五十斤以上，可得赏钱三万，百斤以上，赏钱五万。后唐长兴四年（933）规定，犯盐禁一两至一斤的商人，杖六十；五斤以上至十斤，徒二年：十斤以上，脊杖二十，处死。后周广顺二年（952），敕令，凡犯盐禁一两以上至一斤者，杖八十，配役；一斤以上至五斤，徒三年，配役；五斤以上，重杖一顿，处死。私煮盐一斤以下，徒三年，配役；一斤以上，重杖一顿，处死。显德二年（955），又改盐法，凡私煮盐者并知情人，不计多少斤两，一律重杖一顿，处死，能抓获一名犯禁的，赏绢十匹，抓获三名以上，赏绢五十匹。

后梁开平三年（909）敕令，听任百姓自造曲，朝廷不设禁。后唐天成三年（928），明宗诏令，乡村百姓每亩纳曲钱五文，随夏秋税征纳，交过曲钱的农家可以酿酒自家饮用。城市中的酒户酿酒货卖，官府向其征酿酒钱，其余市民可酿酒自用，但不得买卖酒。长兴元年（930），改秋苗每亩征曲钱五文为三文。第二年废苗亩所征曲钱，酒曲由官府专卖，减旧价一半出售给百姓酿酒。后汉乾祐年间，犯造曲之禁者，不论多少，一律处死。后周广顺年间改为，私造曲五斤以上者处死。

其他：五代商税繁屑。后唐天成元年（926），诏令省司及诸府，置税茶场院，当时尤以湖南产茶多，楚国大量贩茶到北方。明宗令下之后，自湖南起运，沿途需纳六七次税方能至京城，如此重税，以至商旅不通。贩牛畜及其他货物的，经州过府，都要抽税，后周显德五年（958），世宗柴荣敕令诸道州府，对过路的商贾牛贩不要抽税，只是在卖货处，据其卖价，每千文抽税三十文。又有冶铁税，后唐时将冶铁税摊派到田赋中征收，每亩纳农器钱一文五分。摊入田赋中的杂税还有牛皮。后周以前，禁止百姓私藏牛皮，牛皮要全部卖给官府。后汉时，民间私藏牛皮一寸即处死刑。后周广顺元年（951）的敕令仍是，私卖一张牛皮，徒三年，两张以上即处死。广顺二年改定每十顷地税取连角的牛皮一张，另加牛筋若干。多余的牛皮听民自用或买卖，但不得卖给邻国，郭威此举，在当时被称作一项良政。五代时，不但输纳粮食要加征"省耗"，官府在征收钱及其他实物时也往往加耗。例如，后唐时，交纳秆草时，每米加纳钱一文；交纳绢布绫罗时，每匹另纳钱十二文；纳丝绵油子麻皮时，每个两加纳半两的"耗"，就是在收现钱时，也要每贯加纳七文。后汉王章掌三司时，将旧制八十文为一陌，改为收入时八十文为陌，支出时七十七文为陌，出入之间，每陌官赚三文。南方各类杂税更是不胜枚举，如鱼税、桔园税、水梌（qī，落叶乔木，嫩叶可作茶的代用品）税、社酒税、莲藕税、鹅鸭税、螺蚌税、柴薪税、地铺税、枯牛骨税、溉田水利税等，甚至鹅蛋双黄、柳花成絮都要纳税。

第七篇　宋・元

〔北 宋〕

北宋建立

宋建隆元年（960），赵匡胤取代后周，建立了宋朝，史称北宋。

赵匡胤，涿郡（辖境在今北京通州区、昌平西南，天津以北，河北霸州市、涿州市、涿鹿一带）人。高祖朓（tiǎo）仕唐，历永清、文安、幽都令。祖父敬，历营、蓟、涿三州刺史。父弘殷，骁勇，有战功，曾领后周岳州防御使。累官检校司徒。母杜氏。匡胤生于洛阳夹马营。容貌雄伟，气度豁如。年轻时曾助郭威发动兵变，代汉建周，受到重用，仕周，补东西班行首，官至殿前都指挥使。郭威死，养子柴荣继位，即周世宗。匡胤多次跟随周世宗征伐，屡立战功，有一定声望，深得周世宗信任。世宗临终前，以为他很可靠，特意把禁军的最高职务殿前都点检，从女婿张永德手中转交给他，同时拜他为检校太傅，让他掌握了禁军统率权。赵匡胤掌军政六年，得士卒心，加上多年跟从世宗征伐，屡建战功，众望所归。

显德六年（959）周世宗病逝，由七岁的幼子柴宗训（周恭帝）继位，实际由符太后掌大权。这时的赵匡胤，除任殿前都点检外，还兼任归德军节度使，负责防守宋京城开封，权势更大了。而当时后周的形势却是"主少国疑"，正是赵匡胤夺权，取代后周的好机会。

显德七年（960）正月初一，是时皇宫里正在欢度新春，赵匡胤以镇（今河北正定）、定（今河北定县）二州的名义，谎报军情，说是契丹勾结北汉大举南侵，请求朝廷派兵抵御。当时的宰相范质、王溥等不明真相，立即派赵匡胤率兵出征。初三那天的清晨，赵匡胤带兵刚出京城，城内便传出"出军之日，当立点检为天子"的传言，皇宫内却全然不知，仍然在欢度春节。当晚，赵匡胤驻军于开封东北四十里的陈桥驿，马上布置了兵变事宜。他自己不便出面煽动将士，喝酒装醉睡觉去了。由其弟供奉官都知赵匡义与谋士赵普与禁军的几个主要将领共同商议。说："主上幼弱，我们出力破敌，有谁知道，不如乘机先立点检为天子，再行北征不迟。"决定拥立赵匡胤当皇帝。

次日清晨，赵匡义、赵普与参加兵变的诸将领涌入赵匡胤的住所，把早已准备好的黄袍，披在赵匡胤身上，高呼万岁。并簇拥着赵匡胤上马，回师开封，以登基称帝。赵匡胤假意装作无可奈何的样子，揽着缰绳说："是你们贪图富贵，拥立我当皇帝，你们服从我的命令还行，否则，我可不愿意做你们的皇帝。"大家表示唯命是从。赵匡胤为稳住京城和宫内的局势，提出要保护太后、皇帝，对他们及各公卿大臣均不得欺凌；朝廷府库、士庶之家不得侵掠。如能遵守，事成后皆有重赏；如有违背，就严惩不贷。大家都答应了，队伍便向开封进发。与此同时，赵匡胤已派人回开封驰告"素有归心"的殿前都指挥使石守信、殿前都虞侯王审琦，让他们做好内应。

正月初五日，赵匡胤率兵从仁和门进入开封城。事前已派遣潘美入宫示意。当时早朝尚未结束，宰相范质闻变，十分慌张，使劲抓住王溥的手说："仓促派赵匡胤出兵，是我们的罪过。"王溥更是害怕得说不出话。大臣们都束手无策，只有侍卫亲军副都指挥使韩通从内廷冲出，想率众抵御，被王彦昇追杀。赵匡胤进登明德门，令甲士归营，他自己退居官署。将士押着范质等人来了。赵匡胤还假装是被将士所迫，一副惭愧的样子。未等范质说话，列校罗彦环已经按住剑，厉声对范质等人说："我辈无主，今日须有人当天子。"范质等人全无抗争能力，只有俯首称臣。王溥首先下跪叩拜，范质也只好叩拜，遂请赵匡胤到崇元殿，行禅代礼。翰林承旨陶谷拿出事前准备好的禅代诏书，宣布周恭帝退位。赵匡胤穿上皇帝衣冠，北面拜受，即皇帝位。降周恭帝为郑王，符太后为周太后，迁居西京。大赦，改元。因赵匡胤所领归德军在宋州（今河南商丘），故定国号为宋，年号建隆，北宋建立。

为稳定局面，赵匡胤称帝后，派遣使者遍告郡国藩镇，论功行赏。首先加封石守信为侍卫马步军副都指挥使，高怀德为殿前副都点检，张令铎为马步军都虞侯，王审琦为殿前都指挥使，张光翰为马军都指挥使，赵彦徽为步军都指挥使。将后周将领、当时掌握重兵屯驻真定原殿前副都点检慕容延钊升为殿前都点检，领兵巡守北方边境的韩令坤为侍卫马步军都指挥使，与石守信同领禁军。以其弟匡义（后改名光义）为殿前都虞侯领睦州防御使，赵普为枢密直学士。追赠韩通为中书令，以礼收葬。王彦昇的专杀行动，使赵匡胤很生气，只是北宋才刚刚建立，隐忍着没有降罪。

杯酒释兵权

宋太祖赵匡胤即位不久，就有两个节度使起兵反叛。赵匡胤亲自出兵镇压才最终平定了叛乱，但这件事让他心里十分不安。

有一次，他单独约见赵普，并问计于他："自唐末至今，接连更换了五个朝代，战事连年不断，牵连无数的无辜百姓枉死，这究竟是什么原因呢？"赵普回答说："其实原因很简单，国家混乱，病根就在于藩镇权力过大。如果将兵权集中于朝廷，天下自然就会太平无事了。"宋太祖赵匡胤十分赞同赵普的观点，连连点头称是。几日后，赵匡胤请石守信、王审琦等几位老将在宫中宴饮。待众人喝到酒酣耳热之时，赵匡胤屏退左右，举起一杯酒，请大家干杯。然后说道："如若没有诸位的帮助，也不会有我赵匡胤的今日，但是你们哪儿知道，做皇帝有多难，想想还不如做个节度来得自在。不瞒诸位，这一年来，我没有睡过一夜安稳觉。"听了这话，石守信等人十分诧异，连忙问皇上为何会睡得不安稳。宋太祖说："道理再明显不过了。皇帝这个位子，谁不想坐呢？"石守信等人一听这话，都惊慌失措，连忙下跪说道："陛下不应该这样说啊，现在天下太平，谁还敢对陛下不忠呢？"宋太祖回答道："你们几位的忠心我是信得过的，就只怕你们的部下有人贪图富贵，如当年待我一样，将你们黄袍加身，到时你们又该如何，恐怕也不得不从吧？"众人听到赵匡胤如此这般说，立即感到手足无措，一时之间也不知道该如何应答，就连连磕头，泪流满面地说："我们都是粗人，并没有想到这一层，请陛下明示，我们该如何做。"见时机已到，宋太祖便道出了自己的想法："我替你们着想，你们不如将兵权交给朝廷，去地方做个闲官，广置田产房屋，给子孙留万世家业，你们与我征战不就是为了这些吗？你们和我都可以平平安安地度过余生，我再与你们结为亲家，这样彼此都毫无猜疑，是不是两全其美呢？"石守信等人随即说道："陛下想得很周全，我们遵命就是！"

第二日早朝，头天参加宴饮的众大臣都上奏表称：自己年老多病，请求告老还乡。宋太祖立即准奏，收回众人的兵权，又赏赐给每人一大笔财富，打发他们去各地做节度使。这便是历史上有名的"杯酒释兵权"。此后，宋太祖又收回了其他一些地方将领的兵权，他还改革了军事，从地方军队挑选出精兵强将组编成禁军，由皇帝直接统领，各地行政长官也由朝廷委派，这样有利于皇权的巩固，北宋王朝的统治也逐渐稳定下来了。

太宗继位

开宝九年（976）十月，宋太祖赵匡胤病重。据记载，宋太祖在"斧声烛影（宋太祖去世之前，太宗入宫的一段传说）"中突然死去，而当晚宋太宗赵光义"留宿禁内"，大有杀兄夺位的嫌疑。另外又有所谓"金匮之盟"的说法，这些记载不能确证，但至少说明宋太宗继位是皇室内部斗争的结果。

赵匡胤母杜氏，生匡济、匡胤、光义、光美、匡赞兄弟五人，匡济、匡赞早死。建隆元年（960），陈桥兵变，赵匡胤黄袍加身，登基称帝（宋太祖）。赵匡胤尊母杜氏为太后。

次年，杜太后病，赵匡胤侍药饵日夜不离身边。病益重，杜太后召右谏议大夫赵普受遗命，赵普至。据说，杜太后谈到皇位继承问题，她谕示太祖百年之后，当立光义。赵匡胤遵从母命，赵普在病榻前记下誓言，末尾署上"臣普记"三字。把誓言藏在金匮之中，令谨密宫人掌管。这就是所谓的"金匮之盟"。

开宝六年（973），宋太祖封弟光义为晋王。开宝九年（976），宋太祖病，召晋王属以后事，左右皆不得闻。宋太祖卒，晋王光义即帝位（宋太宗），改名为炅（jiǒng）。宋太宗封弟光美为齐王，兄子德昭为武功郡王，位在宰相之上。

太平兴国四年（979）八月，武功郡王德昭自杀。是年五月，平定北汉后，功未赏，宋太宗亲征契丹，武功郡王德昭从行。七月，契丹大败宋军于高梁河，军中夜惊，不知宋太宗去向，有人谋立德昭，宋太宗听说后很不高兴。及还京师，以征契丹不利，有意拖延，不行攻太原的功赏，德昭请求太原之赏，宋太宗大怒说："到你自己来行赏时，再赏功也不迟。"德昭是宋太祖的长子，本应继帝位，如今却遭到宋太宗的训斥、讥讽，一气之下，自杀身亡。十月，宋太宗赏平北汉有功者，封弟齐王为秦王。

太平兴国六年（981），权臣卢多逊诬告赵普最初不想立宋太宗，宋太宗疏远赵普，赵普郁郁不得志。这时宋太宗的旧臣柴禹锡、赵镕、杨守一状告秦王骄恣，将有阴谋发生。宋太宗怀疑，问赵普。赵普表示愿备枢轴（比喻中央权力机关或相位），观察奸变。同时，他陈说自己是忠于朝廷的，今天反为权幸诬告。进而把受

杜太后之托，写"金匮之盟"等事做了说明。宋太宗打开金匮，得到誓书，又查阅了赵普所上奉，证实赵普所说的话，解除了对赵普的误解，拜他为司徒兼侍中，封为梁国公。后人已考订"金匮之盟"是作伪之事，不可信。

太平兴国七年（982），有人告秦王光美欲乘宋太宗幸（指封建帝王到达某地）西池时叛乱，宋太宗借机罢免了秦王开封尹的职务，改为西京留守。据金匮之盟，传位顺序是宋太祖传宋太宗，宋太宗传光美，光美传德昭。德昭已死，光美深感不安。宋太宗以传位事寻问赵普的意见，赵普说："太祖已经失误了，陛下岂能再误！"宋太宗在赵普的鼓励下，决定放弃金匮之盟，这样作为王储的秦王，很快就变成了囚徒。

卢多逊与秦王交往甚密，常以中书机密告诉秦王，并表示待太宗去世，自己将尽力侍奉秦王。秦王失宠，卢多逊也被革职，被流放到崖州，家属徙于远裔。与此事有牵连的赵白、樊德明、阎密、王继勋等被斩首。秦王归于私第，居西京，继而被贬为涪陵县公，安置于房州。命阎彦进知房州，袁廓通判州事，伺察秦王的举动。秦王至房州，忧悸成疾，雍熙元年（984）正月，死于房州。太宗通过这一场斗争，进一步巩固了自己的地位。

宋真宗亲征

五代时期，中国辽河和滦河上游河域的少数民族契丹首领阿保机统一了契丹八部，契丹封建化加快，成为中国北方一个强大的封建地方政权。916年，阿保机自立为帝，史称辽太祖。

赵匡胤登上皇帝宝座后，觉得辽政权对宋王朝的威胁很大。

北宋曾两次进攻建立在太原的北汉政权，都因为辽出兵干预而失败，赵匡胤抱憾而终。赵匡义即位后，虽然消灭了北汉政权，但在乘胜攻打辽国、准备收复五代时割让给辽国的燕云十六州时，却告失败。986 年，宋太宗赵匡义再次兴兵攻辽，又惨遭失败。宋王朝从此不再主动出击，对辽国采取守势，而辽国则步步进逼，常侵犯宋朝。

景德元年（1004），辽国出动二十万大军犯宋，兵锋直抵澶州（今河南濮阳）。辽军南犯的消息传来，朝廷上下震动。宋真宗召集群臣会议，一派主和，一派主战。宋真宗主意不定，就向宰相寇准讨教。

寇准说："臣以为皇上以亲征作号召，将士自会拼杀效力，奋勇杀敌。即使敌军不撤，我军至少可以阻挠敌军进一步南犯。"

宋真宗也想有一番作为，于是决定亲征。宋王朝的出征大军在皇帝的率领下向北开进，走到韦城（今河南滑县）时，军探来报，辽军马队正在继续南犯，两军交锋在即。宋真宗一听，吓得改变了主意，想打道回府。寇准连忙劝阻说："皇上，敌骑逼近之际，我军只能进尺，不能退寸。现在全国的军民百姓都眼睁睁地看着皇上，皇上如果能迎敌而上，我军士气必然大振；皇上如果调头南下，军队极有可能土崩瓦解。敌人的马队如果趁机追击我军，我军就有全军覆没的危险。请皇上三思！"

听寇准这么一说，宋真宗只得硬着头皮北上，扎营于澶州南城。澶州城分为南、北两城，中间隔着黄河。宋真宗在寇准的劝说下，勉强到了北城。三军将士见了，大受鼓舞，齐声高呼："万岁，万岁，万万岁！"此时，四处赶来支援的军队已达几十万人。

辽军一看破城无望，又不甘心自行撤退，于是想和谈。宋真宗一听正中下怀，双方一拍即合，于是派使者商谈。临行前，宋真宗对使者曹利用说："成，每年给他们一百万两白银总可以了吧？"寇准反对谈判，并为此做了自己最大的努力，可是，皇上已铁了心要和谈，他也没有办法。当晚，寇准派人把曹利用找来，对他说："皇上虽然同意给辽国一百万两，但是我警告你，如果赔款超过三十万，我要你的脑袋！"

景德元年十二月（1005年1月），宋辽双方达成协议：宋每年向辽输银十万两，输绢二十万匹，这就是"澶渊之盟"的协议。当时绢每匹合一两银子，所以赔款总数约为三十万两白银。宋真宗得知曹利用只花了三十万两白银，高兴地立即下诏举办盛宴，庆祝谈判取得胜利，还让诸大臣吟诗唱赋，以志永远。

澶渊之盟后，主和派在宋真宗面前攻击寇准，称寇准挟持皇帝，拿皇帝当赌注，是国家的耻辱。宋真宗罢免了寇准，将他贬到陕州（今河南陕县）当知州去了。此后，朝廷上全都是主和派。

澶渊之盟

宋军破太原，灭北汉后，乘胜挥戈向东，试图一举收复燕云十六州，结果在围攻辽的南京（今北京）时，受到辽将耶律休哥骑兵的袭击，在高粱河（今北京西直门外）之战中惨败，宋太宗也负伤逃回。

宋雍熙三年（986），宋太宗再次发兵分三路北征。东路号称十万，由曹彬率领，出雄州；中路由田重进率军出飞狐（今河北涞源县北）；西路由潘美、杨业率领，出雁门，克云中（今山西大同）。

宋朝此次出征，最后仍以失败告终，高粱河、岐沟关两役失败，暴露了北宋军队的腐败，北宋统治者从此丧失了收复燕云十六州的信心，于是自保州（今河北保定）以东至海，筑塘湖、河道，辟水田；保州以西到太行山，植榆、柳，并驻兵戍守，以防辽国骑兵入侵。但宋军的消极防备，并不能阻止辽军的不断南下掠夺。

与此同时，宋朝国内也不安定。993年，蜀地爆发了王小波、李顺起义，在成都建立了政权。宋朝调动大军，用了将近两年的时间，才将起义镇压下去。

宋太宗赵光义在镇压了王小波、李顺起义后不久就去世了。他的儿子赵恒即位，是为宋真宗。

宋朝自从两次兴兵征辽失败以后，再也不敢兴兵动武了，只在交界处挖了许多河渠，与辽国隔河相望。

此时，辽萧太后尚在，她见宋朝受到起义军打击，实力削弱，真宗又刚刚继位，便在宋景德元年（1004），与儿子辽圣宗亲自率领二十万大军南下，沿途虽遭到宋军民的强烈抵抗，但因宋军无统一指挥，各地孤军作战，致使辽军直抵澶州。宋廷闻报大惊，多数官僚主张迁都南逃，只有以宰相寇准为首的少数官员，力劝宋真宗亲赴前线督师以鼓舞士气。

宋真宗也怕南逃会失去大河南北的半壁江山，动摇其统治地位，只得勉强随寇准到黄河北岸。当时，辽军孤军深入内地，粮草不济，到处遭到河北军民的抗击，辽主帅萧挞览又中宋军伏弩而死，士气大挫。在这样的有利形势下，宋真宗却急于遣使议和，双方在澶州订立和约，宋真宗答应每年送给辽银十万两，绢二十万匹，作为辽军撤回原来边界的条件。因澶州属澶渊郡，故称这次和约为"澶渊之盟"。

澶渊之盟后，北宋社会矛盾重重，西北又受到新兴起的西夏的威胁。

宋庆历二年（1042），契丹趁宋与西夏关系紧张之机，集重兵于幽州，扬言南下，要挟北宋让出瓦桥关以南地区。宋廷急派富弼等赴辽议和，答应每年增输辽银、绢各十万。从此以后，在宋、辽对峙的近一百年中，双方基本上保持和平状态。

杨家将的抗辽斗争

与大宋王朝统一全国的其他战役不同，宋辽之战是以议和告终的。宋太祖花了十三年工夫，灭了南方王国，接着，就出兵攻打北汉都城太原。北汉请辽朝出兵援助，宋军吃了败仗。宋辽之战另一个导火索就是历史上遗留下来的幽云十六州问题。

宋太祖一直把收复幽云地区当作一大夙愿。然而，尚未实现便得病死去了。他的弟弟赵匡义继承皇位，就是宋太宗。宋太宗当然也把夺取幽云地区作为一个奋斗目标。919年，宋太宗消灭了北汉后，立即决定直接向幽州进军。

此时，辽朝正处于辽景宗耶律贤当政时期。耶律贤任用萧守兴做尚书令，立萧守兴的女儿为皇后，即萧燕燕。由于景宗经常生病，对朝政顿感力不从心，而萧燕燕才貌出众，精通韬略，这一切都为萧燕燕管理朝政提供了良好的机遇。萧燕燕在与景宗朝夕相伴的日子里，不仅在生活上对景宗体贴入微，而且在谈及军国大事时常常语出惊人，真宗就是依照她的计谋，平息了辽北边部族的叛乱的。到了974年，北宋朝廷遣使求和，辽廷臣僚大多数认为可行，而萧燕燕则从当时双方对垒的形势出发，指出议和对辽方有利。景宗当然采纳了她的意见。可见，萧燕燕深得帝心，备受景宗的宠幸和信任。

当宋太宗发兵幽州之时，正是景宗的病情日益加重，萧燕燕已经临朝决事之际。萧燕燕接到幽州留守韩德让的求援信息后，当即命令将领耶律休哥等人率兵救援。而宋太宗一方因为求胜心切，昼夜猛攻，已经人困马乏，被辽军打得大败而逃，在危急关头，被杨业大军所救。

杨业就是我们在评书《杨家将》中所熟知的杨继业。杨业原名杨重贵，原来是北汉的将领。由于他勇敢善战，人称"杨无敌"。北汉的统治者刘继元为表彰杨业的功绩，为他改名杨继业。北汉灭亡后，杨业降宋，恢复了原姓，单名"业"，成为北宋王朝的一名将军。杨的妻子佘氏也是一个富有军事才能的人，出自云州的大族。她的祖父、父亲、兄弟，在五代后唐、后周和北宋初年都镇守过府州，多次与契丹交战。佘氏也善骑射，曾帮助丈夫屡建奇功。在我们所熟知的历史故事中，她被称为"佘太君"。宋太宗鉴于杨业熟悉北方边疆的情况，派他做代州刺史，隶属于大将潘美部下。潘美便是评书《杨家将》中令人恨之入骨的奸臣——潘仁美。历史上的潘美虽然也曾征战沙场，屡建功勋，但在杨业的死上，他却扮演了一个极不光彩的角色。

本来杨业是奉宋太宗之命，去太原搬运粮械，不想却在归途中遇到了穷途末路的宋太宗。宋太宗急忙大声呼救，杨业见状不顾个人安危，奋身跳入泥潭，轻轻将宋太宗拽起，递交给岸上的将士们，然后又返身去牵引宋太宗的坐骑。

宋太宗正坐在岸上喘息，称赞杨业救驾有功，忽见后面尘土飞扬，似乎又有辽军追杀而来。宋太宗皱眉道："敌军来了，怎么办？"杨业挺身道："请陛下先行一程，由臣父子退敌便是。"杨业见御马已躺卧在地，不能前行，就想让宋太宗骑自己的马先走。太宗推辞道："卿欲退敌，不可以没有坐骑。朕看装载粮饷的驴车可以腾出一辆，由朕先坐一辆去吧。"杨业遵旨，命部卒腾出一辆驴车，请太宗入座先行逃走了，自己则与儿子勒马待敌。

太宗返回不久，便接到杨业大退敌兵的情报，太宗十分高兴，对群臣说："辽兵入寇镇州，没有得逞，将来必要移往别处骚扰，朕看代州一带至关重要，须派良将把守，才能保证无患。"群臣一致赞同。太宗又说："朕有一人在此，可以胜任。"随即招呼左右："宣杨业入殿。"不多一会儿，杨业入殿，觐谒太宗。太宗亲切地说："卿熟悉边情，智勇兼备，今特任你为代州刺史，望勿推辞！"杨业叩头说："陛下有令，臣怎敢推诿！"太宗大喜，赐予杨业鞍马戎装，令他即日起程。杨业叩谢而出，率领儿子延玉、延昭等，向代州一带进发。杨业特别喜欢延昭，每次出师都让他跟着。到了代州，时值天寒地冻，杨业马上派人修城，亲自进行监督，做好防御准备。

第二年三月，辽军进犯雁门关（位于山西省忻州市代县县城以北约20公里处的雁门山中），代州（今忻州市代县）接到紧急战报。当时杨业手下只有几千名骑兵，而辽军却号称十万。雁门关在代州的北面，是中原的一道重要门户，雁门有失，代州也就危险了。杨业略一沉吟，对两个儿子说："辽军号称十万，我军不过几千，就是以一当十，也未必能够取胜，看来只好用智，杀他个下马威，才能使他不敢轻视我们。"杨延昭说："我看最好从小道绕出去，突然袭击辽兵的背后，出其不意，方可取胜。"杨业点头说："我也是这么想的。兵不在多，只教他们深夜伏击，打他个措手不及，让敌人自行溃散。"杨业说罢，当即挑选禁卒数千名，由雁门关经南关出去，绕到雁门北口。这时正当星斗暗淡，遥见雁门关下，黑压压地扎着敌人的大营。杨业下令延玉带兵三千，从左杀入；延昭带精兵三千，从右杀入；自己率健卒百骑，独踏中坚。三路兵马转眼到了辽营附近，便齐声呐喊，捣将进去。辽兵只是防备关内兵士出来袭营，压根儿没想到宋军会从背后杀来，真是防不及防，大都吓得东躲西逃。中营里面有一辽邦节度使驸马，自以为骁勇，执着利斧，从帐后出来抵敌，正巧碰上杨业。两马相交，战作一团，战到十余个回合后，只听杨业一声大吼："胡虏哪里逃？"那驸马便连头带盔咕咚一声飞落马下。驸马一死，辽兵更加惊慌，顿时大溃。黑暗中自相践踏，伤亡甚多。杨业父子杀退辽兵，便整军进入雁门关，检查兵士，不过伤了数十人。当即休息半月，驰回代州。从此，辽兵一见"杨"字旗号，就落荒而逃。

经过雁门关这次出奇制胜的袭击，北方的形势暂时稳定了下来。宋太宗又给杨业升了官。但是身为主帅的潘美很不高兴，因为杨业赢得了战功，使杨家的声誉更高了。

982年，体弱多病的辽景宗终于逝世了。萧燕燕刚满十二岁的长子耶律隆绪即位，也就是辽圣宗。萧燕燕正式临朝，被尊为"承天皇太后"。这一切似乎都是按照常规在很自然的情况下进行的，其实平静中却隐藏着祸端。那些手握兵权的王室大臣无不虎视眈眈地盯着幼帝的宝座。形式之严峻，大有一触即发之势。年轻的萧太后面对这种复杂的局面，内心虽然感到焦虑，但行色如常，暗暗对所有臣僚一一进行分析，她想到的第一个问题就是兵权。她首先恢复国号为大契丹，任命昔日的朋友韩德让和辽国名将耶律休哥为左膀右臂。萧燕燕和幼帝对韩德让十分宠信，为韩德让施展自己的政治才干提供了用武之地。他忠心为国，勇于进谏，虽有时也有粗暴之嫌，但总的来说颇能顾全大局，成了萧燕燕不可缺少的得力助手。他与萧燕燕应该说同为一体，大凡萧燕燕的作为，都有他的一分在内。

然而，宋人认为，萧燕燕的所作所为必然引起辽朝内讧，加上幼帝即位不久，正是攻辽的大好时机。因此，986年，宋太宗再次调集三路大军，对辽朝发动了大规模的进攻。

北宋的三路大军中，中、西两路的战争形势本来是很好的，但由于东路大军贪功冒进，打破了原来的作战计划，使粮饷一时供应不上，造成惨败。宋太宗获悉后，下令全线撤军，命令潘美和杨业的部队放弃四州土地，退守雁门关以南的代州，并保护四州百姓后撤。杨业知道辽军已经占据了主动权，只能分散他们的兵力，各个击破，并提出了切实可行的保卫式作战方案，然而，潘美却力主出兵正面迎击敌人。杨业反对，潘美却无动于衷地说："将军父子，均负盛名，今日未战先馁，无怪乎大家不解。你尽管大胆前去，我自前来救应。"杨业无奈，只好整顿戎装，号令部下，准备出发。临行前，他前思后想，不免感到委屈、伤心，流着热泪对潘美说："业本为太原降将，理应早死，蒙皇上不杀，提拔重用，怎能不铭记在心！业绝非是为了纵容敌人，实在是为了等待适当的时机，杀敌立功，报答皇上的恩遇。今日诸公责备我杨业躲避敌人，业还敢自爱吗？此次出兵恐不能再见主帅了⋯⋯"说到这里，杨业声泪俱下，哽咽难以自制。过了一会儿，杨业又说："敌兵狡猾，机变莫测，必须好好提防。我此去陈家谷，地势险峻，可以驻守；请主帅也派兵到那里去。这样可以前后夹击，否则，恐怕就危险了。"潘美拉长了脸，冷冷地说："知道了。"杨业率领杨延玉和老将王贵等，从拂晓出击，战斗进行得十分顺利。潘美等人在陈家谷等了多时，不见杨业部队，以为前方已经打胜了，为了争功，他们迫不及待地发动了进攻。

当潘美的部队向前推进二十多里，听说杨业战斗失利，非但不去营救，反而抱头鼠窜，逃了回去。杨业的部队在辽兵的包围下，浴血苦战，直到天黑，才突出重围，退向陈家谷，只剩下一百多人。杨业眼巴巴地盼望潘美的援军前来接应，可谷中空无一人，只有冷风呼啸，在空谷中发出凄厉的哀鸣。杨业知道大势已去，吩咐他的部下，赶快逃生去吧，但战士们谁也不愿丢下老将杨业独自逃生。结果，王贵壮烈牺牲，杨延玉也死在乱军之中。杨业受伤数十处，他的战马也因受重伤，不能继续奔驰，杨业无奈，只好暂避林中。不幸的是，一个契丹将领瞥见了杨业的袍影，立即用强弩射来，正中马腹，杨业也应声坠地，被契丹将领捉去。杨业被俘后，不肯向契丹低头投降。他想到自己对大宋一片忠心，却遭到奸臣的陷害，以至兵败被俘，无限悲愤，决心用绝食而死来表白自己的一片丹心。这个威震敌胆的沙场老将，在绝食三天后，死于被押解往燕京的途中。面对宋军的三路大军，萧燕燕沉着冷静，亲率大军，挟幼主援助前方的将士。而大宋一方的大军却在将帅之间的倾轧与冒进下以失败告终。尤其是杨业之死更是令人扼腕。他受陷害和部下一起壮烈牺牲的事迹，令许多人为之落泪。人们为杨业的无辜被害而惋惜、悲恨，也为潘美等人的嫉贤妒能、逼迫杨业致死的恶劣行径恨之入骨。杨业的妻子佘太君向北宋政府提出了强烈的控诉，潘美等人因此被降官或发配。然而，英雄已去，忠魂难慰。历史总是以无数屈死的冤魂，推动着它那沉重的车轮艰难前行。

庆历新政

宋王朝到中期所面临的形势是内忧外患。国内方面，官员过多，并且官俸优厚；不重视武将却大批养兵；再加上皇室的挥霍无度，造成财政紧张；官僚地主又争相兼并土地，还隐匿土地数目不纳税；官方将税额摊到少地和无地的广大贫困户头上，使得民不聊生，各地农民起义风起云涌。国外方面，对辽、夏战争的失败，迫使宋朝采取媾和政策，每年向辽、夏贡纳大批银、绢、帛、茶等财物。这些贡品来自劳动人民的辛勤劳作，它加剧了国内阶级矛盾。本已入不敷出的财政状况更难支撑。民族矛盾和阶级矛盾交织发展的危机局面，促使部分较清醒的士大夫呼吁宋廷革除积弊，稳固统治。范仲淹就是其中较突出的一员。

天圣三年（1025），范仲淹曾上书反对恩荫泛滥的不良风气；天圣五年（1027）上疏批评宋朝腐败的吏治和松弛的武备。两次上书，均未引起当权者的重视。天圣七年（1029）范仲淹"讥切（劝谏）时政"，得到尹洙、欧阳修的支持。三人皆被贬。此外，宋真宗初年王禹偁要求改革，减少冗官冗兵、严格选举等。宝元二年（1039）宋祁上疏主张裁减官兵、减少开支。庆历二年（1042），仁宗赵祯面对连接不断的农民起义和对夏战争的失败，在改革呼声的推动下，任命范仲淹为参知政事，富弼、韩琦为枢密副使，欧阳修等为谏官，"欲更天下弊事"。

范仲淹在韩琦、富弼、欧阳修等人的支持下，综合自己多年来的改革思想，于庆历三年（1043）九月写成《答手诏条陈十事》，呈给宋仁宗，作为他改革的基本方案。方案主要涉及政治、经济、军事三方面的改革，内容上包括考核官吏，整顿吏治；惩办贪污，裁汰冗官；改革科举，选拔人才；提倡农桑，减轻徭役；发展军屯，加强国防等。

在政治上，范仲淹主张严格考核各级官吏，清除贪污犯法分子，限制特权势力。他认为任用官吏，必须经过科举考试。考试的科目应当先是"策论"，后是"诗赋"。提拔人才，首先要知道他对国家大事的基本态度，是不是关心"经国王霸之业"。其次是看文学素养，要把热心于"兴公家之利，救生民之病"，而又有真才实学的"寒士"（下层地主知识分子）提拔上来。他还主张政府的法令一旦公布，就必须严格执行，赏罚必须分明，"有功者虽憎必赏，有罪者虽爱必罚"。他深有感慨地说："国家之衰，莫大于乏人。"如果没有正直奉公的人才，就是有好的政治制度，也不可能真正得到施行。

为了整顿吏治，他审阅了全国各地方官的政绩，撤换了一批无能的官吏。当另一位大臣富弼看见范仲淹在职官簿上勾去了一批"监司"（各路的转运使等官吏）的名字时，心里有些不忍。他对范仲淹说："勾去这些人的名字很容易。要想一想，这些人丢了官，岂不是全家人都要痛哭流涕吗？"范仲淹当即回答说："与其让这些坏官危害一路之内的老百姓，叫一路人都哭，不如让他们一家人去哭吧。一家哭总比一路哭好。"

在经济上，为了挽救财政危机，他主张"劝课农桑"，认为这是"富国之本"。他要求各地方官必须随时向朝廷报告兴修水利的建议和办法，陈述发展农业的意见，积极修筑堤堰渠塘，减轻漕运负担，恢复江南圩田（周围筑有土堤的稻田。圩，wéi）。范仲淹认为，如果各级地方官能真心实意讲求农桑和水利，不要几年，就可以减少饥荒。他还主张减轻徭役"以宽民力",不应服差役的人,都应当让他们好好地从事农业生产。

在军事上,他主张军队要搞生产,要实行"兵在于民,且耕且战"的兵农合一制度。一年内士兵三季务农,一季训练,这样,才能节省军费开支,增强军队的战斗力。他认为军事将领应当从士兵中提拔,要做到"择将于伍",提拔智勇之人充当统帅。

庆历新政的这些措施,主要是整顿政权机构,以便使得腐败的封建官僚体制有所改善,从而挽救王朝严重的社会危机。由于这些措施触犯到了那些官僚贵族的既得利益,新政遭到他们的激烈反对。

宰相章得象联合台谏官员,攻击范仲淹、欧阳修等人是"朋党",说他们"欺罔擅权""怀奸不忠"。夏竦诬陷富弼密谋废掉仁宗。范仲淹、富弼被迫出朝为官。反对派乘机排挤拥护新政的官员,庆历五年(1045)五月,杜衍、韩琦、欧阳修也先后遭贬出朝,短暂的"庆历新政"以失败而告终。它未能改变宋王朝内外交困的局面,这是王安石变法的前奏。

王安石变法

安石自幼聪颖,好读书,且过目不忘。他出身于官吏之家,因自小便跟随去各地担任公职的父亲奔走,不到二十岁,便已遍游各地,阅历无数。

成年后,王安石中进士,先后担任扬州判官、鄞县(位于浙江省。鄞,yín)知县、舒州判官等官职,期间他的政治才能得到了锻炼。在鄞县任职期间,为发展当地经济,他全民动员,兴建水利工程，不仅消除了旱涝灾害，而且使交通运输变得更为便利。后来在宰相文彦博等朝中大臣的大力举荐下，王安石被调至中央任群牧司判官，此时他主要负责驯养、买卖国家马匹等事宜，群牧使包拯是他的直属上级。但是王安石认为官员当体察民情，方能为国效力，便多次上奏朝廷让他到地方任职，以便贴近实际，为民解困。

1057 年，应王安石的多次请求，朝廷任命他为常州知州。没多久，他便被调任到江宁，担任江南东路提点刑狱之职。王安石体察民情，看出"榷茶法"给东南地区的百姓带来了沉重的负担，便上奏朝廷，希望能废除"榷茶法"。对此，朝廷予以应允，大大减轻了当地茶户和农民的负担。

1060 年，王安石又被调回京都开封，任三司度支判官。三司度支主要负责国家财政支出，关系到国计民生，王安石便将多年的所见和所想汇集成文，洋洋洒洒写了万言书，书中阐释了他对政治、经济、民生等诸多问题的深刻认识和独到见解，呈奏给宋仁宗。

万言书中，王安石写道：宋开国以来，百年已过。而国家内外社会矛盾仍然错综复杂，外有契丹、西夏等外族侵犯；内有众多不合理的制度。国家亟须修订法度、培养官员、整顿财政以适应内忧外患的局势，实施重大改革实为上策。万言书写得慷慨激昂、颇富文采。宋仁宗并没有理会其中的改革建议，反而对王安石的文采赞赏有加。

不久，朝廷便命王安石兼管修撰皇帝起居等方面的工作。这类职务属于闲职，王安石根本无法一展抱负，他便多次请辞，甚至躲在厕所里打算拒绝接受任命诏书。但是，皇命难违，王安石只得接受任命。

之后不久，王安石的母亲去世，他便辞官，回乡丁忧（遭逢父母的丧事）。而仁宗也已于几年前驾崩，继任者英宗也刚刚去世不久。年仅二十岁、想大展宏图的宋神宗继承了皇位，他正想改变一直以来国力羸弱的局面，实现国家繁荣昌盛、人民安居乐业的目标。而王安石经世治国的雄才伟略一直得到朝中一些大臣的赞赏，因此，他们便举荐王安石，并声称若王安石能够主政，必将大力推动改革，国家一定会摆脱贫弱的现状，实现国富民强的愿望。听闻此言，宋神宗大受鼓舞，他立即将在江宁守丧的王安石召回朝廷。

1069 年，王安石被任命为参知政事，这个官职相当于国家的副宰相。他开始按照自己的设想废除积弊陋习，全面实施改革。他首先成立了新的部门——制置三司条例司，即受皇命统领户部、度支、盐铁的三个部门，而他自己则担任这个新部门的主管，并挑选吕惠卿、程颢、苏辙、刘彝、曾布、章惇等一批人才担任部属，为他所用。同时，他还制定了一套新的法规制度，包括《均输法》《青苗法》《农田水利法》《保甲法》和《保马法》等。这些规章制度颇有想法，得到了宋神宗的认可之后，便开始颁布实施。

正当王安石准备大展拳脚，实现自己多年来的政治理想的时候，变法却遇到前所未有的阻碍。因为新政触及了一些官员的特权，损害了一些人的切身利益，因此遭到了以司马光为首的保守势力的强烈反对。朝廷重臣吕公著、韩琦等人也极力反对。

此时，司马光担任右谏议大夫之职，他本来与王安石是很好的朋友，但由于持不同的政见主张，再加之利益的驱使，二人逐渐变成了政敌。在新法施行的过程中，司马光就曾三次写信给王安石，强烈建议他恢复旧制，停止变革，还指斥王安石此举"生事扰民"。王安石回信犀利，不但驳斥了司马光的观点，还指出改革的目的乃是为了"兴利除弊"。

后来，因为反对派势力过于强大，再加上变法实施过程中，一些不法官吏趁机盘剥敲诈，导致变法成效不大，使得王安石陷于"众疑群谤"之中。于是，宋神宗变法的决心产生了动摇。王安石眼见新法无法贯彻下去，也心灰意冷地辞去宰相之职。宋神宗去世之后，新法被完全废除，王安石的变法也宣告彻底失败。

"靖康之变"

1126年是靖康元年，面对金朝的不断进攻，宋朝朝政混乱不堪。民谣《九不管》讽刺北宋朝廷该管的管不了、管不好，不该管的却乱管一气。金军已经兵临开封城下了，宋朝君臣还在坐而论道，喋喋不休地一再争论是否该放弃三镇，给金太宗上什么尊号等。金将领嘲讽宋使官说："你们议论定下来的时候，我们早就打过河了。"

金兵包围开封后，形势十分危急。宋钦宗居然把退兵的希望寄托在一个叫郭京的士兵身上，他自称能够施展法术，只需七千七百七十七人就可以生擒斡离不、粘罕等。没有失去理智的人指出"自古未闻以此成功者"。但尚书右丞孙傅等却奉郭京为神明，封他为成忠郎，让他操练所谓"六甲神兵"。

郭京胸有成竹地说："择日出兵三百，可致太平。"中书侍郎何栗一再催促郭京出兵，他却故作高深地说："非至危急，吾师不出。"当他不得不出兵时，他坐在城楼上指挥"六甲神兵"。没想到，这些神兵一触即溃，毫无战斗力，郭京也借故逃跑了。开封城不久就被攻破了。

万般无奈，宋钦宗只好到金军大营去请降。金太宗下诏废徽宗、钦宗为庶人。并索取金一千万锭，帛一千万匹，马一万匹等。由于水土不服，金军准备撤回北方，撤回前金太宗册立担任过宋朝宰相的张邦昌为帝，国号大楚。

虽然宋钦宗对金军来说已失去了利用价值，可金军并没有放过他，而是把宋徽宗、徽

宗的郑皇后、钦宗、钦宗的朱皇后、皇太子、亲王、公主等三千人，何栗、秦桧等官员及各种工匠等十多万人，押到了北方金朝。后来，他们还把徽宗、钦宗分别封为昏德侯、重昏侯。这两位皇帝都死在了那里。

金军离开前，把昔日繁华的开封城洗劫一空，居民生活日益困难，由于连降大雪，物价暴涨，开封城中饿死了近万人。从那一年起，人们就把金兵攻破开封、掳走二帝等连串灾变称为"靖康之难""靖康之祸"或"靖康之耻"。

北宋灭亡

金灭辽后，在长城以北的广大地区建立了一个新的政权。以金太宗为首的女真贵族，凭借强大的兵力和胜利者的威风，并不以灭辽为满足。他们为了追求中原的土地和财富，不愿意把战斗停止下来，而把武装的锋芒对准了中原地区。女真贵族的军事行动，破坏了中原人民的生产和生活，他们把原属于正义性的抗辽斗争，转变为以掠夺为目的的非正义战争。

以宋徽宗为首的北宋王朝，是已经腐烂了的封建王朝，陷于内外交困之中，日子越来越不好过。北宋统治集团为了转移内部的阶级矛盾，打着收复北方失地的招牌，妄图勾结女真的强大兵力，借"联金"的名义，继续镇压农民起义。北宋在联金的战争中，丑态百出，以至于金灭辽后，才几个月就开始攻打北宋。

黄河北岸的宋军，望风而溃。守河的士兵慌忙放火焚毁桥梁，弃甲逃奔，使金兵从容地用小船一批一批地过了黄河，黄河南岸的宋军不敢抵抗。斡离不嘲笑宋朝将帅实在无能。就是有一两千人守河，金兵也不至于那么安然地渡过黄河。宋汴京军民进行了汴京保卫战。

宋徽宗一面派人求和，一面把帝位传给儿子，逃去南方。

钦宗即位派遣使臣向金朝求和。金朝提出条件，要北宋割让太原、中山、真定三镇，派亲王做人质，宋朝对金称侄，钦宗全部接受了，金兵退去。各路援军被遣散了，逃跑的道君皇帝又回来了，李纲等抗敌将领于是又受到排挤。以宋钦宗为首的投降派，以为敌人已去，便不再来了，又可以安享太平，纵情欢乐了。九月，宗翰率军攻陷太原，宋朝太原知府张孝纯在城破后降金。十二月，宗翰、宗望两军在开封城下会合，宋钦宗投降。天会五年（1127）四月，金军俘虏宋徽宗、宋钦宗以及大批人口、财产而归。北宋灭亡。此后，金朝与赵构建立的南宋对峙。

理学的兴起

理学作为一种伦理道德，是反映统治阶级利益的官方思想，是维护封建统治的思想武器；它作为一种学术思想和哲学体系，又是我国古代哲学思想发展到较完备阶段的产物。

宋代理学，又称道学、新儒学，它是以儒学为中心，融入了佛道思想而形成的。这种思想以"理"或"天理"为宇宙万物的本体，作为人们思想、行为的根本原则，所以称为理学。它又以三纲五常的伦理道德为基本内容，以明道为目标，继承古代道统，所以又称为道学。宋代理学以程颢、程颐和朱熹为代表，即所谓程朱理学。

程朱理学是从周敦颐开始的。周敦颐提出了"太极"的概念，认为"太极"是宇宙的本体。他引用了道家思想阐释儒学，建立了理学的宇宙论。程颢和程颐是北宋理学的代表人物，是理学的奠基人，他们都是周敦颐的学生。二程的思想直接继承了理学的开创者周敦颐，吸收了他《太极图说》中的宇宙生成图式，并发展了他的"太极"说，提出"理"作为宇宙的本体，从而为理学建立了体系。后经朱熹的进一步完善，就成了封建社会官方的正统哲学，并统治元、明、清思想界长达数百年之久。

二程理学体系的核心是理或天理，并把它作为宇宙的本源，说它是先于一切事物而存在的，一切都是理产生的。二程用理来解释一切，认为封建伦理道德如君臣之道、父子之道、夫妇之道都是天理的体现。二程进一步要求去掉欲求。有人曾问程颐，家贫的寡妇是否可以再嫁。他认为饿死是小事，失节可就是大事了。这就是"存天理，去人欲"的主张。

南宋的朱熹是程朱理学的集大成者。朱熹字元晦，号晦庵，别称紫阳。他是二程的四传弟子，一生精力用于著书讲学，是中国封建社会后期影响最大的哲学家。他完成了儒家的复兴，形成了与汉唐经学不同的新儒学体系。他进一步把"气"引入了理学，并从理与气的关系上探讨天地万物的哲学意义。他认为理是万物的本体，而气则是金、木、水、火等构成万物的材料。理和气两者相依相存，但理先于气，气依理而存在。万物有万理，万理的总和就是太极。万物的形成依赖于气，气又是理的表现。

朱熹把儒学的伦理纲常加以重新解释，赋予全新的内容，他使三纲五常理论化，又在二程的基础上提出了"存天理，去人欲"的道德观，这成为禁锢人性的封建伦理规范。他创建的一套体系严整的新儒学思想，成为宋以后历代封建王朝的官方思想。他是著名教育家，一生讲学不辍，先后在白鹿洞书院（位于江西省九江市庐山五老峰南麓，享有"海内第一书院"之誉，被评为"中国四大书院之首"）、岳麓书院（四大书院之一，坐落于湖南长沙湘江西岸的岳麓山脚下）等地讲学，培养出了大批儒学弟子。他编著的《四书集注》，后来成了科举考试的必读书。理学对中国的社会政治、传统文化和思想形态产生了巨大的影响。

沈括著《梦溪笔谈》

京口（今江苏镇江市）是个气候宜人，风景秀丽的地方。1087年，在朝廷、地方和科学界有过一番作为的沈括，就在这儿的梦溪园定居了。他把琴、棋、禅、墨、丹、花、吟、谈、酒等"九位客人"一起带到了这个清静、充满自然情趣的地方。除了湖中泛舟，泉上垂钓，与"九位好友"亲密相处外，沈括就专心致志地把自己一生中获得的科学知识，以及与朋友交谈时得知的那个时代的及以前的科学成就——记录在《梦溪笔谈》之中。

《梦溪笔谈》共二十六卷，此外还有三卷《补笔谈》和一卷《续笔谈》，内容涉及天文、历法、气象、数学、地质、地理、制图、物理、化学、生物、医药、建筑、冶金、文学、史学、考古、音乐、艺术等多方面内容，是那个时代的科技博物馆。沈括将这些内容分在十七个目六百零九条中加以记述。这十七个目分别是：故事、辩证、乐律、象数、人事、官政、权智、艺文、书画、技艺、器用、神奇、异事、谬误、讥诈、杂志、药议。

沈括曾担任过负责观察天象、制定历法的官员，在写《梦溪笔谈》时，他一方面介绍自己在天文、历法方面的成就，另一方面又连续三个月每天夜里用"窥管（古代浑天仪上观察星体用的管状器）"观测北极星的方位，把初夜、中夜、后夜所看到的北极星的位置画在图上，经过精心研究得出了那时北极星同北极的距离为三度多的科学结论。他通过研究太阳光在大气中的折射，做出了人们观察到的太阳的高度要比太阳本身的实际高度大的推测。在历法方面，他认为根据节气定月份比按朔望（农历每月的初一和十五，即朔日和望日）定月份更有利于农业生产。

沈括一生到过许多地方，并多次考察各地的农田、水利等地质情况，还亲自督导当地人民治理水患。在《梦溪笔谈》中他有许多独到的地质学见解，如他根据雁南山峭拔险怪、穷崖巨谷的地貌，提出了水蚀地形的科学理念；他又根据太行山地层中的螺蚌和卵石带，提出了海陆变迁的大胆推测。

他还发现了地磁角：方家以磁石磨针锋，则能指南，然常微偏东，不全南也。而西方是在四百年后，哥伦布远渡大西洋时才提出了地磁角的概念。

在光学方面，沈括对凹面镜照物体成倒像的原理进行了研究，并在《梦溪笔谈》中详细说明了所以成像是由于光线穿过小孔或焦点时，形成光束的原因。

根据自己在其他领域取得的成果，沈括对医学论著《药性学》《神农本草》等都进行了深入的研究，指出了其中的一些谬误，得出了一些科学的结论。

沈括还记载了北宋建筑师喻浩所著《木经》的简要材料和这位建筑师的逸事。沈括提到高奴县（今延安一带）人民用雉鸡尾羽从沙石泉水中收集石油，并用燃烧石油的烟煤（tái，烟气凝积而成的黑灰）试制成优质墨——延州石液的实践，以及磁州（今邯郸地区）锻坊工人锻炼纯钢的方法。

沈括曾与王安石同朝为官，也参与变法。但因与王安石政见不同，被骂为"小人"，遭到排挤。虽政绩不显赫，《梦溪笔谈》却让他名垂青史。

《梦溪笔谈》不仅是我国古代科技史上的杰作，也是世界科技史上的一份宝贵遗产。

活字印刷术

众所周知，印刷术是我国古代的四大发明之一。隋唐时期出现的雕版印刷术，是最初的印刷模式。雕版印刷虽然比手抄书写要快很多倍，质量也提高很多，但还存在着不少缺陷。雕版印刷要花费大量的木材，而且用版量很大，不仅存放不便，不好管理，出现错字也不易更正，而且雕版用过之后就变成废物，造成资源的浪费。

北宋庆历年间（1041—1048），印刷术取得了重大突破。布衣发明家毕昇发明了活字印刷术。活字印刷术弥补了雕版印刷术的不足，大大节省了人力、物力和财力，非常方便快捷。活字印刷术的发明是印刷术发展史上一项具有划时代意义的创造。

关于活字印刷术的发明者毕昇，历史缺少记载，仅能从沈括的《梦溪笔谈》中得知，毕昇是北宋庆历年间的一介布衣，生平籍贯均不得考证。毕昇死后，他的活字印刷术被沈括的"群从所得"。

《梦溪笔谈》里记载，活字印刷的程序为：首先选用质地细腻的胶泥，刻成一个个规格统一的单字，然后用火烧硬，即成胶泥活字；再把活字分类放在相应的木格里，一般常用字，如"之""也"等字要备用几个甚至几十个，以备重复使用。排版的时候，在一块带框的铁板上面敷上一层用松脂、蜡和纸灰之类混合制成的药剂，接着把需要的胶泥活字从备用的木格里拣出来，按照文字顺序排进框内，排满就成为一版；排好后再用火烤，等药剂开始熔化的时候，用一块平板把字面压平，等到药剂冷却凝固后，就成为固定的版型。这样就可以涂墨印刷了。印完之后，再用火把药剂烤化，用手一抖，胶泥活字就可以从铁板上脱落下来，下次可以再用。

毕昇首创的胶泥活字印刷术，使书籍的大量印刷更为方便。《梦溪笔谈》说"若印数十百千本极为神速"。活字印刷，还可以一边印刷，一边排版，胶泥活字还可重复使用，实在是既节省了时间，又节省了材料。活字印刷术的方便快捷由此可见一斑。

毕昇之所以能够发明活字印刷术，来源于他对于生活的耐心观察、思考和体悟。有个有趣的小故事说，毕昇发明活字印刷是受了他两个儿子玩过家家的启发。他的师兄弟们不明白为什么毕昇那么幸运地发明了活字印刷术，师傅开口说："毕昇是个有心人啊！你们不知道他早就在琢磨改进工艺了。冰冻三尺，非一日之寒啊！"

毕昇在发明胶泥活字印刷的过程中，还研究过木活字排版。但是由于他所选用的木材木质比较疏松，刷上墨后，受湿膨胀不均，干了还会缩小变形，加上不能和松脂药剂粘连，因此没有采用。后来经过人们的反复试验和研究，木活字印刷最终获得了成功。元代的农学家王祯造木活字三万多个，排印自己编撰的书。可以说，毕昇的早期探索，在某种程度上启发了木活字的发明者。

毕昇的创造和探索，开了后世一系列材料活字的先河。南宋时，出现了铜活字。南宋末或元初，有人使用铸锡活字。明代出现了铅活字。清代，山东徐志定使用瓷活字印刷。这些活字都是在毕昇的胶泥活字印刷的基础上改进而成的。

活字印刷术的发明和使用，不仅大大推动了中国印刷业的发展，而且对于世界文明的发展产生了巨大影响。从13世纪开始，活字印刷术开始由中国传入朝鲜、日本等地，后来又经由丝绸之路传入波斯和阿拉伯，再传入埃及和欧洲。在1450年左右，德国人古登堡受活字印刷的影响，发明了铅、锡、锑（tī）的合金活字印刷。活字印刷术的传入，为欧洲的文艺复兴和近代科学的兴起提供了重要的物质条件。

活字印刷术的发明，促进了人类文化知识的广泛传播和交流，大大推动了世界文明的发展。

指南针应用

沈括的《梦溪笔谈》曾记载了宋代的另一重大发明，那就是指南针。

早在东汉以前，我国的劳动人民就已经知道利用天然磁石制成一种形状像勺、能辨别南北方向的工具，就是最早的指南针，当时人们把它称作"司南"。

"司南"磨制成形的过程中，因为受击发热而容易失去磁性，因此制成后的磁性较弱，指南效果不好。

宋代人针对"司南"的不足，创造了人工磁化的方法，使指南针的使用有了重大突破。

根据人们的总结，宋代的指南针有四种不同形式：一种是把指南针浮在水面上，让它自由转动；一种是把指南针放在手指甲上，利用指甲的光滑，指针可以灵活转动；只有一种是把它放在光滑的碗唇上，使它转动；而最好的一种，就是用蜡把细丝线缀在指南针的正中，将它悬挂在无风的场所，让它灵活转动。

宋代在发明了可以准确指示方向的指南针之后，于航海应用中必不可少。在北宋末年一些人所写的书籍中，就有了关于海上航行应用指南针的记载。

沈括对指南针的使用方法及其性能有细致的观察和研究。因此，在利用指南针进行地形测量时，他发现磁针所指的方向并不是正南，往往是稍向东偏移。这种物理现象，欧洲人是直到哥伦布远渡大西洋时才发现的，沈括的发现整整早出了四百年。

火药应用

火药是我国古代的伟大发明之一。火药作为一个名词，定有实指，"火"这个字很明显，知道它是因发火而生；至于"药"字，那是因为火药的三种主要成分硫黄、硝、木炭，都是可治病的药。即使把它们按一定比例配成了火药，医家仍视其为药治病，《本草纲目》说，它主治"疮癣杀虫，辟湿气瘟疫"。对于火药的发明，史籍无具体明确的记载，一般认为火药是炼丹家在炼丹时偶然发现的，偶然发现的情况，又不外乎两种：直接的因制造某种药而发现，间接的因变化某种物质而发现。所以，很难确定火药发明的确切时间，由唐至五代尚未找到"火药"这一名词，但路振《九国志》卷二记载唐哀帝天祐初（904—907）"璠（fán）以所部发机飞火，烧龙沙门"。许洞《虎钤（qián）经》卷六于"风助顺利如飞火"下注曰："飞火者，谓火炮、火箭之类也。"看来飞火包括两类：一是火炮，二是火箭。如果路、许所言可信，那么火炮这类东西在 10 世纪初即有了，而火药从发现到应用，必有一个酝酿转化的过程，所以火药的发现肯定早于 10 世纪。

宋代将火药广泛运用于军事方面，开辟军事之新纪元，对人类社会的发展产生巨大影响。开宝三年（970），兵部令史冯继升献火箭法，令其试验，且赐其衣帛。开宝九年（976），吴越国王向宋进射火箭军士。咸平三年（1000）神卫水军队长唐福献火箭、火球、火蒺藜（在火药里团入棘刺杀伤物的球状抛掷火器）等。冀州团练使石普自言能为火毯、火箭，真宗召至便殿演之，与宰辅同观之。这反映宋军中已普遍地进行火药武器的试验和制作。

仁宗时，曾公亮、丁度等奉命撰《武经总要》，书中记载了各种火药武器的名称，火箭、火毯、火蒺藜、火鸡、竹火鹞、火枪、毒药烟球、霹雳火球等，共有十余种。书中还开列了三种火药的配方。一毒药烟球（重五斤）：硫黄，十五两；草乌头，五两；黄蜡，一两；小油，二两半；沥青，二两半；竹茹，一两一分；焰硝，一斤十四两；狼毒，五两；桐油，二两半；芭豆，二两半；木炭末，五两；砒霜，二两；麻茹，一两一分。二蒺藜火球：硫黄，一斤四两；粗炭末，五两；干漆，二两半；麻茹，一两一分；小油，二两半；焰硝，二斤半；沥青，二两半；竹茹，兰两一分；桐油二两半；蜡，二两半。三火炮：晋州硫黄，十四两；焰硝，二斤半；干漆，一两；淀粉，一两；黄丹，一两；清油，一分；松脂，十四两；窝黄，七两；麻茹，一两；砒黄，一两；竹茹，一两；黄蜡，半两；桐油，半两；浓油，一分。这三个配方成分各异，但都具备作为火药的硫黄、焰硝、木炭三种成分，另外从其成分功能看，分别具有爆炸性、燃烧性、毒性。形成固定成分种类、数量的火药配方，绝非一日之功，而是不断试验改进的结果，这表明火药已发展到第二阶段了。

中国初期的火药武器，就性质而言，可分为三种：即燃烧性的、爆炸性的、射击性的。其中射击性的出现较晚。燃烧性火器，如烟毬、毒药烟毡、火药鞭箭、火炮等，其目的主要是焚烧可燔之物，或兼以毒气熏人。这种火器用数层纸卷成，涂以火药，用时以火锥烙透，使火药发火燃烧。宋人很重视火炮之操练运用，既用于攻击，亦用于防御；既用于陆地，亦用于水上。爆炸性火器有霹雳火球，一般做法是用干竹二三节，径一寸半，并用薄如铁钱的瓷片三十，和药三四斤，裹竹为球，两头留竹寸许，球外傅药，点法同火炮。它可阻止敌人攻城，亦可水战，据载，"舟中忽发一霹雳炮，而实之以石灰、硫黄。炮自空而下，落水中，硫黄得水而火作，曰水跳出，其声如雷，纸裂而石灰散为烟雾，眯其人马之目，人物不相见"。又，赵淳守襄阳，用霹雳炮御金人，"……随即放霹雳火炮、箭，入虏营中，射中死伤不知数目，人马惊乱，自相蹂践"。射击性的火器，是指用管子装上火药而发出去的。这是火器史上的一大进步，它开创了以管形器械操纵火药的先声，成了后世管形枪炮的始祖，这种改进的意义无疑是重大的。绍兴二年（1132）陈规守德安（今湖北安陆），以火炮药下竹竿火枪二十余条，皆用两人共持一条，当敌人攻城之天桥近城时，以此烧毁之。开庆元年（1259），寿春府（今安徽寿县）造出新武器突火枪，"以巨竹为筒，内安子窠（ 窠，kē。古代装在突火枪中的火药弹）。如烧放焰绝，然后子窠发出如炮，声远闻百五十步"。估计这种子窠又是一个个火炮，其燃烧面积会大得多，提高了对敌方的杀伤力，当然是进步的。

两宋战事频繁，火药武器又是重要的攻防武器，嘉定十四年（1221）金人攻蕲州（今湖北蕲春。蕲 qí），宋人准备弩火药箭七千支，弓火药箭一万支，蒺藜火炮三千支，皮大炮二万支。一次就提供如此众多的火器，表明宋代火药武器的制造业已达到相当水平。据《鏖 áo 史》引《东京记》（已逸）记载，广备攻城做下属有火药青窑，这就是官府经营的制作火药的工厂，这里有严格的保密制度，对所制武器"非长贰当职官，不得省阅及传写，漏世以违制"。另外诸州皆有作院，如荆州作院，一月制造一两千只，可以拨给襄郢一两万。就因为制造出如此多的火器，才使军事力量不强的两宋维持了三百余年。

火药和火药武器在北宋时已达到相当水平，但与其并存的其他民族，尚不会制造和使用，直到北宋灭亡后，金人才得到火箭、火炮的式样和制作方法，从而有所发展。蒙古人在灭金的过程中学会了火药以及武器的制作技术，在灭金、灭宋的战事中大量使用了火药武器。南末后期，火药是经南宋和阿拉伯商人传到西南亚各回教国家；而火药武器则是蒙古人西征带到西南亚回教国家的。13 世纪末，阿拉伯人将火药和火药武器传到欧洲，欧洲人制造使用火药武器至少比中国晚四百年。

张择端与《清明上河图》

《清明上河图》是北宋风俗画的代表作品之一。作者张择端字正道，山东诸城人，擅长宫室界画，尤其长于舟车、市肆、桥梁、街衢、城郭。他是一个有极强的写实技巧，并善于处理复杂的生活场景的画家。《清明上河图》是他的代表作。

《清明上河图》描绘的是清明时节东京城郊一带的种种活动，从商业、交通、漕运、建筑等几个具有代表性的角度再现了12世纪我国都市社会的生活面貌，构成了一件内容极为丰富、完整的艺术品，为后人研究宋代绘画和考据宋代社会提供了一件具有综合性价值的形象化资料。

在5米多长的画卷里，张择端采用散点透视的构图法，将繁杂的景物纳入统一而富于变化的画面中。全图分为3个部分：第一部分是东京郊野的春光：疏林薄雾中，掩映着低矮的草舍瓦屋、小桥流水、老树、扁舟，阡陌纵横，田亩井然，依稀可见农夫在田间耕作。两个脚夫赶着5匹驮炭的毛驴向城市走来。一片柳林里，枝头刚刚泛出嫩绿，使人感到虽是春寒料峭，却已大地回春。路上一顶轿子，内坐一位妇人。轿顶装饰着杨柳杂花，轿后跟随着骑马的、挑担的，从京郊踏青扫墓归来。环境和人物的描写，点出了清明时节的特定时间和风俗，为全画展开了序幕。

第二部分是繁忙的汴河码头：汴河是北宋国家漕运枢纽，商业交通要道，从画中可以看到人烟稠密，粮船云集。人们有在茶馆休息的，有在看相算命的，有在饭铺进餐的。还有"王家纸马店"，是卖扫墓祭品的。河里船只往来，首尾相接，或纤夫牵拉，或船夫摇橹，有的满载货物，逆流而上；有的靠岸停泊，正紧张地卸货。

横跨汴河上的是一座规模宏大的木质拱桥，它结构精巧，形式优美，宛如飞虹，故名虹桥。一只大船正待过桥，船夫们有用竹竿撑的，有用长竿勾住桥梁的，有用麻绳挽住船的，还有几个人忙着放下桅杆，以便船只通过。邻船的人也在指指点点地像在大声吆喝着什么。船里船外都在为此船过桥而忙碌着。桥上的人则伸头探脑地为过船的紧张情景捏了一把汗。这里是闻名遐迩的虹桥码头区，车水马龙，熙熙攘攘，名副其实一个水陆交通的会合点。

　　第三部分是热闹的市区街道：以高大的城楼为中心，两边的屋宇鳞次栉比（像鱼鳞和梳子齿那样有次序地排列着，多用来形容房屋或船只等排列得很密很整齐），有茶坊、酒肆、脚店（供人临时歇脚的小客店）、肉铺、庙宇、公廨等。商店中有绫罗绸缎、珠宝香料、香火纸马等，此外还有医药门诊、大车修理、看相算命、修面整容等各行各业。大的商店门口还扎着"彩楼欢门（用彩帛、彩纸等所扎的门楼）"，招揽生意。街市行人，摩肩接踵，川流不息，有做生意的商贾，有看街景的士绅，有骑马的官吏，有叫卖的小贩，有乘坐轿子的大家眷属，有身负背篓的行脚僧人，有问路的外乡游客，有听说书的街巷小儿，有在酒楼中狂饮的豪门子弟，有城边行乞的残疾老人等。男女老幼、士农工商、三教九流，无所不备。交通运载工具有轿子、骆驼、牛马车、人力车、太平车、平头车等，形形色色，样样俱全，绘声绘色地展现在人们的眼前。

　　整幅画的结构宛如一首乐曲，以轻柔开始，起伏跌宕推向高潮，最后在热烈的气氛中结束。《清明上河图》的出现是北宋人物画长期发展的结果，画家对纷繁复杂的社会活动做了集中的、生动的概括。虽都是寻常的、平凡的琐事，但因为全画的主题色泽鲜明、含义丰富，所以被广泛地予以展开，使得活跃的古代城市生活得到艺术的再现。

〔南　宋〕

南宋建立

　　靖康之难后，金兵立投降派张邦昌为傀儡皇帝。宋朝皇室中，只有被废哲宗皇后孟氏和在外地的钦宗之弟康王赵构幸免于金兵之掳掠。傀儡楚帝张邦昌遭到人民唾弃，吕好问等部分北宋旧臣，主张张邦昌还位于赵构。张邦昌不得已，于靖康二年（1127）四月，把隆祐皇后孟氏迎进宫，尊为宋太后，来垂帘听政。此后，张邦昌派人到济州寻访赵构，并派吏部尚书谢克家去迎接赵构，赵构逊辞（谦让推辞）不应，这时，宗泽也上书赵构，劝他即帝位。张邦昌再派人携书信到赵构处，说自己将"归宝避位"。赵构谕宗泽：张邦昌受伪命义当诛讨，但考虑权宜之策，不可轻举妄动。谢克家又以"大宋受命之宝"到济州，赵构恸哭跪受之。于是，赵构前往南京（今河南商丘），五月初一在那里称皇帝，重建赵宋王朝，史称"南宋"。改年号建炎，赵构即宋高宗。张邦昌被封为太保。

　　高宗即位之后，起用抗战派代表李纲，拜尚书右仆射兼中书侍郎。宗泽知襄阳府，后改知青州，又徙知开封府。又任用主张弃地逃跑的人物黄潜善为中书侍郎，汪伯颜为同知枢密院事。李纲入朝上十事奏，反对和议，主张与金作战。请求严惩张邦昌等降金人物。并提出改革军制，整顿军纪，积极备战等建议。他破格任用抗金有功的将士。劝高宗定都关中或襄、

邓，说："关中为上，襄阳次之，建康为下"，以保全中原故土。
宗泽上书高宗，反对逃往江南，"蹈西晋东迁既覆之辙"。宗泽
在开封整顿社会秩序，修筑防御设施，招抚和改编抗金义军，
使形势渐趋稳定。宗泽便上书要高宗果断回开封立都。高宗
任宗泽为京城留守、开封尹。在主战派的督促下，高宗只好先
送孟太后过江，自己留下，表示要与金一战。以黄潜善、汪伯
彦为首的主降派要高宗割地厚赂与金讲和，并以汴京为金兵掠
夺太甚，不宜再为都城为借口，怂恿高宗南逃。主降派官员范

宗尹等攻击李纲为金人所恶，且名过其实而震主，不宜为相。他们还编造起义军引起"盗贼"的谎言，使高宗罢免李纲推荐的抗金将士。高宗在黄、汪二人的鼓动下，指使朱胜非起草诏书，说李纲备战抗金是骚扰，指责李纲"狂诞刚愎"，过分"专制"，以此罢免李纲相职，随即废了所有抗金措施。建炎二年（1128）金军再度南侵，南宋政权几乎覆灭。由于南宋军民英勇抗金，高宗的统治才稳固下来。

南宋抗金斗争

从1125年金灭辽到1234年金朝灭亡，是我国历史上的宋金对峙时期。

金朝是原来居住在我国东北地区的女真族新建立起来的奴隶制政权，是历史发展的必然和进步。但以战争为职业，以侵掠为目的的奴隶主贵族又必然给封建经济文化高度发达的汉族地区带来灾难和不安。在这一百多年中，女真贵族多次发动战争，占据北方大片土地，南宋抗金斗争连续不断。随着历史的发展变化，双方时战时和，给斗争带来了不同的形式和特点，产生的意义和影响也很不相同。统观南宋抗金斗争的历史，约可分为三期。

（1）从宋室南迁到《绍兴和议》（1127—1141）。女真贵族不断南下，带有浓重的扩张掠夺性质，采取扶持傀儡、以和议佐征伐的战略，以战为主，以和为辅，意欲灭宋，属于非正义性质。南宋方面，广大军民为了保卫家乡，保卫先进的经济文化免遭劫难，进行了英勇的抗战，出现了以岳飞为代表的许多可歌可泣的抗金将领，他们为正义而战，保住了半壁江山，产生了深远影响。但新的南宋政权仍是腐朽北宋王朝的继续，代表大地主阶级利益的投降派很多，为了保住自己的财产和官位，不惜丢弃北方，向金人屈膝投降。以秦桧为代表的一伙内奸，更是千方百计破坏抗战，力求满足金人的要求。至于宋高宗，为了保持自己的帝位，既不能完全放弃抵抗，又希望以屈辱求生存，在和战政策上最初摇摆不定，后来倒向投降派一边，终于签订了屈辱的称臣纳贡割地的《绍兴和议》。

（2）从《绍兴和议》到《嘉定和议》（1141—1208）。宋金关系进入相持阶段。这时金人在北方推行汉化政策，整个社会正迅速向封建制转化，为了巩固既得战果，虽个别统治者（如海陵王亮）仍思灭宋，但总地说来，已将战略进攻转为战略防御，即由主战转为主和。南宋方面，由于统治者日益腐朽，国力不振，虽有不少志士仍然主张北伐，收复失地，但皆不可能实现，主和派反而占据了上风。因而，在这期间宋金双方进行的三次战争——完颜亮的南侵［绍兴三十一年（1161）］、张浚的北伐［隆兴元年（1163）至隆兴二年（1164）］、韩侂（tuō）胄的北伐［庆元二年（1196）至开禧二年（1206）］，正义虽然还在南宋方面，可是都未能取得积极的战果，不能不最后言归于和，没有引起双方对峙形势的重大变化。

（3）从《嘉定和议》到金朝灭亡［嘉定元年（1208）至端平元年（1234）］。宋金政权双双进入了极端腐朽的时期。最初谁也没有力量向对方发动战争，暂时维持和议。后来蒙古兴起于北方，不断侵金，金宣宗在嘉定七年（1214）逃离中都（今北京），迁往南京（今开封）。他为了在南方立国，竟思灭宋扩地，于嘉定七年（1214）后多次发兵渡淮，分道南下，由于遭到南宋军民的坚决抵抗，先后失败，乃于嘉定十七年（1224）派使至宋重新"通好"，揭榜于边不再南侵。南宋方面，眼见金人陷于绝境，接受蒙古联合灭金的建议，于绍定六年（1233）七月，派大将孟珙（gǒng）出兵襄阳，大败金人于马蹬山（今湖北枣阳西北）。八月，进围蔡州（今河南汝南）。次年（1234）正月，金哀宗在蔡州自杀，金亡。南宋以收复三京的胜利，结束了长达一百多年的抗金斗争。

岳飞江南抗金

建炎三年（1129）秋，金王朝出动大军再度南侵，企图一举消灭偏安江南的南宋小朝廷。

十一月，金将宗弼率领南侵军主力攻占和州（治历阳，今安徽和县），饮马长江，继而发动渡江之役。在攻打太平州（治当涂，今安徽当涂县）的采石渡和慈湖失利后，金军遂改由建康府西南的马家渡过江。当时，南宋负责长江下游防务的是右相兼江淮宣抚使杜充，他事先并未做认真的军事准备，及得到马家渡的急报后，匆忙令都统制陈淬率部将岳飞、刘经、戚方等统兵出战，又命王瓀（xiè）以所部一万三千人前往应援。当宋金两军在马家渡激战方酣时，王瓀逃走，陈淬战死，这就影响了整个战局。在"诸将皆溃去"，宋军"鸟奔鼠窜"，金军气焰愈炽的险恶形势下，岳飞仍率所部坚持战斗，继续顽强地抗击敌人。直至夜幕降临，加上溃兵带走了辎重，士兵缺乏粮食，岳飞才率军退屯建康城东北的钟山。马家渡之战，揭开了岳飞在江南抗金的序幕。

金军渡江之后，杜充先逃跑，后降敌。十一月底，建康知府陈邦光更是主动写好了投降书，不待金军攻城，就把六朝故都、江南形胜之地建康拱手送给了金人。在轻易地占领建康后，兀术继续统领大军南下，将趋杭州，于是进攻广德军（属江南路建康帅府，仍均治今南京市）。岳飞知道后，率军南下到广德军境内。在广德境内，岳飞指挥部队与金军作战六次，每次都取得了胜利，活捉金将王权，共斩敌首一千二百二十六级，还俘虏了许多金兵在这些俘虏之中，有不少是被强迫签发从军的汉族壮丁，岳飞往往对他们晓以大义，结以恩信，再打发他们回到敌营做内应。到了晚上，这些人在敌营中纵火烧毁敌人的兵器与其他随军辎重，并引起内部骚乱，岳飞乘机出兵劫营，予敌人以重创。岳飞驻军广德，军纪严明，即使部队断炊，也绝不许骚扰百姓，且坚持与士卒同甘共苦。因而，岳飞及其部队在这一带民众中享有很高的威望，甚至许多被迫签发从军的金兵称岳飞的部队是"岳爷爷军"。金兵争相前来降附，使得岳飞的抗金队伍不断壮大，而金军的力量遭到削弱。在得知金军侵占溧（lì）阳的消息后，岳飞命刘经领兵千人夜袭溧阳城，杀俘敌人五百多人，并活捉了伪溧阳知县、渤海太师李撒八，一举收复了溧阳城。

建炎四年（1130）春，为了解决部队的粮食供给问题，并担负起常州一带的防守任务，岳飞接受了地方官员的邀请，从溧阳移屯常州宜兴县。驻防宜兴后，他首先采取行动，肃清了这一带的土匪，既为民除了害，又使部队获得了许多粮食和武器装备。四月，金兵进犯常州，岳飞闻讯后率军驰援，与金军前后四战，都取得了胜利。金兵被击杀、淹死的不计其数，还生擒了女真万户少主孛堇，并乘胜追击金兵一直到镇江的东面。

金军的这次大举南侵屡屡得手，充分地暴露了南宋政权的腐朽无能,然而,岳飞等抗金将领和江南民众的英勇抗金斗争,又在一定程度上打击了金军的嚣张气焰,使得金军统帅意识到,完全地征服、统治江南的企图是无法实现的,在短期内彻底摧毁南宋政权的目的也是难以达到的。于是,他们宣称"搜山检海已毕",一路上烧杀掳掠、向北撤退,到建炎四年(1130)四五月间,金军在江南占据的城市只剩下建康。建康素为兵家所重的战略要地,金军盘踞在那里,既把它当作运送南侵掠获物至江北的中转站,又将其视为再次南侵的立足地。此时,收复建康对于南宋来说已经迫在眉睫。在有的将领畏怯不敢受命的情况下,岳飞毅然承担起克复建康的重任。从四月下旬开始,岳飞率部在建康一带与金军展开了一系列战斗。四月二十五日,岳飞发起清水亭之役取得胜利。这一仗,斩得耳戴金银环的女真人首级一百七十五具,活捉女真、渤海、汉儿军四十五人,缴获马甲、弓、箭、刀、旗、金鼓等器械三千七百多件。五月初,岳飞在建康城南三十里的牛头山(位于南京市西南)扎营,他派遣一百名身穿黑色服装的军士,在天黑之后混入敌营,并在敌营中制造骚乱,引起敌人自相攻杀,终夜不已。金损失惨重。岳飞还亲率骑兵三百名、步卒两千人,冲下牛头山,在建康城南门外新城设营,与金军交锋,再次击败敌人。在岳飞军队及建康附近民众的打击下,金军屡遭挫折。他们感到在建康也难以长期驻足,遂移师建康城西北十五里的靖安镇(亦称龙湾,在今浙江温州),并从靖安镇直接撤往江北的宣化镇。岳飞闻讯后,于五月十一日挥师追杀敌人至靖安镇,斩杀金兵数以千计,建康至靖安的道路上,敌人"僵尸十余里"。还生擒金军将士三百多人,并缴获敌人许多军用物资和掠夺来的财物。这一天,岳飞率军进入建康城,收复了金军在江南的最后一个据点。

秦桧专权

南宋初年，女真贵族不断对南逃的宋高宗发起追击，北方和南方忠于宋室的军民进行了英勇的抗金斗争，迫使金兵退回北方。女真贵族于是改变策略，于建炎四年（1130）十一月立汉奸刘豫为傀儡皇帝，建立伪齐政权；同时又派另一个汉奸秦桧潜回南宋，从内部破坏南宋的抗战。

秦桧，字会之，江宁（今江苏南京）人。北宋末年，考中进士，历官太学学正，御史中丞。北宋亡，被金军驱掳北去，旋即变节，颇受女真贵族的信任。这时，女真统治者为了实现"以和议佐攻战，以潜逆诱叛党"的策略，决定放秦桧南归。宋高宗这几年被金兵赶得到处逃跑，多次派人乞和求降，而不可得，听说秦桧回来了，知道他与女真贵族的关系密切，了解不少内幕，便立即亲自接见他。秦桧向高宗报告了徽钦二帝及其母后的近况很好，又呈上自己起草的给金将挞懒的求和书，暗示金人可以媾和。结束会见后，高宗高兴地对大臣们说："秦桧朴忠过人，真佳士也，朕得之喜而不寐。"立即任命他为礼部尚书。三个月后，又提升他为参知政事（副宰相）。但他还嫌权力不大，暗中捣鬼，对宰相范宗尹进行排挤。平时范宗尹找他商量朝政大事，他虽明知某些事不能那样处理，但却不予以纠正，而是暗中向高宗报告，以至高宗对范产生恶感，罢了范的相位。秦桧见相位空缺，便大造舆论，"我有二策，可耸动天下"，"今无相，不可行也"。高宗求和心切，知道他的想法，便于绍兴元年（1131）八月任他为右相兼枢密院事，把军政大权都交给了他。

秦桧任右相后，觉得左相吕颐浩与他共掌朝政，他不能独揽大权，便向高宗建议"二相宜分任内外"，把吕排挤出朝。接着，又设置修政局，自任提举，美其名曰"更张法度"，实际上是"欲夺同列之权"。副相翟汝文分管修政局的工作，不了解秦桧的意图，真以为要对吏治进行整顿，便考核官吏政绩，违者惩之。秦桧见他没有按照自己的意图办，便奏称他"擅治吏"，讽人弹劾他"与宰相不协"。翟汝文便被迫请求离开，离开了副相之位。秦桧这种党同伐异，专权营私的行为，大失众望，不仅引起朝臣的不满，高宗也"颇觉之"，便下诏告诫臣下，以后如有"朋比阿附，以害吾政者"，定要"严置典刑"。特别是他在对金媾和的问题上，不仅没有迅速达成协议，而且还提出什么"以河北人还金国，以中原人还刘豫"的主张。此论一举，群情大哗，"天下之人，无贤愚，无贵贱，交口合词，以为不可"。朝臣纷纷上章弹劾，说他"专主和议，沮止恢复""植党专权，威福在己""上不畏陛下，中不畏大臣，下不畏天下之议"，犯了"欺君私己"的大罪，高宗迫于臣民的群起反对，不得不在绍兴二年（1132）八月罢了秦桧的宰相职位。

秦桧罢相后，金人和伪齐又多次发动对南宋的进攻，南宋军民英勇奋战，西北战场取得了仙人关之捷，中原战场收复了襄阳六郡，东部战场取得了大仪镇（今江苏扬州西北）之捷，金兵的军事优势已开始丧失，众将纷纷要求一鼓作气，直捣中原。但宋高宗仍想妥协求和，偏安江南，于绍兴四年（1134）秋，派魏良臣往金将挞懒处求和。魏所到之处，金将无不称赞秦桧，说他是大好人，南朝不应对他有所怀疑，更不应罢相。魏回到南宋后，转达了金人的意见，高宗当然非常重视，立即任秦桧为资政殿学士，不久又知温州、知绍兴府，至绍兴六年（1136）八月亲加召见，命坐赐荣，任为侍读，行宫留守，参决尚书省枢密院事。从此，秦桧又得以参与朝政了。他利用手中掌握的权力，拨弄是非，倾轧同僚，先后迫使张浚、赵鼎离开了相位，他自己却步步高升。绍兴七年（1137）正月任枢密使，次年三月迁为右相；不久便独揽相权，把南宋的历史带入了丧权辱国、黑暗统治的时期。

秦桧复相后，把主要精力都放在对金媾和上。绍兴八年（1138）五月，王伦使金回朝，金使乌陵思谋一同前来，许还徽宗梓宫（皇帝、皇后的棺材）及河南地，群臣纷纷反对，认为是骗局，但高宗和秦桧竟以孝道为由，"不惮屈己"，派王伦再次使金，迎接梓宫，继续和谈。金方要求南宋君臣对金熙宗的《诏书》要"具礼迎接""再拜亲受"。群臣愤怒地揭露这是对南宋的侮辱，再次掀起反对和议的高潮。秦桧秉承高宗的旨意，对反对派进行了残酷的迫害。为了蒙骗军民，缓和舆论，向金使请求高宗正在居丧守孝，不得行礼，可由宰相代为跪拜受降。金使知道群情激奋的情况，只好同意。于是，秦桧便以宰相之尊，代表皇帝亲往金使馆中，进行跪拜，接受诏书，完成了一幕"致亏国体"的丑剧。绍兴九年（1139）正月，正式公布和议内容：金归宋河南地及徽宗梓宫，宋对金称臣，每年贡纳银绢五十万两匹。广大军民得知此情，更感受骗痛心，上书反对签约者甚多，皆言金人叵测，和约不可恃，宜加戒备，以防异时意外之患。然而高宗和秦桧方且庆贺太平，大赦天下，怎会倾听这些意见呢！

果然不久，金人便撕毁和议，于绍兴十年（1140）五月再次发兵南侵。幸有刘锜、吴璘、岳飞等抗战将领在东、西、中三路战场组织军民英勇抵抗，不仅稳定了战局，而且及时反攻，大举北伐，屡败金兵，进逼开封，形势对南宋十分有利。可是，秦桧仍然坚持和议，破坏抗战，怂恿高宗迫令诸将班师。绍兴十一年（1141），高宗和秦桧解除了岳飞、韩世忠等大将的兵权，诬构谋反罪状，杀害岳飞，与金人再次签订了屈辱的《绍兴和议》；宋向金称臣、纳贡、割地。金朝并规定宋高宗不得以无罪去首相。

秦桧以议和有功，加太师，封魏国公。在此后的十多年中，独揽相权，"顺我者昌，逆我者亡"，仅任其副职，当其助手，而被撤换者，即达二十八人之多。为了讨好金人，不惜搜刮民脂民膏，媚奉敌国。他还依仗权势，敲诈勒索，横行霸道，贿赂公行，积累了大量家财。但国之府库，无旬月之储，千村万落，生理（生计）萧然。他生杀废置，唯己所欲。朝臣畏秦桧，甚于畏高宗。还派侦探巡游市井，闻人言桧奸，即捕入狱。有议朝政者，即贬之万里外。为欺世盗名，又千方百计篡改史籍；还大兴文字狱，对稍涉疑忌者加以迫害。晚年，更颇有异志，不把高宗放在眼里，阴谋取而代之。高宗亦颇有察觉，不得不经常靴里藏刀，以防不测。

至绍兴十五年（1155），两次任相长达十九年的秦桧病倒在床，自知不久于人世，便欲举其子秦熺（xī）代相。高宗已察其奸，未表同意。他又图谋把异己政敌一网打尽，诬称张浚、李光、胡寅等五十三人"谋大逆"，欲判以重罪，但未及签字，他便死了，狱事方解。秦桧死讯传出，四方士民无不欢庆，皆以为国贼，死有余辜。

绍兴和议

宋高宗在位的 35 年，正值金朝的金太宗、金熙宗、海陵王在位，是金国兴盛的时期。这时，金对南宋一直采取攻势，而南宋则采取守势。在宋高宗即位之初，北方人民纷纷组织起来抗击金军，形势对宋有利。但宋高宗只满足于维持东南的半壁江山，根本没有收复中原的打算。而金军南下的主要目的在于掠夺江南财富和人口，一时还没有直接统治这一地区的打算。1130 年年初，金军在江南饱掠以后，撤军北归。金将完颜宗弼（《说岳全传》中的金元术）没有想到，在镇江遇到宋将韩世忠的阻击，被堵截在黄天荡（在江苏南京东北）48 天，号称 10 万的金军被韩世忠的8000 人打得大败。紧接着，金军在由建康撤出、准备从静安镇渡江的时候，又受到宋将岳飞的阻击，再度受到沉重打击。

1130 年秋，金军向陕西进攻。第二年，在和尚（今陕西宝鸡西南）被宋军打得大败，完颜宗弼身中流矢，被俘的金兵数以万计。1139 年，金国政变，右副元帅完颜宗弼升任都元帅。1140 年，完颜宗弼攻宋，屡次被岳飞、韩世忠、张俊等将领挫败，想和南宋和谈。宋高宗、秦桧之流亦急欲求和，为好金国，先将韩世忠、张俊、岳飞三员抗金名将解除兵权，后又以"莫须有"罪名害死岳飞。1141 年 11 月，南宋与金正式订立和约：南宋向金称臣；两国以东起淮水中游，西至大散关（今陕西宝鸡西南）为界，宋割让唐（今河南唐河）、邓（今河南邓州）二州及商（今陕西商洛）、秦（今甘肃天水）二州的大半给金；宋向金每年交银 25 万两、绢 25 万匹。史称这次和议为"绍兴和议"。此后，宋金两国 20 年没有发生大的战争。

岳飞遇害

岳飞为保卫国土立下了汗马功劳，最后却被奸相秦桧害死。绍兴十年（1140），宋军大败金军，先后取得了顺昌（今安徽阜阳）、郾城（今河南郾城）、颍昌（即许州，今河南许昌）等大捷。

正当宋军北伐节节胜利，准备"直捣黄龙"，收复失地之际，宋高宗赵构与宰相秦桧却想趁此时机与金军议和，于是高宗皇帝连发十二道金牌，急召岳飞班师回朝。当时，数万岳家军兵力分散在河南中西部和陕西、两河的局部地区作战，战线拉得很长，而张俊、韩世忠和刘琦等将领领的各路宋军已经奉命后撤，这就使岳家军陷入孤军奋战的局面中。鉴于此，岳飞只得奉诏班师。

原来，这一切都是秦桧暗中做的手脚。秦桧在南宋朝廷一直属于主和派，他在"靖康之变"后被掳去金国，早就变成了汉奸。作为当朝权相，他为了保住自己的财产与官职，极力主张同金兵讲和。为此，他千方百计地要除掉主战派的岳飞。

在破坏了岳飞的军事行动后，秦桧绞尽脑汁，想出了一个歹毒的办法来迫害岳飞。

秦桧联合了另一位朝臣张俊，用威逼利诱的方法迫使岳飞手下将领王贵状告岳飞谋反。然后，秦桧又诬陷岳飞之子岳云和岳家军大将张宪，说他们是谋反的同谋。因为这些捏造的罪名，宋高宗下令将岳飞父子及张宪关进监牢。秦桧派心腹万俟卨（xiè）审理此案，极力构陷岳飞、岳云和张宪的"谋反"之罪。

抗金名将韩世忠愤愤不平地质问秦桧："岳飞忠心耿耿，何罪之有？你说岳飞等人谋反，有证据吗？"秦桧气急败坏，给出了一个荒谬的回答："这件事……莫须有。""莫须有"就是"也许有"的意思。这充分说明秦桧"欲加之罪"的卑劣行径！

在秦桧的指使下，岳飞三人被判处死刑。绍兴十二年（1142）除夕前夜，岳飞等在临安的风波亭遇害。秦桧以一个"莫须有"的罪名将岳飞杀害，自己也被钉在了历史的耻辱柱上。昏庸的宋高宗赵构也因为诛杀功臣而葬送了抗金的大好形势。

南宋灭亡

咸淳七年（1271）忽必烈建国号为元。他在战胜了蒙古贵族中的反对派和巩固了自己的统治地位以后，便把兵锋转向南宋王朝，准备最后消灭宋，统一全国。在伐宋过程中，出现了抗元到底、坚贞不屈的将领，也出现了望风而逃、不战而降的懦夫。战争好像一面镜子，每个人的人格与气节在它面前显露无遗。

1268年忽必烈便出兵进攻南宋，首先围攻襄阳、樊城，经六年的攻战，于咸淳九年（1273）占襄阳、樊城，打开了南宋的大门。

咸淳十年（1274）六月，忽必烈命左丞相伯颜率大军伐宋。伯颜分兵二道：一道攻淮西淮东，指向扬州；一道由伯颜亲率，大军沿汉水入长江，沿江而下，直指临安。自襄阳失守后，南宋宰相贾似道继续推行投降政策，对准备灭宋的元军，却不采取积极的防范措施。南宋军队遇到元军，不是一触即溃，便是叛变投降。七月，宋度宗死，贾似道立了四岁恭帝赵㬎。九月，伯颜率元军主力从襄阳南下。首当其冲的是郢州（今湖北钟祥），鄂州主将张世杰在汉水设防坚守，由于鄂州军民的奋勇抗击，伯颜所统元军主力被阻鄂州城下。伯颜决定不再攻打鄂州，而率元军由旁边水道绕过鄂州，再入汉水，进至沙洋。沙洋守将王虎臣、王大用顽强抵抗，元军用金汁炮焚毁民居，沙洋城破，元军屠城。接着进围新城，新城守将居谊拒不投降，并射伤前来劝降的吕文焕，终因寡不敌众，居谊同三千战士全部壮烈殉国。元军到达长江边的阳罗堡后，又遭到王达领导的军民奋勇抵抗，使元军进攻多日未能占领此城。于是伯颜分兵从上游四十里的青山矶强渡，攻占了阳罗堡，王达及刘成与八千将士英勇战死。元军渡江后，鄂州、叔阳相继降附。伯颜命阿里海牙守鄂州，并攻取湖南，自己亲率大军沿江而下。黄州（今湖北黄冈）奕喜、蕲州（今湖北蕲春东南）管景模、江州（今江西九江）吕师夔、安庆范文虎均不战而降。

鄂州等地失守后，迫于朝野舆论的压力，贾似道不得不在德祐元年（1275）二月率诸路精兵十三万，到芜湖抵御元军，并与夏贵合兵，即使大战在即，他还派宋京去与伯颜议和，许以输岁币称臣，被伯颜拒绝。贾似道不得不下令抗元，宋元大战开始，伯颜分步骑夹岸而进，又用战舰巨炮轰击孙虎臣军。宋军先锋姜才率军英勇战斗，主将孙虎臣却弃阵逃走，夏贵也不战而跑，贾似道惊慌失措，急命收军。元军乘胜追击，宋军大溃，军资器械尽为元军所得。贾似道与孙虎臣乘船逃到扬州。这次丁家洲之战，南宋水陆两军的主力几乎全部丧失。这为南宋政权敲响了丧钟。

元军乘丁家洲大捷，沿江而下，南宋地方官相继逃遁和投降，沿江重镇先后为元军占领，南宋朝中官员也纷纷出逃。抗元名将张世杰率军从荆湖入卫临安，收复了吉安、平江、广德、溧阳，刘

中华上下五千年——第七篇 宋·元

1104

师勇收复了常州。这样，浙江降元的一些地方官又反正归宋。在扬州，李庭芝、姜才打败了元军的多次进攻。七月，张世杰与刘师勇率万余战船主动进攻元军，进到镇江焦山，反为元军火攻所败。张世杰退往端山，刘师勇退回常州。

面对越来越险恶的形势，南宋朝廷下达了"勤王"诏书，但只有文天祥从赣州组织了一支勤王军于八月到达临安。随后，文天祥被委任为抗元前线的平江（今江苏苏州）知府。元军在推进过程中，遭到沿途人民的英勇抵抗。在无锡，军民顽强阻击元军。在金坛，人民组织义勇兵与元军奋战。在常州，姚訔（yín）、陈炤（zhāo）、王安节、刘师勇等率军坚守达两个月，至十一月城破，姚、陈、王、刘仍率军民抗争，坚持抗战，最后仅刘师勇等八人逃出，全城惨遭屠杀。

从十月起，元军发起向临安的最后攻击，从镇江兵分三路：右军出广德攻独松关，左军入海奔澉（gǎn）浦，伯颜率中军攻常州，三路会师攻临安。

德祐元年（1275）底，临安军队有三四万人，文天祥与张世杰商议，要同元军决战，但宰相陈宜中正向元求和，不予同意。南宋统治集团不断派出乞和使者：先是求元军班师通好；后求称侄纳贡；再求称侄孙；最后求封小国、称臣。伯颜利用南宋投降求和，步步进逼。

文天祥抗元

南宋末年，元世祖忽必烈发动了对南宋的全面进攻，南宋的领土一步步丧失。勇猛的蒙古人大兵压境，朝廷偏安的临安城

（今杭州市）岌岌可危。

朝中的文武官员，见南宋大势已去，许多人都打点行囊，逃难去了。就连宰相陈宜中也偷偷地溜走了。临安城里乱成了一团。

文天祥就在这国难当头的节骨眼上，被任命为右丞相兼枢密使。他一方面组织军队继续抗元，另一方面，为解朝廷的燃眉之急，他冒着生命危险去元营议和。

文天祥凭着自己的一腔浩然正气和雄辩能力，希望元朝能给宋朝留下一线生机。而元将伯颜却凭借武力，逼迫文天祥投降元朝，文天祥气愤地说："我是宋朝状元宰相，只求一死报国，国家存在，我也存在；国家灭亡，我也灭亡，你们要杀就杀，刀锯、油锅，我都不怕！"元朝没有办法，只好扣留了文天祥，希望灭亡了南宋再逼他投降。

文天祥寻找机会逃了出来。这时临安已失陷，宋恭帝被俘。新皇帝端宗在福安（今福州市）即位。

从此，文天祥一介书生，挑起了复国的重任。文天祥在南剑州建立同都督府，招募旧臣与士兵，积极组织抗元力量。虽然文天祥组织的抗元斗争声势浩大，但毕竟是孤军奋战，再加上宋朝一直是个"积贫""积弱"的朝廷，所以文天祥的抗元斗争屡遭挫折。一次大的失败是空坑之战。文天祥所率军队损失惨重，他的妻子儿女也被元军俘虏。另一次大的失败是五坡岭之战。当时军中瘟疫流行，兵士死伤无数，文天祥的老母与长子也先后死去。五坡岭一战，文天祥本人也被俘了。

这时，已经有许多宋朝官员投降了元朝。降将张弘范告诉文天祥，南宋皇帝已经被赶到崖山孤岛上（今广东新会南八十里海中），希望文天祥写信劝保护皇帝的张世杰投降。文天祥接过纸笔，把自己写的一首七律《过零丁洋》写在纸上：

辛苦遭逢起一经，干戈寥落四周星；山河破碎风飘絮，身世浮沉雨打萍。惶恐滩头说惶恐，零丁洋里叹零丁；人生自古谁无死，留取丹心照汗青。

张弘范读罢，不得不赞道："好人好诗。"并悄悄地把这首诗收藏了起来，他还没死心，希望文天祥终有一天像他一样投降元朝。

不久以后，崖山陷落，八岁的幼帝赵昺（guǒ）由陆秀夫抱着投海殉国。南宋灭亡了。

张弘范认为这回文天祥应该投降了。他说："你如果肯用替宋朝做事情的精神，来替元朝做事情，那么元朝的宰相，除了你做，还有谁呢？"文天祥悲愤地说："国家灭亡不能救，我就已经非常惭愧了，难道还能贪生怕死、认贼作父吗？"张弘范听了，哑口无言。

然而，元朝一直没有放弃诱使文天祥投降的念头，他们把文天祥押到大都（今北京），先后让宋朝被俘的宋恭帝、原来的丞相留梦炎等现身说法，希望他回心转意。接着元朝的高官也相继出现，他们软硬兼施，千方百计地做工作，文天祥都一一回绝了。最后，忽必烈亲自出马，许愿让文天祥做宰相，文天祥还是选择了坚贞不屈。文天祥在大都被关押四年后，从容就义，年仅四十八岁。

文天祥舍生取义、为国捐躯的气节，令后人敬仰。

市舶司设立

开宝四年(971)始置市舶司于广州,市舶使由广州知州兼任。据陈振孙言,市舶司初建其主要目的不在于牟利。市舶司管理海外贸易,凡蕃商(少数民族商人或外国商人)船舶驶至广州,先由市舶司抽取货物的十分之一作为税收,其余货物折价交易,而这类交易皆由官府控制,私自和蕃商交易者计直满百钱以上即论罪。

太平兴国七年(982),官府放宽限制,蕃货除珠贝、玳瑁、犀象、镔铁(古代的一种钢。镔,bīn)、觷(bì,古书上说的龟一类的动物)皮、珊瑚、玛瑙、乳香(中药名)之外,其他货物皆可自行交易。其后又对蕃商行招徕之策,雍熙(984—987)中,太宗遣内侍八人携带敕书金帛,分四路前往海南诸国,吸引诸蕃商来宋贸易。此策颇有成效,诸蕃商纷沓而至,对外贸易相当繁荣,广州成为当时重要的港口城市,往来中外商人众多。据《萍洲可谈》载,诸国人至广州,是岁不还者,谓之住唐。他们聚居之地称蕃坊,并置蕃长一人,负责管理稽查蕃坊公务,并招邀诸蕃商人。对外贸易的发展促进了广州的扩建,其时的广州分为东城、子城和西城,比唐时大出好几倍。尽管如此,广州仍难以接纳日益增多的来往商船,于是,真宗时在东南沿海的杭州、明州(今浙江宁波)设市舶司,其所行对外贸易法同广州。这里对南海诸国蕃商开放,而更主要的是接待北方来的日本、朝鲜商船,是宋与日本、朝鲜贸易的中心。广州、杭州、明州三地市舶司的建立,促进对外贸易额的增加,据《宋史食货志》载,皇祐(1049—1053)中,每年入境之犀象、珠玉、香药之类，其数有五十三万余。时至治平（1064—1067）中，又增加十万。

仁宗时，常有船舶到福建福州海口进行交易，官吏亦使人以钱物购买蕃商之珍珠、犀象、香药等物。神宗时，蕃船及广东海商也纷纷前往泉州交易，泉州的海商往往不经广州市舶司的允许即将货物运回本地贩卖。熙宁五年（1072），诏发运使薛向即建议在泉州设市舶司，由于广州市舶司亏岁课二十万缗，不仅没有批准置泉州市舶司，还有人建议罢明、杭二州市舶司。时至元祐二年（1087）泉州才置市舶司。地处北方的密州板桥镇（今山东胶县境内），神宗年间不过是个沿海小镇，随着南北物资交流的增加，这里很快发展起来，广南、福建、淮浙一带的商人，用海船载着香药等诸色杂物，同京东、河北、河东三路的商人所运丝帛绫绢等物交易，使板桥镇成为一个"买卖极为繁盛"的地方，于是有人上言，若板桥市舶法行，则海外诸物积于府库者，必倍于明、杭二州，而且可以免去走私犯法，亦可保证上供之物，不受道路风水之险。元祐三年（1088），在板桥镇设立市舶司。北宋末年，秀州华亭县（今上海松江附近）"蕃商船舶辐辏（形容人或物聚集像车辐集中于车毂一样。辏，còu）往泊"，成了一个新的外贸港口，故在此亦设市舶司。因为对外贸易的发展，很多沿海地区成了交易场所，所置几个市舶司已不适应，故依具体情况，在镇江、苏州两地，朝廷允许依市舶法办理对蕃商的贸易。而江阴军（今江苏江阴）等地，虽未设立类似市舶司的机构，外来海商亦可在此进行大宗的贸易。

另外，市舶司还办理蕃商到内地贸易之事，崇宁三年（1105），规定蕃商欲往他郡贸易者，市舶司发给通行证，但不得挟带禁物与奸人。而海船欲至福建、两浙贩易者，广南市舶司给防船兵仗，给予保护。对于出海贸易的本国商人亦有立法，元丰二年（1079），规定去高丽贸易的商人，所载物资达五千缗者，必须在明州登记领引，方能发船，若无引而出海贸易，以盗贩法论处。

南宋时，东南沿海经济发展较快，为对外贸易提供了物质基础。南宋朝廷为解决其财政困难，大力提倡官员和沿海商人招诱蕃商到南宋贸易。高宗曾说，广州如果管理得当，蕃商往来频繁，可以"动得百十万缗"。据绍兴末年（1162）统计，福建、广州两市舶司岁得息钱（利息）二百万贯，其中大都是广州市舶司所得，它的收入确实"倍于他路"。两广除广州外，钦州（今广东钦县）、廉州（今广东合浦县）及海南岛也是海商出入交易之处，交趾（今越南境内）商人经常从海路到钦州做生意。福建泉州市舶司，自建炎二年（1128）至绍兴四年（1134）共收息钱九十八万贯。南宋中期以来，泉州在正常情况下每年有三十六艘蕃舶入港，是一个"以蕃舶为命"的城市。两浙沿海由于对外贸易的发达，在明州、临安（杭州）、温州、秀州（今上海境内）及江阴军五个地方设立市舶司。市舶司还在一些县镇设立市舶务，如华亭市舶务一度设在通惠镇。

隆兴二年（1164），有臣僚上言，提到市舶司近来"抽解（旧时对沿海港口进出口贸易征收的实物税）名色既多，兼迫其输纳，使之货滞而价减"，原来以货物之十五分之一为关税，后来是十分之一，再后则对宝物施重税，如犀牙，十分抽二分，四分还得换买，对真珠虽十分抽一分，但要有六分换买。这样海商所赚无几，恐怕影响海上贸易，要求市舶司采取措施，促进海上贸易的发展。

六年（1168），下诏诸市舶司纲首能招诱船舶抽解货物累价至五万贯以上者，可以补官，以此鼓励诸市舶司招诱诸蕃商来宋贸易。

市舶司抽解苛严时，收入增多，但这不会持久，因为有的商人或不来贸易，或进行私下贸易，即便抽解较宽松时，这种走私活动也不曾间断。走私不仅减少宋廷的收入，而且使大量钱币外流，其中以铜钱尤甚，这对宋廷无疑是一个很大的损失。

交子发行流通

北宋交子的发行、流通标志中国历史上真正使用纸币的开始。以前也出现过类似纸币的货币，如汉武帝令缘以藻缋（huì）的方尺白鹿皮价值为四十万，唐代出现的飞钱，另外，唐还有一种柜坊，可以作为票据在市面流通转让，商人以现钱交易不便，将钱存入柜坊，换取票据，这种票据和飞钱都属于兑换券性质的。交子或源于飞钱，或源于唐柜坊，演变至宋，即变为交子铺，组织同业会，最后由政府接管发行。交子的产生是商品经济发展的结果。北宋商业发达，流通轻便货币已势在必行，而当时的货币制度混乱，如四川用铁钱，体大值小，交易不便，大铁钱每千重二十五斤，小者十余斤，一匹罗卖两万钱，其钱得用车载。

交子刚刚产生，发行较为自由，根据商品交易的需要，由商人出具"收据"形式的楮券，此券两面有印记，密码花押，朱墨间错，券上无交子字样，临时填写金额，系零星发行。真宗时，张詠（yǒng）镇蜀，设贸易券契之法，一交一缗，以三年为一界而换之。六十五年为二十二界，谓之交子，由富商十六户主管发行，随时可以兑换。券上有图案、花纹，兑现时收工墨费三十文。交子铺（户）在各地设有分铺。后来这些富户破产，无力兑现，遂由官府出面干预。应四川转运使薛田与张若谷的请求，宋天圣元年（1023）设益州交子务。二年二月，始发行官交子，一切技术规定皆仿照私交子。以七百七十文为一贯，初发行一贯至十贯，后改为五贯、十贯两种，并规定比例，八成是十贯的，二成是五贯的。熙宁元年（1068）又改为一贯至五贯两种，规定分界发行，三年为一界，界满以新换旧，发行限额为界为一百二十五万六千三百四十缗，但各界数额不一。凡发行一界交子，需备本钱，又叫"钞本"，三十六万缗，占发钞限额的百分之二十八强。交子的兑现，发钱为主，亦有用金、银和"度牒"（宋代发行的一种特殊的证券，它本是政府发给和尚的一种身份证，因做和尚可以免除许多捐税，所以度牒能卖钱。宋朝遂以发行"度牒"作为筹款的一种手段）的。交子用铜版印刷，板画图案精美，三色套印，在世界印刷史、板画史上都有一定地位。为防止伪造交子，立伪造罪赏如官印文书法，私造交子纸者，罪以徒配。由此看出，交子已由官府垄断发行，成为国家发行的纸币。宋崇宁大观（1102—1110）年间，把交子改为"钱引"，崇宁四年（1105）印刷，在四川以外各路发行。大观元年（1107）正式改交子务为"钱引务"。其钱引印刷最为精美，有较高的艺术价值。

南宋初，曾在临安设立交子务，发行交子，因管理不善，乃改为"关子"。"关子"初为汇票性质，绍兴元年（1131）婺州（金华古称。婺，wù）屯兵，运钱不便，于此州召商人出现钱付以关子，商人持关子可在榷货务领钱，也可领茶叶、香货钞引（贩茶、香货的许可证）；其中专门兑付现钱的叫作"现钱关子"。这时民间还通行一种"便钱会子"，又名"便换"。绍兴三十年（1160）改为官办，初行于两浙，后来通行于两淮、湖广、京西各路，成为法定货币。会子面额有四种：以贯为一会，后增发二百文、三百文、五百文等三种，三年为一界。后来吴琚在河池发行银会子，贾似道改作金银会子。另外，还有些受到地区限制的纸币，如四川用的钱，又名"川弓尸"；淮南用的交子，则名"淮交"；而湖广用的会子，则称"湖会"。

交子发行不久，即成为官府弥补财政不足的工具，自绍圣（1094—1097）以后，增印交子以给陕西沿边籴买及募兵之用，少者数十万缗，多者或至数百万缗，而四川交子印数已无限额。时至南宋，情况更为严重，为支付庞大的军费，满足皇室的挥霍，滥印交子，绍兴七年（1137），三界并行，发行额达三千一百多万缗。绍兴三十一年（1161），钱引发行总额达四千一百多万缗，而准备金只有铁钱七十万贯。理宗淳祐六年（1246），流通中的会子已增至六亿五千万贯，十八界会子二百贯还买不到一双草鞋。交子、会子实际上成了不能兑现的纸币。

司马光与《资治通鉴》

在我国的史书档案中，有一部与《史记》齐名的史学巨著，它就是《资治通鉴》。上至战国，下至五代，一千三百六十余年的史事，按照《左传》的体例，被编成了一部二百九十四卷的编年体历史巨著。它的作者就是司马光。

司马光，字君实，是我国北宋时期著名的历史学家。1019年，司马光诞生在一个官宦家庭。因为司马光诞生时，他的父亲司马池正在做光山县令，于是他就被取名"光"。司马光的父亲司马池曾经官至尚书、吏部郎中、应天章阁待制。书香门第的熏陶，父亲的言传身教，使年仅七岁的司马光"已颇知世事如成人"。他的名声，从他小的时候便已经传开了。一次，伙伴在院子里玩捉迷藏，一个孩子不小心掉进了比自己还要高的水缸中，缸大水深，眼看那孩子快要没顶了，好多孩子都吓得边跑边喊"救人"。司马光见状却急中生智，迅速地搬起一块大石头，使劲地向大缸砸了过去，随着"哐啷"一声响，大缸被砸破了，水从破口喷涌而出，那个溺水的孩子也被冲了出来。从此，司马光的聪明机智远近闻名。

司马光从小就爱好史学，"自幼至老，嗜之不厌"。他尤其喜欢《左氏春秋》，每次听私塾里的老师讲解过后，他回到家里都可以向家人复述出大意。一本书学完后，他不但能够背诵，而且能把这二百多年的历史大概讲得清清楚楚。为了让自己不至于因为贪睡而耽误了学业，他用圆木做枕头，每次读书困乏时，他就枕着圆木稍微睡一会儿，一旦睡熟，圆木滚动，他就会被惊醒，继续读书直至天明。十几年的持之以恒，使司马光"于学无所不通"，落笔处才思如泉涌。1038年，还不到二十岁的司马光就金榜题名，高中甲科进士，被朝廷授予奉礼郎，后经枢密副使庞籍推荐，任馆阁校勘。

司马光在研究历史的过程中，觉得当时缺少一部完整的、系统的、简明的通史著作，给青年人学习历史带来很大的困难。另外，司马光与王安石是同时代的人物，更确切地说，他们是最大的政敌。王安石推行变法，希望以社会变革来挽救危机，司马光却认为，治理国家不在乎多变，主要是靠引用贤人。为了从历史上找到大治的经验，他想要编写一部通史，"叙国家之盛衰，著生民之休戚"，吸取历史上治乱盛衰的历史经验和教训。于是，在仁宗皇帝赵祯的支持下，司马光决定着手编写通史。

由于受到北宋朝廷重视，司马光能够充分利用到国家藏书，1064年，司马光就已经完成了先秦部分的史稿，也就是《资治通鉴》的前八卷。宋英宗在金碧辉煌的文德殿召见了司马光。司马光叩拜说："陛下，臣已编就《通志》，共八卷。书中写了自周烈王二十三年（前403）起，到秦二世三年（前207）止，共195年的七国（齐、楚、燕、韩、赵、魏、秦）的兴亡史。请陛下御览。"宋英宗翻阅了目录和一些章节，问司马光："往下的历史还准备写吗？"司马光急忙回答说："臣准备写下去，直到五代为止。"宋英宗一听，高兴地说："朕知你忠心耿耿，不畏艰难，但要编好一大部通史，仅凭你一个人的力量也难以完成，你可以选一些精通史学的人，协助你编写史书。"司马光应命而起，立即在崇文院设立书局，约请刘颁、刘恕、范祖禹等人，一起研究编写工作。崇文院是国家藏书最集中的地方，有图书三万多卷。有了这一坚强的后盾，司马光等人可以引用的资料更加丰富了。他们除了正史之外，还参照了杂史和其他各类图书共三百多种。这些材料后来大半失传，靠司马光等人有选择的引用，才把它们保存了下来。在编写的过程中，他们从开始收集材料到最后定稿，有一套严密的工作步骤和编写方法。司马光对史料的考订、文字的剪裁和润色，采取严肃认真、一丝不苟的态度。从开头一卷到最后一卷，都由他一人负责审定。

1067年，宋神宗即位，又一次召见了司马光。鼓励他继续努力完成这项工作，并为这部书定了书名，叫作《资治通鉴》。司马光大喜过望，赶紧跪拜说："谢陛下。臣等一定尽力把《资治通鉴》编好。"宋神宗又说："朕要为《资治通鉴》作序，告诫后代君主和官吏，要把《资治通鉴》作为治理国家的镜子，每日进读，不忘历史教训。"应该说，司马光没有让宋神宗失望，更没有让天下人失望。《资治通鉴》对关系到国家治乱的农民起义和民族战争，做了比较详细的记载；对各个王朝统治人民的经验和教训，十分重视。司马光对于历代统治者如何任用贤才，如何做到信赏必罚，都作为成功的经验加以叙述；甚至于对历史上国君的荒淫、残暴，以及统治阶级的种种倒行逆施，也有一定的揭露和谴责；对历史上有很大影响的人物，如秦始皇、汉武帝，既肯定了他们的历史功绩，也毫不隐瞒他们的过失。

到了 1071 年，司马光由于反对王安石变法，辞官迁居洛阳继续编书，书局也随他迁到了洛阳。经过前后十九年的精心编纂，在 1084 年，司马光终于完成了这部光辉的史学巨著。

小说话本的流行

白话小说始于"说话"的"话本"。"说话"是古代城市中的一种民间技艺，以讲述故事为主。从事"说话"的艺人称为"说话人"，他们所用故事的底本称为"话本"。这种技艺在唐代就已出现，至今还保存的有《叶净能话》《唐太宗入冥记》之类的早期话本。宋元时代，随着城市经济的更趋繁荣及市民阶层的逐渐扩大，适应市民阶层文化娱乐生活需求和审美趣味的"说话"技艺空前发达起来，成为当时主要的文艺形式之一。说话人向听众讲说（间有吟唱）故事，事先有一个文字简略，往往只记录唱词和主要故事情节的底本。一些"书会才人"常常将这种底本加以增饰润色，写定为专供人们阅读欣赏的书面文学作品，这就是我国最早的白话小说。它在文言小说之外，又开辟了一种更具生命力、大众化的小说新形式。

话本在体裁上具有不同于唐传奇和变文的特色。说话人为等候听众，并稳定早到听众的情绪，于是汲取变文里押座文（相当于今之"开篇""定场诗"，使在座听众安静下来的精练短文）的经验，在正文之前吟诵几首诗词或讲一两个小故事，以便延迟正文开讲时间。因而话本里有了"入话"或"得胜头回""笑耍头回"等名称和内容。这些诗词、小故事大都和正文意思相关，可以互相引发。说话人为渲染故事场景或人物神态，往往还在话本中穿插骈文或诗词。话本的故事情节大多曲折、生动，引人入胜，人物性格十分鲜明。叙述语言与人物语言通俗而传神。结尾又常用诗句总括全篇，劝诫读者。短篇话本篇幅较短，说话人可一次讲完。而长篇话本为了便于说话人吸引听众再来听讲，则往往选择故事引人入胜处突然中止。这成为后来章回小说分回的起源。

从种类上看，宋元时代的"说话"及话本大致分为四类：（一）小说，又名银字儿，专门敷演（表演）有关"烟粉、灵怪、传奇、公案、朴刀杆棒、发迹变泰（腾达）"等内容，演述短篇故事；（二）说经，讲述宗教故事；（三）讲史，演述长篇历史故事，又称"平话"；（四）合生，指物为题，应命成咏。四类中以"小说"与"讲史"两类最重要，其中的"小说"类，因其题材大多取材于现实生活，内容新鲜生动，形式短小精悍，因而当时最受群众欢迎。

宋元"小说"话本，仅据宋代罗烨《醉翁谈录》所载就有一百多种。现存的约有四五十种，主要收录在《京本通俗小说》《清平山堂话本》《熊龙峰小说四种》以及冯梦龙编辑的"三言"中。这些短篇话本小说，多以城市现实生活为题材，比较广泛地反映了宋元时代的社会风貌，给古代小说创作带来了新鲜气息。从内容上看，以爱情婚姻和侠义公案两类作品最多，成就也最高。其中不乏优秀之作。《碾玉观音》描写裱褙匠（装潢或修补书画的工匠。褙，bèi）的女儿璩（qú）秀秀和碾玉工人崔宁的个人遭际，敷演他们为追求爱情、建立幸福小家庭而惨遭迫害的悲剧故事，揭露和控诉封建统治阶级对小手工业者的剥削、压迫与人身摧残，讴歌秀秀坚强不屈、至死不渝的反抗精神。人物性格塑造得十分成功。《闹樊楼多情周胜仙》写富商的女儿周胜仙主动追求开酒肆的青年范二郎，虽因遭父亲阻挠与情人误解而两次死去，但其鬼魂仍然不懈地追求，生动反映出当时女性民主意识的觉醒。此外，《快嘴李翠莲》《志诚张主管》《鸳鸯灯》《杨思温燕山遇故人》等，也从不同角度反映了爱情婚姻问题，塑造出了各具特色的女性形象。宋元话本中的侠义公案作品，较著名的有《错斩崔宁》《简帖和尚》《错勘赃》《合同文字记》及《宋四公大闹禁魂张》等。它们通过描写公案讼狱事件，反映了复杂的社会矛盾，揭露了现实的黑暗与官吏的昏聩，表现出对被摧残者的深刻同情和对反抗者的热情礼赞。这些作品往往描写细致，情节曲折，变化莫测，引人入胜。宋元"小说"话本中还有一些搜奇录异的作品，如《西山一窟鬼》《洛阳三怪记》《定州三怪》《菩萨蛮》《三星度世》等，宣扬神鬼迷信、宿命论思想，糟粕明显。

宋元时代的"讲史"话本（平话），大都根据史书材料敷演成篇，篇幅较长，虽然在文字上比较粗糙，但它是我国最早出现的长篇小说的雏形，也是后代历史演义小说的起源。现存宋元讲史话本寥寥无几。《新编五代史平话》出现较早，存有宋刻本，全书依正史讲述了梁、唐、晋、汉、周五代的兴亡交替，其间杂采民间传说，生动描写了刘知远、郭威等人发迹的故事，在一定程度上反映了当时人民在封建暴政和长期战乱中的苦难。《大宋宣和遗事》讲述宋徽宗荒淫失政，招致金人入侵，国内动荡，表现出对黑暗政治的愤懑之情。其中梁山泊故事已现《水浒传》的雏形。《全相平话五种》刻于元代至治年间，它包括《武王伐纣平话》、《七国春秋平话》（后集又名《乐毅图齐》）、《秦并六国平话》、《前汉书平话》（续集又名《吕后斩韩信》）和《三国志平话》五部作品，其中《三国志平话》成就较高，有些人物（如张飞）写得生动传神，已初具后来《三国志通俗演义》的主要情节和基本倾向。此外，现存还有一部宋刊本"说经"话本《大唐三藏取经诗话》（又名《大唐三藏法师取经记》）。该书敷演唐僧去西天取经，遇白衣秀才猴行者一路保护等事，共十七节，写降魔斩妖情节十分生动，为后代《西游记》的创作提供了蓝本。

宋元话本小说对后代小说创作产生了巨大而深刻的影响。逮至（及至）明代中叶，一些文人竞相对流传的话本进行编辑加工，进而独立创作出大量的主要供案头阅读的模拟话本，即"拟话本"，将话本这种小说新形式推向了成熟与完备。

〔辽〕

契丹建国

　　契丹源于东胡族，是鲜卑宇文部的别支。北魏登国四年（389），北魏打败契丹。契丹败退到潢河（今内蒙古自治区西拉木伦河）与土河（今内蒙古自治区老哈河），有地数百里（分为八大部落，隋初又分为十部）过着游牧生活。唐初，契丹形成了比较稳定的大贺氏部落联盟，有胜兵四万三千人，分为八部（达稽部、纥便部、独活部、芬问部、突便部、芮奚部、坠斤部、伏部）。联盟的首领通常是每三年由八部酋长会议选举产生。在唐代，契丹依附于唐朝和北方的游牧民族突厥之间。到八世纪初，大贺氏部落联盟瓦解，该联盟之外的另一个契丹部落乙室活部依附唐朝，日益强盛。乙室活部首领涅里重新建立了契丹部落联盟，推举遥辇氏阻午为联盟首领，沿袭突厥联盟首领的称号"可汗"。这个新的部落联盟也称为"遥辇氏部落联盟"。契丹族活动的区域扩大到两千余里。重新组合了八部（迭剌部、乙室部、品部、楮特部、乌隗部、突吕不部、涅剌部、突部）。唐天复元年（901），遥辇氏痕德堇可汗任迭剌部耶律阿保机为部落联盟的军事首领，统率本部落兵马。阿保机先后击败草原上的室韦和东北的奚族、女真族，进攻后梁的河东、代北等地。因战功卓著，担任了地位仅次于可汗，总揽军国大政的于越一职，掌握了契丹部落联盟的军政实权。唐天祐四年（907）八部酋长以痕德堇可汗"不任事"为由，将他罢免，选举耶律阿保机为可汗。

耶律阿保机当上可汗之后，不仅想成为终身可汗，而且想效法中原王朝建立汗位世袭制度，因此而违背了契丹三年一替代的选汗传统，遭到与之同样有资格当选可汗的迭剌部亲族的反对。后梁开平五年（911）夏，其胞弟剌葛、迭剌、寅底石、安端谋反。由于安端的妻子粘睦姑的告发，谋反未能成功。耶律阿保机也没有杀害诸弟，而是与之盟誓，赦免其罪。

次年十月，剌葛等在于越辖底的威逼利诱下，再次谋反。参与谋反的除剌葛兄弟外，还有新任命的惕隐滑哥。耶律阿保机亲自征讨术不姑，还军途中，听说诸弟以兵阻道，于是引军避开堵截。在"十七泺（luò）"举行了选汗仪式"燔柴礼"。次日，诸弟遣人谢罪。耶律阿保机再次许其自新。

后梁凤历元年（913）三月，剌葛等第三次谋反。参加的不仅有迭剌部贵族，而且还有乙室部贵族。当耶律阿保机到达芦水时，剌葛指使迭剌和安端带领千余骑兵，以入觐为名，图谋暗算。耶律阿保机识破其阴谋，拘捕了迭剌和安端。剌葛率其部众来到乙室菫淀，备办天子旗鼓，妄图自立。同时派寅底石引兵直接进入行宫，焚辒重、庐帐，纵兵大肆杀戮。耶律阿保机之妻述律平急派遣蜀（曷）古鲁援救，仅抢天子旗鼓。四月，耶律阿保机率兵北追，在室韦和吐浑兵协助下，击溃剌葛。北宰相萧敌鲁率轻骑昼夜兼程追击，五月，在榆河擒获剌葛、辖底等人。六月，对剌葛余党六千人，各以轻重论刑。次年七月，处死了参与叛乱的三百多人。经过诸弟之乱后，牲畜死者十七八，物价上涨近十倍，民间昔有万马，今皆徒步而行，社会经济遭到严重破坏。

迭剌部内的反对派被打败后，其他七部中的反对派为维护旧的选汗传统，于后梁乾化五年（915），乘耶律阿保机追击黄头室韦的还军途中，以武力将他劫至境上，一致指责他不履行可汗的替代制度。耶律阿保机不得已交出象征可汗的旗鼓。七部酋长答应他自立一部以治汉城的请求。耶律阿保机以此作为缓兵之计，积极组织训练汉人，用其妻述律平之计，以汉城产盐为诱饵，约七部酋长各备酒肉会于盐池。耶律阿保机事先埋下伏兵，尽杀诸部酋长，重新夺回了可汗之位。辽神册元年（916），耶律阿保机在龙化州（今内蒙古自治区昭乌达盟八仙筒一带）的金铃冈称帝，年号神册，是为辽太祖。建国号为"契丹"（辽太宗时改称为"辽"）。

辽初疆域的形成

后梁开平元年（907），契丹可汗耶律阿保机积极对外扩张用兵。同年三月，征服八部黑车子室韦。次年五月，派撒剌率兵攻打乌丸、黑车子室韦。后梁开平三年（909）十月，遣鹰军再破黑车子室韦。西北嗢（wà）娘改部族（斡朗改部，在今外兴安岭以西，包括贝加尔湖周围）进贡鞔（mán）车人。次年十月，平定乌山奚库支及查剌底、锄勃德等部叛乱。后梁开平五年（911）年初，阿保机亲自征讨东部奚和西部奚，将其五部并入自己的版图。此时，契丹疆域东临黄海、南至白檀（今河北滦平北）、西达松漠（辖境约为今内蒙古西拉木伦河流域及其支流老哈河中下游一带）、北抵潢水，已成为中国北部地区的强大国家。

辽太祖神册元年（916）七月，契丹（辽）皇帝耶律阿保机亲率大军向西南进发，先后破降突厥、吐浑、党项、小蕃、沙陀诸部。八月，拔朔州（今山西朔县）。十一月攻下相当于今山西、河北一带的蔚、新、武、儒、妫五州。自代北起一直到河曲，逾阴山，尽有其地。十二月，收山北马军。神册三年（918）春，再次派兵攻打西南诸部。次年遣太子耶律倍出破乌古部，俘获一万四千二百人，乌古部从此归附。天赞元年（922）夏又击西南诸部。冬，命耶律德光略地蓟北。次年，攻克平州（今河北卢龙）、曲阳（在今河北定县境），挥师北平（今河北顺平县）。天赞三年（924）夏，又大举进攻吐浑、党项、阻卜（鞑靼）等部。秋，耶律阿保机到乌孤山（今蒙古人民共和国肯特山），以鹅祭天。又到达古回鹘城（今杭爱山脉以东，鄂尔浑河上游西北岸），刻石纪功。冬，派遣大军西逾流沙，攻下浮图城（故址在今新疆吉木萨尔北破城子），征服了西北各部。次年，甘州回鹘乌主可汗遣使朝贡。契丹的势力达到甘州、鄂尔浑河（位于蒙古中部偏北）一带。

天赞四年（925）十二月，耶律阿保机集中全国兵力亲征渤海。随皇后述律氏出征的有皇太子耶律倍、次子耶律德光、大元帅尧骨等。天显元年（926）正月，耶律阿保机攻占渤海扶余城（今吉林农安）之后，准备清查户口。太子倍劝道："现在刚刚占领城池，就清查户口，民众会担心被掠为奴隶而人心浮动。不如乘胜前进，直逼忽汗城（今黑龙江牡丹江东京城），一定能够消灭渤海国（其范围相当于今中国东北地区、朝鲜半岛东北及俄罗斯远东地区的一部分）。"耶律阿保机听从了他的建议，挥师进攻忽汗，渤海国王湮撰投降。平定渤海国之后，耶律阿保机将其改为东丹国，立太子倍为东丹王；东丹国岁贡帛十五万端，马千匹。同年七月，耶律阿保机去世，次子耶律德光即位，是为辽太宗。太宗即位后，由于兄弟猜忌，东丹王于天显五年（930）渡海投奔后唐。东丹国名存实亡。

天显十年（935），吐谷浑酋长退欲德率众归顺。次年，蒲割预公主率居住于海勒水（今海拉尔河）以北的三河乌古部前来朝贡。天显十二年（937），吐谷浑、乌孙、黑水靺鞨也都来朝贡。

由于契丹援晋灭唐，后晋高祖石敬瑭于会同元年（938）将相当于今北京市和山西大同市为中心，东至河北遵化、北迄长城，西界山西神池，南至天津市、河北河间、保定市及山西繁峙，宁武一线以北的幽、蓟、瀛、莫、涿、檀、顺、妫、儒、新、武、云、应、朔、寰、蔚十六州割让给契丹。至此，辽的疆域东至于海（今日本海），西至金山（今阿尔泰山）和流沙，北至胪朐河（今克鲁伦河），南至白沟（今河北雄县北的白沟河），西南至河套以南，幅员万里。

从而奠定了辽朝的疆域，为北部中国各族人民的交融和发展创造了条件。

辽灭后晋

后晋高祖石敬瑭为取得契丹（辽）支持，割幽蓟十六州。从而中原王朝失去了北方的自然屏障。辽则以幽州为桥头堡不时南侵。

辽会同五年（后晋天福七年942年）夏，石敬瑭死，其侄石重贵即位，是为晋出帝。晋出帝向辽称孙不称臣。辽太宗始有"南伐之意"。次年冬，辽太宗到南京（今北京）议攻后晋。随后命赵延寿、赵延昭、耶律安端、耶律解里等分道出击。

会同七年（944）正月，赵延寿、赵延昭率前锋五万骑兵进至任丘。安端入雁门，围忻（今山西忻县）、代（今山西代县）。赵延寿进围贝州（今河北清河西），后晋军校邵珂开南门纳辽兵，太守吴峦投井死。辽太宗军次元城（今河北大名东），封赵延寿为魏王，率所部屯南乐。后晋遣使求修旧好，辽太宗复书："已成之势，不可改。"西路军安端为后晋太原守将刘知远所败。辽军自马家口渡黄河，后晋李守贞、皇甫遇、高行周等率兵沿河水陆俱进，双方交战，互有胜负，加上霖雨（连绵大雨）连日，士兵缺粮，太宗欲班师。三月，赵延寿建议，率大军直抵澶渊，夺取桥梁，必取后晋。于是辽军直趋澶州（今河南濮阳）。赵延寿与晋将高行周战于澶州北戚城，激战一日胜负未分。辽军得知晋军东面防守薄弱，急攻之，晋军溃败。辽掳去大批人口还师。七月后晋派遣张晖奉表乞和，辽扣留了张晖。

会同八年（945）正月，辽分兵攻邢（今河北邢台）、洺（今河北永年旧县）、磁（今河北磁县）三州，杀掠殆尽，进入邺都（今河北临漳西）境。后晋将领张从恩、马全节、安审琦等率兵驻扎在相州（今河南安阳市）安阳水之南。皇甫遇和慕容彦超带领一千多名骑兵渡河侦察敌情。至邺都遇辽军数万，且战且退，至榆村店（临漳西南）无数辽军追赶上来，皇甫遇和慕容彦超与之力战一百多个回合，适逢安审琦派骑兵过河救援，辽军才撤退。

后晋杜重威、李守贞攻占泰州（今河北保定）。辽太宗命赵延寿率前锋夺回泰州。三月杜重威等引兵南遁。后晋军至阳城（今河北定县东南），复大败，搏战十余里，围后晋军于白团卫村（阳城南），双方进行激战，结果辽军大败。太宗急忙乘奚车退走十余里，后晋军紧追不舍，复改乘骆驼逃回南京（今北京）。七月，后晋复遣使奉表请和，太宗仍加以拒绝。

会同九年（946）七月，太宗诏征诸道兵，自将南侵。九月检阅诸道兵于渔阳（今天津蓟州市）西枣林淀；晋将张彦泽来攻，赵延寿与之战于定州。十月，后晋以杜重威为北南行营都指挥使，李守贞为兵马都监，合兵广晋（今河北大名东）北上。十一月杜重威等至瀛州（今河北河间），辽将高模翰分兵来战，杜重威遣梁汉璋迎击，兵败而死。杜重威等退踞中渡桥（滹沱河之中渡），复为赵延寿击败，再退于中渡寨。两军夹滹沱河而阵，赵延寿分兵围之。辽别部萧翰领兵栾城，守城晋军投降。十二月，辽军包围晋营，使晋军内外断绝，军中粮食将尽，杜重威等以所部二十万众降辽。太宗乘胜率兵自邢州、相州南下。命降将张彦泽为先锋攻开封，晋帝石重贵，初欲自杀，后闻辽太宗抚慰其母李氏，乃奉表投降。后晋灭亡。

大同元年（947）正月初一，辽太宗进驻开封，在崇元殿受百官朝贺。契丹攻占开封之后，纵兵大掠四郊州县，名曰"打草谷"。中原民众和部分地方官员奋起抗敌。二月，耶律德光改契丹国号为辽。各地抗辽武装活动频繁，多者数万，少者不下千百，收复了宋、亳、密三州。耶律德光感慨地说："我不知中国之人难制如此！"三月，辽太宗离开封北归。四月，辽兵屠相州，城中存者仅七百余人，收敛尸体十万余具。同月，辽太宗耶律德光死于杀胡林〔今河北藁（gǎo）城西南〕。五月，辽世宗耶律兀欲继位。

辽五京制度沿革

辽朝地方行政制度分两个系统。一是隶属于北面官的部族制。部族制中又分为两类，一类是居住于内地各部族和松花江下游、黑龙江一带的五国部，各部首领由朝廷任命为节度使，按本部族习惯治理。另一类是分布于辽朝腹地和边区地区的部族，由朝廷任命本部族首领为大王，按原有习俗进行管理。另一系统就是行之于汉、渤海地区的州县制。州县制分别以上、东、南、中、西五京为中心。它既是全国的统治中心，同时又是该地区的统治中心。下设道，统辖诸府、州、军、城、县。五京道也称五路，分别设宰相府、诸使、留守司等掌管本道政务。道下一级行政区是五京所在地，以及龙州黄龙府。六府各设知府、同知、判官等官，全权掌管。相当于府的是州，与州同级的军和城，诸州按重要程度分为节度、观察、团练、防御、刺史五等，各设节度、观察等使掌管，府州下辖县，设县令、丞、主簿、尉等掌管。州县制系统均统之于南面官。现将五京沿革概述如下：

辽太祖神册三年（918）建皇都城。会同元年（938），定名上京，府曰临潢（今内蒙古自治区昭乌达盟巴林左旗林东镇南波罗城）。上京道辖府州军城三十九，县三十。辖境大致相当于今中国吉林、辽宁、黑龙江等省西部，内蒙古东部，新疆阿勒泰地区，蒙古人民共和国和俄罗斯西伯利亚地区南部。

神册四年（919）春，太祖下命修葺（qì）辽阳故城，设东平郡。天显三年（928），太宗又提升东平郡为南京，后改为东京，府名辽阳（治今辽宁辽阳市）。东京道统府、州、军、城九十三，县八十。辖境大致相当于今中国黑龙江、吉林、辽宁东部和中部，朝鲜北纬四十度线以北地区，俄罗斯远东地区。

会同元年（938），辽太宗升幽州为南京，又名燕京。府名幽都府，又名南京府。开泰元年（1012），圣宗改幽都府为析津府（治今北京市）。南京道辖府州军十，县三十一。辖区大体相当于今北京市中南部，河北中北部，天津市中北部。

统和二十五年（1007）建中京，府名大定（今内蒙古昭乌达盟宁城西大明城）。中京建成后，辽皇室及中枢机构多驻于此。中京道辖府州军二十三，县四十。辖区大致相当于今辽宁西南部，河北东北部，北京北部。

重熙十三年（1044），兴宗升大同州为西京，府名大同（治今山西大同市）。西京道辖府州军十八，县三十五。辖境大致相当于今山西北部，河北西北部，北京西北部，内蒙古中南部。

五京之中，上京、中京是辽的根本所在。东京是为统治原渤海之地而设。南京是对抗中原王朝而设。西京主要是为对抗西夏而设。五京道共辖府州军城一百七十八，县二百一十七。

辽世宗之立

辽会同九年（946），辽太祖长孙耶律阮（小字兀欲）随叔父太宗耶律德光攻打后晋。次年春受封为永康王。四月辽太宗在北归途中病于临城（今属河北），行至栾城（今属河北）病得更加严重，次日死于杀胡林，为了防止腐烂，契丹人剖其腹填上食盐将太宗的尸体渍起来，继续载之北行。

燕王赵延寿因为怨恨太宗耶律德光假意答应他让他掌管中原，对人说："我不想再回契丹了。"在太宗死的当天带兵先入镇阳（今河北正定）。永康王兀欲等护送着灵车也相继来到镇阳。赵延寿想阻止他们进入，又怕自己没有援兵，只好让他们进城。

因太宗没有留下遗诏让谁来即位，故将士忧惧，不知所措。统率大军的南院大王耶律吼与北院大王耶律洼商议对策，认为国家不可一日无君，倘若请示述律太后立谁为帝，肯定是立她宠爱的李胡（辽太祖第三子）。可李胡为人暴戾残忍，不可能爱护百姓君临天下，要想满足百姓的希望，就应当立永康王兀欲为帝。耶律洼赞同耶律吼的意见。不过，这时皇太弟兼天下兵马大元帅李胡留守上京（今内蒙古巴林左旗南），太宗长子寿安王述律（穆宗耶律璟）都在朝中，他俩人都拥有相当的实力。永康王兀欲在听了耶律吼等人的建议后，没敢立即应承下来。

一天，恰好轮到安抟（tuán）担任侍卫，兀欲便密召安抟前来询问计策。安抟的父亲逸里在辽太祖时担任南院夷离堇，因主张立东丹王耶律倍，反对立辽太宗耶律德光，被述律后"以党附东丹王"的罪名下狱，严刑拷打，后被处死。所以安抟与兀欲有特殊的关系，经常暗中联系。当永康王兀欲向他询问计策时便说："你是人皇王耶律倍的嫡长子，聪明稳重，待人宽厚。太宗虽然有子寿安王，但是，天下的人大多认为你应该即帝位，你不要错失良机。"这时，恰逢京师来人，安抟便借机在军中传播李胡已死的流言，大家竟然信以为真。同时与南、北二大王商议，北院大王耶律洼当即站起来说："我们二人正在议论此事。太宗曾经想以永康王为储贰，今天这事，有我们在此，谁敢不从？现在最担心的就是立帝这样的大事如果不请示太后，恐怕会在国内引起争端。"安抟说："既然大王知道太宗要立永康王为储贰，他又贤明，人心乐意归附，现在天下始定，如不当机立断，则大势去矣。若请示太后，必立李胡。李胡残暴，路人皆知，如果立他为帝，对国家极为不利。"于是，耶律吼决定，立即整军，召集诸将拥立永康王兀欲为帝，是为世宗。因以前辽太祖死在东征归途中，述律后杀各部酋长及诸将数十人，都很怕死，没有不欣然答应的。

世宗之立燕王赵延寿全然不知，他自称受太宗遗诏，掌管南朝军国大事，向各道下达命令，对待世宗像对待其他的将领一样。有人提醒赵延寿说："契丹诸大人数日频繁聚会，必然有变，今汉兵不下万人，不若先事图之。"延寿犹豫不决，下令五月一日在待贤馆行权知南朝军国事礼，受文武官员朝贺。因当时形势难测，乃止。五月一日，世宗用计，以赵延寿谋反，将他扣押起来，同时下令："延寿亲党，皆释不问。"使局势迅速地平息下来。

四月底，世宗命天德（太宗宫人萧氏所生）、朔古、解里等护送太宗的灵柩先赴上京。

述律太后听说立了世宗，大为震怒，以耶律倍叛辽，其子不得立帝为理由，命李胡率兵讨伐。六月一日，世宗到南京（今北京市）。北院夷离堇安端、详稳刘哥请求担任前锋，并在泰德泉击败了李胡军队。李胡气急败坏，将世宗的臣僚家属全抓起来，作为人质，并扬言如果打不胜的话，就杀了所有的人质。秋，世宗率大军至潢河横渡，隔岸与太后、李胡军对峙数日。后经大臣耶律屋质调停，订立横渡之约。述律太后同意立耶律阮为帝，各自罢兵。

不久世宗听说太后、李胡有异谋，就将他们迁于祖州（今内蒙古昭乌达盟林东镇东南）软禁起来；处死参与密谋的司徒划设及楚补里等人。同年八月初一，世宗尊其母萧氏为皇太后，以太后族人剌只撒古鲁为国舅帐，以加强自己的势力。同时将述律平的官户"分赐翼戴功臣"。又对的鲁和铁剌子孙"先以非罪籍没者归之"。次日，设立北院枢密使，派安抟担任此职。九月，行柴册礼，群臣上尊号，曰天授皇帝。大赦，改元天禄。辽朝皇位转到耶律倍一支。

察割政变

察割，也称察克，字率颐，辽太祖之侄，是明王耶律安端之子。世宗即位后，安端本打算在世宗、李胡二人之间见风使舵。察割认为李胡疑心重，待人刻薄，不会给自己什么好处，便劝说他父亲归附世宗。横渡之约后，察割因有功而被封为泰宁王。

辽天禄三年（949），萧翰与公主阿不里联合耶律安端谋反。察割暗中派人向世宗告发了。世宗将安端由统领契丹军的大详稳贬去统领部族军队。天禄四年（950）春，世宗召见察割。他泣诉甚哀，得到世宗怜悯，得以留为侍从，出入宫廷，深受恩宠。世宗每次外出打猎，察割总是托词手有病，不能使用弓箭。但他却能挥舞练锤策马狂奔。察割常将家中的琐碎之事讲给世宗听，表示对皇上没有一丝一毫的隐瞒，换取了世宗的信任，背地却在策划叛乱。他见各族杂处，发动政变不容易成功，便逐渐将自己的庐帐移到行宫附近。察割的种种诡秘行为引起了耶律屋质的警觉，耶律屋质向世宗告发了他。哪知世宗不仅不以为然，反而将耶律屋质所上表章拿给察割看。察割痛哭流涕，矢口否认，反诬耶律屋质嫉恨自己，蒙骗世宗。当耶律屋质再次提醒世宗时，世宗说："察割舍父事我，可保无他。"耶律屋质反问说："察割不孝其父，岂能忠君！"但世宗仍不以为然，还是很宠信察割。

天禄五年（951）秋，世宗军到达归化州（今河北归化）的祥古山，与他的生母萧太后在行宫祭祀让国皇帝耶律倍，群臣都喝醉了。察割见时机已到，勾结耶律盆都等人闯入行宫，杀世宗及太后，自称皇帝。

察割政变时，耶律屋质刚接任右皮室详稳之职，他统领的皇族精锐皮室军，是政变者的主要障碍。察割下令"衣紫者不可失"。耶律屋质听到后，急忙换上外衣到外面，召集诸王，下令皮室等军竭尽全力讨平叛军。耶律屋质劝寿安王耶律璟说："你是太宗长子，叛贼是不会放过你的。那样，群臣辅佐谁？社稷该依靠谁？"黎明的时候，寿安王耶律璟与耶律屋质率军出其不意地包围了行宫。察割见形势对自己不利，急忙派人将皇后杀倒在世宗灵柩前，仓皇出阵应战，但部下纷纷离去。察割知大势已去，只得以处死群臣家属相要挟。寿安王用林牙耶律敌猎的计策，引诱察割出官帐，由世宗弟耶律娄国亲自将其刺死。然后将耶律盆都凌迟处死，赦安端通谋罪，放归田里，并诛杀耶律牒蜡、耶律朗等叛党，平息了政变。诸臣奉耶律璟即位，是为穆宗。

幽州之战

辽保宁十一年(979)夏五月,北汉降宋。宋太宗想以此灭北汉之余威,乘胜一举夺取幽州(今北京)。但将领们多以师老兵疲,给饷困难,不愿再战。殿前都虞侯崔翰却认为,乘此破竹之势,取之甚易,时不可失。还有人说,此时取幽州,犹如热鏊(ào,铁制的烙饼的炊具)翻饼。于是,宋太宗决心亲征,命枢密使曹彬调集军队。五月,宋太宗率大军离太原,向幽州进发。

六月,宋太宗遣使发京东、河北诸州将军储运,往北面行营。宋军至金台顿(今河北保定附近),进入契丹境内,募向导百人。契丹北院大王耶律奚底和统军派萧讨古等迎战宋军于沙河,契丹军大败,折损五百余人。次日,东易州(岐沟关,今河北涞水东)刺史刘禹以城降宋。二十一日,契丹涿(今河北涿州市)判官刘厚德以城降宋。二十三日,宋太宗到达契丹南京(今北京)城南,驻跸(皇帝后妃外出,途中暂停小住。跸,bì)宝光寺。契丹军队万余人驻城北。宋太宗率兵攻打,杀死了对方的百千余人。契丹南院大王耶律斜轸以弱兵五千名,诱惑宋太宗,自己则率领精兵袭击后方,将宋军击退。接着宋军又四面包围了幽州城,定国节度使宋渥攻南城,河阳节度使崔彦进攻北城,彰信节度使刘遇攻东城,定武节度使孟玄喆攻西城。契丹权知南京留守韩德让甚为恐惧,与知三司事刘弘登城,组织守御。这时,城外宋军加紧招降威胁,城中军心民心动荡。契丹迪里都都指挥使李扎勒灿出降,城中更加恐惧。契丹御盏郎君耶律学古受命前往支援。当时宋军声势浩大,将城围得水泄不通,并挖掘地道而进。耶律学古入城后,协助韩德让等修整器械，安抚人心，昼夜不懈地组织抵御。宋兵三百余人曾乘夜登上城头，耶律学古力战，打退登城宋军。次日，宋太宗转移到城北亲自督诸将进军。契丹幽州神武厅直并乡兵四百人降宋。村民夺契丹马二百余匹献给宋军。蓟州（今天津蓟州区）民众以牛酒犒劳宋军。三十日，宋太宗又亲自督战攻城。同日，辽景宗始闻南京被围，命南京宰相耶律沙带兵援救，派使臣申斥奚底和讨古等人"不严侦候，用兵无法，遇敌即败，奚以为将"。惕隐耶律休哥见形势严重，自请赴援。景宗以休哥代奚底，将五院兵进发。七月三日，契丹建雄节度使、知顺州刘延（或作廷）素与官属十四人降宋。五日，契丹知蓟州刘守思（或作恩）与官属十七人降宋。

在此期间，宋太宗天天亲见督战攻城，但宋军久围不克，士气也逐渐低落，将士们开始懈怠下来。七月六日，宋军与耶律沙所率领的契丹援军大战于高梁河（今北京城外西北隅）。开始，宋军击败契丹军，耶律沙败走。到傍晚，耶律休哥率兵从小道到达战场。契丹兵每人手持两支火炬，宋军将士不知辽兵多寡，开始害怕起来。耶律休哥与耶律斜轸会合后，分左右两翼冲击宋军，战斗十分激烈，休哥身负三处重伤仍然奋力杀敌。耶律学古听到援军大胜，便开城门列阵，四面鸣鼓，居民大呼助战，契丹军斗志昂扬，宋军大败。契丹军追杀三十余里，杀死宋军万余人。宋太宗侥幸漏网，换便服，乘驴车从小道南逃。耶律休哥由于伤势严重，不能骑马，乘轻车追至涿州，获兵仗、符印、粮馈、货币等物，不计其数。次日，宋太宗决定班师，留崔翰、孟玄喆、李汉琼、崔彦进驻守边境，并告诫他们契丹一定还会来侵边，到时候可以集合兵力设埋伏，夹击敌军。

同年九月，契丹南京留守燕王韩匡嗣与耶律沙、耶律休哥率兵南下，以报围燕之仇。两军激战于满城（今河北满城），宋镇州都监李继隆随机应变，改变了太宗预定的阵图，并派人诈降。韩匡嗣不听耶律休哥之言，轻信宋将的诈降，未做战备。片刻，宋军鼓噪而到，尘土飞扬，韩匡嗣惊慌失措，仓皇而逃，只有耶律休哥一军徐徐而退。未受败挫，宋军一直追到遂城（今河北徐水），杀死敌兵万余，获马千余匹，抓住将领三人。战后，辽景宗罢免了韩匡嗣南京留守的官职，以耶律休哥主持幽州一线防务。

辽乾亨二年（980）十月，辽景宗亲自带兵攻打宋国，命令耶律休哥等人兵临瓦桥关（今河北雄县旧南关）。十一月，两军激战于瓦桥。宋军大败，契丹军追到莫州（今河北任丘）。年底，宋太宗命令曹翰加固雄（今河北雄县）、霸（今河北霸州市）等边防各州的防御。

乾亨四年（982）四月，辽景宗再次亲征，进到满城，被宋兵击败。守太尉奚瓦里中流矢阵亡。统军使耶律善补被伏兵所困，在枢密使耶律斜轸的援救下才得以脱困。五月，景宗班师。此后，契丹与北宋在幽州一线没有大的冲突，维持了几年较为平静的局面。

耶律重元之乱

辽重熙三年（1034），耶律重元因告发钦哀后废帝密谋有功，封为皇太弟。重熙十一年（1042）十二月，封其子涅鲁古为安定郡王。重熙十七年（1048）十一月，兴宗赐以金券，进封涅鲁古为楚王，并任惕隐。在一次饮酒时，向重元许愿传以帝位，重元闻之大喜，从此骄纵不法。秋，兴宗病重，召皇子燕赵王耶律洪基，告诉他治理国家的要点。八月，兴宗去世，耶律洪基即位，是为辽道宗。封重元为皇太叔，免拜不名。

辽清宁二年（1056）十一月，封重元为天下兵马大元帅。四顶帽、二色袍，尊宠前所未有。次年春，封涅鲁古为武定军节度使。清宁四年（1058）闰十二月复赐重元金券。时皇太子濬（jùn）生，重元妻进宫祝贺，以美丽自夸。一向庄重的宣懿皇后以为此言不善，告诫她道："身为贵家妇，何必如此！"其妻回家后，责骂重元说："你是圣宗的儿子，让人家以皇后之势欺凌我，你若有志，当鞭笞此奴婢。"清宁七年（1061）六月，涅鲁古知南院枢密使事，劝其父重元诈病，趁道宗慰问之机，刺杀他。

清宁九年（1063）七月，道宗猎于滦河之太子山。久萌逆志的重元父子，趁着道宗的扈从（随侍皇帝出巡的人员）诸官多是自己逆党，企图谋乱。敦睦宫使耶律良听说之后，见道宗特别宠爱重元父子，不敢马上进奏，只敢密奏仁懿太后。太后托言有病，召道宗告之此事。道宗开始不肯相信，太后说："此社稷大事，宜早为计。"道宗责问耶律良说："汝欲间我骨肉耶？"耶律良答道："臣若妄言，甘伏斧锧（zhì，古代腰斩用的垫座）！不早备，恐堕贼计。如召不至，可卜其事。"道宗这才听从了他的话。道宗急召南院枢密使许王耶律仁先，命他迅速扑灭叛乱。使者到涅鲁古处，即被扣押，后逃回报告道宗。道宗才相信重元父子确实要谋反。

重元父子见阴谋已经泄露，与陈国王陈六，同知北院枢密使萧胡睹，卫王贴不，林牙涅剌溥古，统军使萧迭里得，驸马都尉参及其弟术者、图骨，旗鼓拽剌详稳耶律郭九，文班太保奚叔，内藏提点乌骨，护卫左太保敌不古、按答，副官使韩家奴、宝神奴等四百人，诱迫弓弩手，进逼行宫。

　　道宗听说后，便想逃往北南院。耶律仁先与萧韩家奴说："陛下若舍扈从独往，贼必穷追，况且南北大王之心尚难预料。"仁先的儿子挞不也说："圣意岂能违？"仁先大怒，朝他脸上打去。道宗这才开始醒悟，委托仁先平叛。仁先环车为营，拆行马（拦阻人马通行的木架），做兵杖，率领官属近侍三十余骑，列阵与贼对垒。太后亲督卫士御敌。南府宰相萧唐古身先士卒，与贼拼搏，所向披靡，挫其锐气。贼兵悔过，倒戈投降。渤海近侍详稳耶律阿思和护卫苏在阵前射死涅鲁古。叛军退却后，仁先从五院部萧塔剌所居最近，急派人召之。同时派人四处调集人马。

　　参与重元谋乱的殿前都点检耶律撒剌竹恰好在围场，听到叛乱的消息之后，劫持奚人猎夫援助叛军。等他到达之时听说涅鲁古已死，大为悲痛。对重元说："我辈唯有死战，胡为若儿戏，自取灭亡！今行宫无备，乘夜劫之，大事可济。若俟明旦，彼将有备，安知我众不携贰邪！一失机会，悔将奚及尸！"萧胡睹却说："仓促之中，黑白难辨，若内外军相应，则大事去矣。黎明而发，何迟之有。"重元从萧胡睹计，将行宫四面包围，妄图隔绝内外。当夜，重元自立为帝，任命萧胡睹为枢密使。

　　次日晨，重元与萧胡睹、撒剌竹等率领奚人两千直逼行宫。恰巧萧塔剌援兵赶到，北面林牙耶律敌烈亦带兵来援。仁先认为，贼势不能持久，可待他们气势下去了攻打。于是，令知枢密院事赵王耶律乙辛、南府宰相萧唐古、北院宣徽使萧韩家奴、北院枢密副使萧惟信、耶律良等也分别率领宿卫及援军，在宫后设阵，乘间奋击，贼兵稍退。这时萧韩家奴起来劝说猎夫们，希望他们悔改，转祸为福，于是猎夫都投杖降服。贼党大溃，重元负伤，率数骑逃走，仁先追杀二十余里，耶律撒剌竹战死。萧迭里得、古迭被擒；萧胡睹单骑遁逃至十七泺投水而死。

七月十八日，道宗下令处死逆党。次日，耶律重元逃到大漠地带，自料不能免死，哀叹道："涅鲁古使我至此！"说完便自杀了。

耶律乙辛专权

辽清宁九年（1063）七月，平定耶律重元之乱后，辽道宗封赏有功诸臣，耶律仁先任北院枢密使，封宋王。赵王、知北枢密院事耶律乙辛升任南院枢密使，耶律乙辛自恃平乱有功，权势显赫，逐渐排挤他人。咸雍元年（1065），耶律仁先等忠直大臣被排挤出朝，耶律乙辛独掌北枢密院事。咸雍五年（1069），道宗下诏说："四方有军旅，许以便宜从事。"将兵权交给了耶律乙辛。耶律乙辛权倾内外，投到他门下的人络绎不绝。于是，所有对他阿谀顺从一味迎奉的，都得到提拔，忠诚正直的官员则遭到排挤。

大康元年（1075）六月，十八岁的皇太子耶律濬总领朝政，兼知北南枢密院事，削弱了耶律乙辛的权力，耶律乙辛便设计谋害太子生母宣懿皇后。他让宫婢单登和妹夫朱顶鹤伪造《十香词》，诬蔑宣懿皇后与伶官赵惟一私通。然后，密告道宗。道宗命耶律乙辛和北府宰相张孝杰处理此案。耶律乙辛严刑逼供，赵惟一和伶人高长命被迫承认了罪名。结果，赵惟一、高长命被抄家、灭族，宣懿皇后被赐死。事件发生之后，皇太子耶律濬发誓要为生母报仇，与耶律乙辛的矛盾更深，彼此心怀戒备。于是，耶律乙辛一面将同党萧霞抹之妹坦思献入宫中，立为皇后；又将坦思之妹，自己的已被休的儿媳斡特懒献入宫中，企图通过后宫操纵道宗。一面与同知枢密事的萧得里特策划陷害太子耶律濬。

大康二年（1076）夏，大臣萧岩寿向道宗密奏，说耶律乙辛自从皇太子过问国政，心怀疑惧，与宰相张孝杰互相勾结，恐有危害太子的阴谋，不可让其居于重要职位。于是，道宗调耶律乙辛为中京留守。耶律乙辛上疏自言无过，是遭谗言才被贬斥的。其党萧霞抹也向道宗说情。道宗悔恨不已。不久，调萧岩寿为顺义军节度使，召集近臣商议调回耶律乙辛。群臣不敢直言，唯有契丹行宫都部署耶律撒剌再三谏阻，道宗不听。是年冬，耶律乙辛复为北院枢密使。乙辛复职后，将萧岩寿流放于乌隗部，终身拘禁。

大康三年（1077），五月，耶律乙辛指使护卫太保耶律查剌诬告都部署耶律撒剌与知北院枢密使萧速剌等八人密谋废道宗，立太子濬。道宗命人查问，尽管没有实据，仍将耶律撒剌调出任始平军节度使，萧速剌为上京留守，鞭笞护卫六人，发配边庭。

六月初一，耶律乙辛又指使其党羽牌印郎君萧讹都斡和祗侯郎君耶律塔不也向道宗自首，咬定密谋废立确有其事，他们自己就是参与者，因怕牵连，才来自首。道宗信以为真，大怒，杖责太子濬，将其幽禁于别室，命耶律乙辛、张孝杰、萧十三等审理。太子濬大呼冤枉，萧十三与耶律燕哥却伪造供词，谎说太子濬已经认罪。耶律乙辛等动用各种酷刑，折磨受诬陷的人，致使他们不能说话，却诡称已经认罪。先后杀死侍从敌里剌等三人，始平军节度使耶律撒剌等十人。又遣使杀害上京留守萧速撒及已流放的护卫撒拨等六人。六月八日，废太子濬为庶人，将其囚禁于上京监狱。不久，杀死萧速撒等人的儿子，并抄没其家产。同年冬，耶律乙辛密派萧达鲁古、撒八去上京谋害了太子濬，谎称病死。道宗闻讯，心里难过，想召见太子妃。耶律乙辛又秘密派人杀死太子妃灭口。

太子濬被诬陷致死后，耶律乙辛向道宗建议立兴宗次子耶律和鲁斡之子耶律淳为储君。群臣不敢有异议，只有北院宣徽使萧兀纳与夷离毕萧陶隗反对，道宗犹豫不决。

大康五年（1079）正月，道宗准备外出打猎，耶律乙辛奏请让皇孙耶律延禧留守。同知点检萧兀纳以防不测为由，劝勿留皇孙。道宗有所醒悟，命皇孙随行，并开始怀疑耶律乙辛。三月，道宗令耶律乙辛离京，出任知南院大王事。调萧十三出任保州（今朝鲜平壤西北）统军使。调耶律淳为彰圣军节度使。北府宰相萧余里也出为西北路招讨使。冬，下诏取消一字王的爵位，耶律乙辛由魏王降为昆同江王。次年春，改知兴中府（今辽宁朝阳）事。道宗发现张孝杰也是奸佞之人，便将他调出担任武定军节度使。封皇孙耶律延禧为梁王。秋，特设旗鼓拽剌（勇士）六人为护卫。任命萧兀纳辅佐皇孙。大康七年（1081），又封萧兀纳为北府宰相兼殿前都点检掌握禁卫军。是年冬，耶律乙辛因出卖违禁物品，被囚于来州（今辽宁绥中前卫）。张孝杰在相位时曾说："无百万两黄金，不足为宰相家。"此时因私贩广济湖盐及擅改诏旨罪削去官爵，被贬到安肃州（今河北徐水）。数年后，死于家乡。

大康九年（1083）夏，道宗为太子耶律濬昭雪。追谥昭和太子。冬，耶律乙辛私藏兵器图谋投奔宋朝，事发被杀。辽乾统元年（1101），辽道宗去世，耶律延禧即位，是为天祚帝。天祚帝彻底为其祖母宣懿太后及父耶律濬昭雪，为受耶律乙辛诬陷的官员平反。次年，下诏诛杀耶律乙辛党羽，将其子孙流放到边庭。对已死去的耶律乙辛、张孝杰及萧得里特皆剖棺戮尸。其家属都分赐给被害者之家和群臣为奴隶。

耶律乙辛的专权是辽朝后期政治腐败的反映。它的出现更加深了统治集团内部的矛盾，使辽朝后期的政治更加黑暗。

辽圣宗改革

辽圣宗在位四十九年（982—1031），前二十七年由太后萧绰称制，后二十二年由他独立执政。太后萧绰和圣宗耶律隆诸在韩德让等蕃汉臣僚的辅佐下，对契丹社会实行了全面改革。

吏治的好坏是反映一个国家政治是否清明的重要标志。景宗时，高官勋戚"纳赂请谒，门若贾区"。萧绰称制的第二年，即辽统和元年（983）诏谕三京各级官员应当秉公办事，不得阿谀奉承。诸县的官员如果遇到州官及朝廷使者无理征求，不得屈从，并以此作为考核官吏的标准。

辽朝历来只从贵族特别是契丹贵族中挑选重要官员，叫作"世选制度"。随着辽朝版图的扩大和民族的增多，改革世选制度势在必行。统和二年（984），划离部请求今后的详稳（辽代官名，诸官府监治长官）只从本部选授，圣宗没有答应，并说选择官员重在才干，怎么能固定在一个部族呢？

统和六年（988），下诏举行科举考试。这是辽朝开国以来第一次正式开科取士。次年，宋进士十七人携家眷投奔辽朝，圣宗让有关部门考核这些人，能通过考核者任命为中央官学国子学的教官，其他人授县主簿和县尉之职。

统和十二年（994）圣宗下诏契丹诸部将历年俘虏的宋人中的官吏、有才学的儒士、骁勇的军人登记上报，后来真的任命了宋俘卫德开等六人为官。同年，下令地方长官向朝廷推荐通晓经典、文才出众的人。辽朝实行开科取士的主要对象是燕云等州汉族地主阶级的知识分子，为他们升官开辟了一条新的途径。起初，每科录取进士一般只有两三人，甚至只要一人。到圣宗开泰、太平年间（1012—1031），一般隔一年一开科，每次录取三五十人。到了道宗时期，每次录取进士一般都在百人以上。

略迟于设立科举，辽圣宗承天太后进行法制改革。统和十二年（994），北院宣徽使耶律阿没里进陈说："兄弟虽是同胞，但秉性不同，一旦有一人犯法，就不分青红皂白地株连，这是残害无辜的弊政。建议今后同胞兄弟不知情者不应株连。"承天太后非常赞赏这一意见，据此制定了新的法令，从此废除了叛逆罪兄弟不知情者也要连坐的苛法。辽朝前期，同罪不同罚的现象很普遍。例如契丹人与汉人互相殴斗致死，处罚却轻重不同。同年，圣宗下诏规定：凡契丹人犯十恶不赦之罪者，与汉人一体治罪。不久又下诏，凡犯了罪应当在脸上刺字受黥面之刑的人，无论贵贱均依法论处，即使是宰相、节度使世选之家的成员也不能赦免。

开泰八年（1019）又下令，有冤屈者可以到御史台陈诉，委派官员重新审理。

圣宗时还从律法上改善了奴隶的处境。早在统和五年（987），圣宗曾下诏规定，历年从中原俘虏的诸帐奴隶，只要有亲属是自由人的，可以由官府出钱赎身，使之团聚。到统和十三年（995），又下诏各地自应历以来沦为贵族部曲者，仍然划归州县管辖。使上述两部分人由奴隶转为自由人。在统和二十四年（1006），又下诏规定若奴婢犯死罪，必须交送官府处理，其主人不得擅自杀害。与此同时，圣宗还将宫帐奴隶转为部族民，也不再把新归附者编为宫帐奴隶。

赋税改革是圣宗朝的一件大事。统和十八年（1000），圣宗认为北方气候寒冷，应该实行后唐的赋税制度，从而全面推行两税法。所谓分赋二等就是：城镇的市井之赋，各归投下（封地、采邑）主，只将酒税上交朝廷。从此投下户演变为向官府交纳田租，向主人交纳税课的"二税户"。这些投下户虽然身受双重剥削和压迫，但他们与投下主的人身依附关系却松弛了。

在改革期间，圣宗等人始终没有放松吏治。例如，太平六年（1026）十二月，圣宗要求北南诸部考察州县等官，不称职者立即罢免。大小官员有贪赃暴虐，残害民众者，不仅立即罢官，而且终身不得录用。不能廉洁奉公的高官重臣也要立刻撤换；能清廉勤政，严于律己的，虽官小位卑，也要予以提拔；皇族中的受贿者，也要按一般人犯罪同等处罚。皇族、贵戚犯罪，不论事之大小，都由所在地方官吏审理，然后再申报北南二院复查，查实之后再上报皇帝。如不审理就直接申报或受人之托为犯罪者开脱的，按所要包庇或开脱的犯人所犯之罪处理。由于重视吏治，圣宗朝地方上出现了不少"有惠政"、任满之后民众要求留任的官吏。

圣宗时期的改革使辽朝达到了它的鼎盛时代。

辽朝崇佛

契丹贵族早在建国之前已经信奉佛教。唐天复二年（902），耶律阿保机"城龙化州于潢河之南，始建开教寺"。梁太祖乾化二年（912），又建天雄寺，"以示天助雄武"。辽太宗时曾营造安国寺。太宗崇信观音菩萨，曾因为皇太后祈福而往弘福寺饭僧。

从圣宗朝（982—1030）开始，在皇室的大力提倡下，辽朝的佛教得到迅速发展。圣宗笃信佛教，在各地大建寺塔，行幸诸寺，并为辽宋战争中双方的战死者做佛事，一月内即为上万僧人施食。辽圣宗统和二年（984）建造的蓟州（今天津蓟州区）独乐寺观音阁高三层，楼板中留空井，阁内泥塑观音像高近二十米，整座建筑雄伟壮观，是我国现存最长的木结构建筑。兴宗以帝王之尊而皈依佛教，于重熙七年（1038）受戒，史载其"尤重浮图法"，除亲往各寺院行幸之外，还曾召集僧侣于宫中讲论佛法。重熙二十三年（1054）开泰寺银佛像落成，兴宗曾为之释因。他还重用僧人为官，其在位二十余年间，"僧有正拜三公三师兼政事令者凡二十人"。风气所致，王公贵族亦争相奉佛，"多舍男女为僧尼"。至道宗朝（1055—1100），对佛教的崇奉更有愈前代。道宗本人不仅效法先帝，优礼僧徒，任以高官，且自通梵语，能宣讲佛经，尝"开坛于内殿"，并亲撰《大方广佛华严经随品赞》《发菩提心戒本》等，劝世人信奉佛教，又"命皇太子写佛书"，甚至"一年饭僧三十六万，一日视发（剃发）三千"。辽朝诸帝凡遇灾异、战争、祥瑞、生日等，往往要祠佛、饭僧，以祈福禳灾。清宁二年（1056）建造的山西应县佛宫寺木塔，通高六十七米，塔底直径三十米，塔身为五层六檐八角形，全部用木料建成，距今已九百余年，是我国现存唯一的大木塔。此外，辽代建成留存于今的著名佛寺建筑还有山西大同下华严寺的薄伽教藏殿，辽宁义县的奉国寺等。

在经济上，辽朝皇室经常以封建国家的名义赐予各寺民户。这些民户将其税额的一半上缴国家，另一半则缴纳给自己所属的寺院，因而被称作"税户"。贵族官僚们也纷纷捐资创建寺院，一些寺院就是以他们捐献的宅第为基础修建起来的。在统治阶级的大力扶持下，寺院往往拥有相当强大的经济实力。兴宗时，缙阳寺一寺占田九百亩以上。道宗时，海云寺一年中就"进济民钱千万"。僧尼还享有各种特权。

辽代佛教大盛，云居寺石经亦得以续刻。隋唐之际，幽州僧人静琬于涿州大房山（今北京房山区）云居寺居刻石经，唐末五代时曾一度中断。辽圣宗、兴宗、道宗三朝，皇室均赐钱续刻云居寺石经，使刻经事业转而兴盛。仅天祚帝一朝，即刻出石经十三帙，共百余卷。在刻经的同时，还做了大量勘误补缺的工作。

续刻云居寺石经的同时，辽代僧人觉苑奉旨于燕京雕版印刷了佛经。其事始于兴宗朝而毕于道宗朝，所印佛经即著名的《契丹藏》。《契丹藏》印成后，辽道宗还曾将其送给高丽王，颇受高丽僧人的重视。官刻之外，当时还有不少民间坊刻的佛经。

佛教各宗中，禅宗在辽统治区内不很活跃，律宗影响较大，而唐末已趋于衰落的密宗，因与契丹人的原始信仰萨满教相结合，在辽朝又一度兴盛起来。民间还流行"千人邑""弥陀邑"等名目的宗教结社，参与者"称念阿弥陀佛名号"，反映出净土宗也有颇大的影响。

辽朝统治者在崇佛的同时，并未歧视压制道教等其他宗教，对儒家学说更为尊崇。神册三年（918）辽太祖曾下令建孔子庙、佛寺和道观，次年亲谒孔庙，而命皇后、皇太子分谒寺观。道宗时，有人因"妄毁三教（儒、释、道）"而获罪。由此可见，佛教虽因统治者的崇奉而盛行于辽代，但并未获得独尊的地位。

辽宋修约

辽宋自辽统和二十二年（1004）订立澶渊之盟后，南北通好近四十年。后因宋屡败于西夏，陷入困境，辽朝君主遂萌生了毁约的念头。

辽重熙十年（1041）十二月，辽兴宗会集群臣商议夺取三关（溢津、瓦桥、淤口）以南十县之地。齐王、南院枢密使萧惠认为宋与西夏征战军队疲惫，民众困苦，国力空虚，此时进攻必获大胜。兴宗采纳了萧惠的建议，下诏调诸道兵会师南京（今北京），归萧惠与皇太弟耶律重元统率，准备进攻北宋。重熙十二年（1042）正月，兴宗采纳张俭先礼后兵的建议，派遣南院宣徽使萧特默、翰林学士刘六符出使宋朝，索取晋阳（今山西太原，此处指北宋从北汉夺取的十州之地）及三关以南十县之地，并质问宋朝进攻西夏及在辽宋边境地区修水泽，增加卫戍部队的原因。二月，宋仁宗命河北安抚使司秘密加强边防戒备。接着又连连下诏河北各地，加强战备，囤积粮草及器械，整修城池，组织"义勇军"，以防备辽兵的入侵。

三月，辽使到达北宋京师开封，转交了兴宗要求北宋割地的国书。宋仁宗由于与西夏作战失利，不敢与辽开战，便派富弼等人出使辽朝。六月，富弼等到达辽朝。富弼一一驳斥了辽朝的无理要求，指出两国和好，两国皇帝都能得到好处，两国民众也能得利，如果交战，最多不过是少数大臣、将领得到立功晋爵的机会。兴宗这才醒悟过来，同意了富弼的意见。接着富弼说北朝欲得十县，不过是想得到这十县的租赋，而这笔财富完全可以用金帛代替。辽兴宗则提出和亲的建议，让富弼转告宋仁宗，增加岁币与和亲二者择一。

　　同年八月，富弼等再次出使，答应了增加岁币银绢的要求。但辽兴宗又提出在誓书中加上一个"献"字。富弼认为"献"字是用于下等侍奉上等的字眼，不可用在对等的国家，何况辽帝尊宋帝为兄，岂有兄献弟之理？双方反复争辩，兴宗又提出改为"纳"字，富弼仍不同意。由于富弼态度坚决，兴宗估计难以达到目的，便将宋所许岁增银帛二十万两、匹的誓书留下。于九月派遣北院枢密副使耶律仁先、汉人行宫副部署刘六符出使北宋，专门商议是否采用"献""纳"两字。富弼等回朝复命途中，担心朝廷不知此事原委，在雄州（今河北雄县）就给仁宗上书说："辽朝要求用'献''纳'二字，臣以死抗争，现在他们的气焰已经不那么嚣张了，千万不能同意此事。"耶律仁先、刘六符到宋朝后，提出用"贡"字，宋朝大臣更不同意。双方争持不下，最后还是采用宋朝大臣晏殊的建议，用"纳"字。闰九月，耶律仁先派人回报说，宋已答应岁增银十万两、绢十万匹，文书称"纳"。辽兴宗大喜，在昭庆殿大宴群臣。

辽宋修约的结果，辽未出一兵一卒，凭空取得巨额银、绢。并在文书上将"输"改为"纳"。这是辽在外交上的一次成功。

辽的灭亡

天祚帝是辽道宗的孙子，他的父亲是道宗的太子耶律浚，母亲是萧氏。六岁时他被封为梁王，九岁时封燕国王。1101年正月，道宗薨，临死前立耶律延禧为继承人。天祚皇帝是他的尊号。二月改元乾统。

天祚帝继位后，西夏崇宗因受到北宋攻击一再向辽求援，并求天祚帝女尚公主为妻，最后天祚帝于1105年将一个族女耶律南仙提升为公主嫁给了夏崇宗，并派使者赴宋，劝宋对西夏罢兵。

1112年（天庆二年）二月十日天祚帝赴春州，召集附近的女真族各部酋长来朝，宴席中醉酒后令女真酋长为他跳舞，只有完颜阿骨打不肯。天祚帝不以为意，但从此完颜阿骨打与辽朝之间不和。从九月开始完颜阿骨打不再奉诏，并开始对其他不服从他的女真部落用兵。1114年（天庆四年）春，完颜阿骨打正式起兵反辽。一开始天祚帝不将阿骨打当作大的威胁，但是当年他派去镇压阿骨打的军队全部被打败。

　　1115年（天庆五年）天祚帝开始觉察到女真的威胁，下令亲征，但是辽军到处被女真战败，与此同时辽朝国内也发生叛乱，耶律章奴在上京叛乱，虽然这场叛乱很快就被平定，但是它却分裂了辽朝内部。此后位于原渤海国的东京也发生高永昌叛乱自立。这场叛乱一直到1116年（天庆六年）四月才被平定。但是在五月女真就借机占领了东京和沈州。1117年（天庆七年）女真攻春州，辽军不战自败。这年完颜阿骨打自称皇帝，建立金朝。

　　保大二年（1122），天祚帝被金兵所迫，流亡夹山（今内蒙古土默特左旗北）；三月，耶律淳在燕京被耶律大石、李处温等人拥立为皇帝，是为北辽的开始，百官上尊号为天锡皇帝，改年号建福元年，降天祚皇帝为湘阴王，并遣大使奉表于金国，乞为附庸。可是事未完成，他就病死了，妻德妃称制，改年号为德兴。

　　此时大臣李处温父子觉得前景不妙，打算向南私通宋的童贯，欲劫持德妃纳土（献纳土地，谓归附）于宋。向北私通金人，做金的内应。后德妃发现他私通宋、金的罪行，把他拘捕并赐死。当年十一月，德妃五次上表给金朝，只要允许立耶律定为北辽皇帝，其他条件均答应，金人不许，她只好派兵把守居庸关，没能守住，金兵直奔燕京。德妃带着随从的官员投靠天祚帝，天祚帝将她诛杀。

　　天庆十年（1120），金攻克辽上京，留守萧挞不也投降。到保大元年（1121），辽已经失去其地盘之半。而辽朝内部又因为皇位继承问题爆发内乱，天祚帝杀了他的长子耶律敖鲁斡，这使得更多的辽军感到不安而投靠金朝。1122年正月，金攻克辽中京。由于战场上消息不通，辽朝内部又以为天祚帝在前线阵亡或被围，于是在燕京立耶律淳为皇帝，进一步扩大了辽朝内部的混乱。而辽朝大臣也各相自保，有的与北宋大臣童贯通气，打算投降宋朝，有的则想投降金朝。十一月居庸关失守，十二月辽南京被攻破。保大三年（1123）正月，在上京的回离保（萧干）叛金，八月被平定。

保大四年（1124），天祚帝已经失去了辽朝的大部分土地，他自己退出漠外，他的儿子和家属大多数被杀或被俘，虽然他还打算收复首府燕州和云州，但是实际上他已经没有多少希望了。1125年（保大五年）二月，天祚帝在应州（今山西省怀仁县西）被俘，八月被解送金上京（今黑龙江省阿城区白城子），被降为海滨王。1128年，天祚帝病故，遗臣萧术者对故主行人臣之礼。契丹和辽共历时210年，历经9位帝王。

〔西 夏〕

李继迁据五州

建立西夏的李氏是古羌人的后裔。东汉时期，羌人的一支党项羌活动于松州（今四川松潘以北）一带。唐代，党项羌首领拓跋赤辞降唐，接受唐朝官爵。8世纪初，党项羌在吐蕃压迫之下，迁移到今甘肃和陕北一带，其中迁到夏州（今陕西靖边县境内）的部落被称为平夏部。唐末，平夏部首领拓跋思恭因镇压黄巢有功，加定难军节度使，封夏国公，赐姓李氏。这时，党项羌各部已分布在银（今陕西半脂北）、夏（今陕西靖边县）、绥（今陕西绥德）、静（今宁夏银川市南）、宥（今陕西定边西北）等五州之地，与汉族交往频繁，更多地受到封建文化的影响。

五代和北宋初年，李（拓跋）思恭的后裔一直承袭定难军节度使之职，接受中原王朝的封诰。宋太平兴国七年（982），党项贵族内乱。拓跋部首领李继捧率氏族部落酋长二百七十余人、民户五万余帐降宋。宋太宗封他为彰德军节度使，并同意他全家族迁居东京（今河南开封市）。同时派兵接收了继捧所献的夏、银、绥、宥四州。继捧族弟继迁认为不能将祖宗经营了三百余年的基业拱手让人，更何况"今诏宗族尽入京师，死生束缚之，李氏将不血食矣！"其弟继冲也认为："虎不可离于山，鱼不可脱于渊。"主张杀害宋朝使臣，占据银、绥，抗击宋兵。继迁亲信汉人张浦劝他们不要以卵击石，还是退避漠北，联络各部，再卷土重来。李继迁兄弟采纳张浦的建议，率部众逃入夏州东北三百里的地斤泽（今内蒙古伊金霍洛旗西南），拒绝降宋，并不断进扰宋边界。

太平兴国八年（983），李继迁联络党项部落先后攻打葭芦川（今宁夏清水河）、三岔口（今内蒙古自治区乌审旗西南）和宥州，均被宋军击退。次年，宋知夏州尹宪与都巡检使曹光实在摸清继迁虚实之后，夜袭地斤泽，斩首五百级，焚四百余帐，俘继迁母亲、妻子。李继迁损失羊、马、兵器等在万数以上，败逃到夏州北黄羊坪，招徕部众，并与当地大族野利氏通婚，重整旗鼓。

雍熙元年（984）二月，李继迁用张浦之计，在葭芦川设伏诱杀曹光实，袭占银州（今陕西榆林米脂县）。然后，自称都知蕃落使，任知定难军留后。将各部落酋长折八军、折罗遇、嵬（wéi）悉咩、折遇乜（niè）等封为州刺史。三月，继迁攻克并焚毁会州城（今甘肃靖远）。宋知秦州田仁朗出兵讨伐继迁，折罗遇、折遇乜等战死或被俘。四月，继迁弃银州而走。六月，宋兵乘胜追击，党项各部大多溃败。李继迁见宋军势盛，决心联辽抗宋。雍熙三年（986），继迁向辽称臣，接受了定难军节度使，银、夏、绥、宥等州观察处置使，特进检校太师，都督夏州诸军事等头衔。同时，辽圣宗应允以宗室女嫁给李继迁。

在辽的支持下，李继迁于雍熙四年（987）再攻夏州。宋太宗则派李继捧回夏州抵御。端拱元年（988），任命继捧为夏州刺史、定难军节度使及夏、银、绥、宥、静等五州观察处置押蕃落等使，改名赵保忠，入守夏州。次年四月，继捧击败宥州御泥、布啰树两部。淳化元年（990）四月，继捧在安庆泽（今内蒙古自治区乌审旗北）大破继迁军，继迁中流矢而逃。同年十月，继迁派破丑重遇贵诈降继捧。然后，里应外合，在夏州打败继捧。同年，继迁接受辽封的夏国王封号。次年年初,继迁再攻夏州。宋朝出兵援救,继迁退走。七月,继迁攻占银、绥二州,然后向宋求和。宋朝赐继迁姓名为赵保吉,授银州观察使。

李继迁与宋和解后,仍与辽保持密切关系,对宋若即若离。只是要求互市,以换取中原谷物。淳化四年(993),宋太宗下令禁止青白盐入境,企图用经济手段逼继迁就范。结果贩卖私盐猖獗,党项各部发生粮荒,频频掳掠边地。宋太宗被迫取消盐禁,但已使双方关系恶化。同年,继迁发兵攻庆(今甘肃庆阳)、原(今甘肃镇原)等州。次年年初,继迁攻灵州(今宁夏灵武西南)。同时,与继捧结交,准备共抗宋军。宋朝派李继隆率兵讨伐。正当宋军压境之时,继迁突袭继捧。继捧大败,退回夏州。不久,宋军入夏州,俘继捧,缴获牛羊数十万。四月,宋太宗下令拆毁夏州城,迁其民于绥、银等州。继迁仍退居沙漠。次年,派张浦向宋求和,被扣留。

至道元年(995),李继迁一面征服党项族中尚未臣服的部落,收服了不下几十万帐的部民,声威大震,一面继续对宋作战。次年,两军先后战于灵州、环州(今陕西环县)、绥州等地,互有胜负。

至道三年(997),宋朝见久征不胜,决意退让。宋真宗授继迁夏州刺史、定难军节度使,夏、银、绥、宥、静等五州观察处置押蕃落等使。继迁得到占地数千里的五州之地,势力大为增强,仍不断进扰宋边界。宋咸平五年(1002)三月,攻占灵州,改名西平府。次年春,继迁自夏州迁居西平。同年六月,继迁率兵二万攻麟州(今陕西榆林神木市),不克,转而西攻西凉府(今甘肃武威)。西凉吐蕃六谷部首领潘罗支伪降。继迁麻痹大意,在潘罗支发动突袭时，身中流矢，大败而归。景德元年（1004）正月，继迁死于灵州，其子德明继立。

李元昊建立西夏

宋景德元年（1004），李继迁去世，其子德明继立。辽封德明为西平王。次年六月，德明遣使向宋朝请求归附。景德三年（1006）宋真宗封德明为西平王，仍袭定难军节度使。在与辽、宋修好之后，德明保境安民，发展与中原的贸易，同时全力用兵河西。

大中祥符元年（1008）十月，李德明派夏州万子等攻西凉府（治今甘肃武威）。万子等见吐蕃六谷部兵强马壮，未敢轻进，转攻回鹘（今甘肃张掖北），中了埋伏，大败而还。次年四月，德明派张浦率兵二万攻甘州（今甘肃张掖）回鹘，以报前仇，仍大败而归。大中祥符四年（1011），德明派苏守信袭击凉州（即西凉府治）样丹部，又被六谷等部击败。大中祥符九年（1016），甘州回鹘攻占凉州。

为对抗回鹘，德明在灵州怀远镇修建新城，起名兴州（今宁夏银川市），并将首都从西平（今宁夏青铜峡东）迁于该地。又在兴州东北建省嵬城，作为屏障。天圣四年（1026），德明出兵帮助辽国讨伐甘州回鹘，无功而还。天圣六年（1028），李德明派儿子李元昊率兵攻占甘州。同年，立元昊为皇太子。元昊多次劝父称帝。德明则对他说："我多年征战，实在是疲惫了。我们党项人三十年来穿得上锦缎绮罗的衣衫，这是宋朝给的好处，不应该忘记啊！"元昊感慨地说："穿皮毛，从事畜牧，我们党项人本来就习惯这种生活。英雄在世应该建立王霸之业，何必留恋锦绮衣衫呢？"宋明道元年（1032）十月，李德明病逝，元昊继立，承袭了德明的所有头衔，同时也开始着手建立西夏国家。

李元昊继位后，申明号令，以兵法约束各部。规定不准再穿宋人衣冠，改穿白衣窄衫，戴红里的毡帽，冠顶后垂红结绶，类似吐蕃赞普、回鹘可汗的服制。同时规定了自文武官员到平民的衣冠样式，大体仍仿宋制。元昊还带头秃发，并下令国人皆秃发，不从者处死。元昊还废除了唐赐的李氏和宋赐的赵氏，改用党项姓"嵬名"。废除宋朝所封的西平王之号，改用党项语的"吾祖"（兀卒，青天子之意）。模仿宋朝官制，设立中书省、枢密院、三司使司、御史台、开封府、翊卫司、官计司、受纳司、农田司、群牧司、飞龙院、磨勘司、文思院、蕃学、汉学等机构。各级文武官职由党项、汉人分别担任。为了避父名之讳，元昊不用宋朝的"明道"年号，改用"显道"年号。次年，又改元广运。

李元昊一面设立各级军政机构，一面继续扩大疆域。尤其是集中兵力进攻河西的吐蕃诸部。

广运二年（1034），元昊派令公苏奴儿统兵二万五千人进攻西蕃邈川（湟州，今青海乐都南）首领唃（gū）厮啰。夏军大败，苏奴儿被俘。同年，元昊亲征河西，督师围攻猫牛城（今青海大通县）岭。元昊见围城一个月仍未攻克，采取了假意约和之计，趁敌不备，突入城内，大肆杀戮。接着，又与唃厮啰部将安子罗所部激战二百余日，占领了瓜、沙、肃三州。然后，回师进攻兰州诸羌，直至马衔山（今甘肃临洮北），并在该地筑凡川城，隔断了吐蕃各部与宋朝通道。

经过一系列征战，李元昊拥有夏、银、绥、宥、静、灵、盐、会、胜、甘、凉、瓜、沙、肃等州，以及新建的洪、定、威、怀、龙等州（以上诸州在今陕、甘、宁、内蒙古自治区境内），形成了以黄河、贺兰山为屏障的辽阔疆域。元昊着手大建宫室，完善国家制度。如设十二监军司，分统五十万大军；成立五千人的侍卫军等。同年，无昊亲自制定蕃书，命野利仁荣进一步完善，创造了西夏文字。

在完成上述准备之后，李元昊于天授礼法延祚元年（1038）十月正式称帝，国号大夏，是为夏景宗。夏景宗将兴州改名兴庆府，作为国都。

西夏政权的巩固

天授礼法延祚元年（1038），李元昊称帝后，与辽、宋关系恶化。他为维护西夏独立进行了坚决的斗争，取得了对宋、辽战争的一系列胜利，巩固了西夏政权。

1038 年年底，宋仁宗得知李元昊称帝的消息后，下令泾原、秦凤路安抚使夏竦等整饬边备，同时悬赏十万钱缉捕西夏探子。为了牵制西夏，加授青塘（今青海西宁市）唃厮啰保顺军节度使。次年正月，元昊派出的使节到达汴梁（今河南开封市），表示自己虽称帝，但仍愿对宋称臣，希望得到册封。宋仁宗君臣犹豫不决，直到六月才下决心削夺元昊官爵，并宣布有能擒元昊者授予定难军节度使之位。七月，以知延州范雍兼鄜（fū）延、环庆路沿边经略安抚使，与夏竦共掌征夏大计。十一月，西夏兵攻宋保安军（今陕西志丹），失利后转攻承平寨，再次被宋军击溃，损失两千余帐。年底，元昊遣使与宋绝交。

天授礼法延祚三年（1040）正月，元昊集中主力攻保安，一举攻占金明寨（今陕西延安西北），直逼延州（今陕西延安）城下。范雍调庆州（今甘肃庆阳）守将刘平等来援。刘平等率步骑万余在三川口（今陕西延安市安塞区东，即延川、宜川、洛川交汇处）陷入夏军埋伏圈中，激战一日，刘平等被俘，援军大溃。夏军包围延州七日，因天降大雪才撤围而去。战后，宋仁宗罢免范雍，以韩琦、范仲淹主持陕西军务。五月，夏兵攻占塞门（今陕西安塞北）、安远诸寨；九月，再攻三川寨，宋兵阵亡五千人。但同月，宋将任福等攻占了夏白豹城（今甘肃华池北）。十一月，宋朝任命名将狄青任泾州都监，协助韩、范守边。

天授礼法延祚四年（1041）二月，元昊率精骑十万攻渭州（今甘肃平凉），与宋军激战于好水川（今宁夏隆德东），击毙宋将任福等万余人。关陇震动，宋仁宗寝食不安。七月，元昊攻掠麟（今陕西神木北）、府（今陕西府谷）二州，被宋将折继闵所败。八月，元昊攻占丰州（今陕西府谷西北），切断麟、府二州的粮道。这时，夏军虽获大胜，但也死伤过半，国力空虚。因此，元昊派出使节试探与宋讲和，遭到宋边将的拒绝。

天授礼法延祚五年（1042）闰九月，元昊率兵攻镇戎军（今宁夏固原），与宋将葛怀敏战于定川寨（今宁夏固原西北），大破宋军，杀葛怀敏等十余名将领，俘宋军九千四百余人。元昊大军长驱六七百里，直至渭州（今甘肃平凉），烧杀劫掠而还。

定川寨之战后，宋朝不得不与元昊和谈。而这时，元昊因原附属于契丹的党项部落转归西夏而与辽发生矛盾，也希望尽快结束对宋战争。天授礼法延祚七年（1044）五月，夏宋议和初步告成。宋册封元昊为夏国主，夏对宋称臣。宋每年赐给夏绢十三万匹，银五万两，茶二万斤。宋夏之间恢复互市贸易往来。同年七月，辽兴宗调集十万大军亲征西夏。八月初，辽兵萧惠部在贺兰山北与元昊的西夏左厢军交战，西夏军败退。元昊向辽兴宗谢罪求和。兴宗犹豫不决，萧惠力主进军，元昊为等辽主表态，率军后撤三次。在百余里的后撤途中，元昊首先实行坚壁清野，使辽军粮草匮乏。然后，突然发起攻击，大破辽军，俘辽驸马都尉萧胡靓等近百十余人，辽兴宗单骑突围而出，险些做了俘虏。元昊得胜后，一面向辽请和，送还俘虏，一面向宋进献战利品。辽不得不放回过去扣押的西夏使臣。至此，西夏完全摆脱了对辽、宋的依附地位，成为与辽、宋鼎足而立的势力。

李元昊在抵御外敌上取得了胜利，却未能处理好内政。他穷奢极欲，大修宫室寺庙。不久，他中了宋的反间计，处死后族大臣野利旺荣和遇乞。天授礼法延祚八年（1045），他又将野利遇乞之妻没藏氏纳入宫中。皇后野利氏发现后，逼迫没藏氏出家为尼。但元昊仍经常去寺庙与没藏氏幽会。没藏氏为元昊生子谅祚，寄养于没藏氏之兄讹庞家中。过不多日，元昊便命讹庞为国相，总领政务。紧接着又废黜了野利皇后，夺太子宁令哥之妻没昭氏为皇后。讹庞氏唆使宁令哥谋反。天授礼法延祚十一年（1048）正月，宁令哥率野利族人浪烈等入宫刺杀元昊。元昊伤重身亡，讹庞又杀死宁令哥及其母野利氏，与统兵大将诺移赏都共立谅祚为帝，是为夏毅宗。立没藏氏为太后，掌握了西夏的大权。

西夏毅宗改革

西夏毅宗改革是西夏历史上的重要事件。夏天授礼法延祚十一年（1048）正月，夏景宗李元昊去世，年仅两岁的儿子李谅祚继位。西夏大权操于皇后没藏氏之手，国舅没藏讹庞担任国相。没藏讹庞专权之后，与辽朝关系恶化，从延嗣宁国元年（1049）六月至次年九月，双方爆发五次大战，夏兵先胜后败。没藏太后不得不于延嗣宁国二年（1050）十月重新臣服于辽朝。

福圣承道三年（1055）十月，汉臣李守贵趁没藏太后出猎之机，杀死太后。讹庞将李守贵全家处死。为巩固自己的权位，讹庞将自己的女儿嫁给毅宗，立为皇后。奲（duǒ）都三年（1059）八月，讹庞杀死毅宗身边的汉臣高怀正、毛惟昌，试图削弱毅宗身边的汉人势力。后来，竟发展到图谋杀死毅宗，自立为帝。奲都五年（1061），讹庞的儿媳、汉人梁氏向毅宗告发密谋。毅宗在大将漫咩支持下，先发制人，处死没藏讹庞父子及其党羽，夺回大权。接着又处死了没藏皇后，迎娶梁氏为后，任命梁皇后之弟梁乙埋为相。

毅宗自幼由汉族妇女养大，与汉人相处日久，熟悉汉文化。所以在亲政之后，着手进行了一系列改革。这些改革的核心是改蕃礼为汉礼，即用汉制，也就是用宋朝的礼仪制度取代元昊建国时设立的制度。

奲都五年（1061），即亲政的当年十一月，夏毅宗致书宋朝，表示仰慕中原衣冠，请求明年用中原礼仪迎接宋朝使者，得到宋朝同意。次年，毅宗仿照宋朝制度，将西寿等处监军司改为保泰等诸军。四月，毅宗请求宋朝赐予太宗御制诗草隶书石本，准备建立书阁存放这些墨宝。同时，向宋朝进贡骏马五十匹，换取《易经》《尚书》《诗经》《左传》《礼记》《周礼》《孝经》《论语》《孟子》等九经和《唐史》《册府元龟》等典籍。宋朝给了九经，退还了西夏马匹。

在推行汉礼的同时，毅宗着手解决与宋朝的划界问题。拱化元年（1063），随着麟州等处边界的划定，恢复了永宁（今甘肃甘谷西）等处榷场，重开边境贸易。同年，毅宗恢复了唐朝所赐的李姓。此后，又大量招徕汉族士人入西夏，委以各级官职。这些措施分别从政治上和文化心理上加强了与内地的联系。

当然，毅宗在改革内政，缓和对宋关系的时候，并没有忘记世仇吐蕃唃厮啰。早在奲都二年（1058），没藏讹庞曾进攻青唐城（今青海西宁市），大败而归。唃厮啰乘胜攻入夏境，大掠而还，毅宗亲政后，于奲都六年（1062）出兵攻唃厮啰之子董毡，又被董毡打败。拱化元年（1063），西使城吐蕃首领禹藏花麻以其城及兰州一带降夏。毅宗以宗室之女下嫁花麻，命其镇守该地。由于这一怀柔政策的实施，拱化四年（1066）年底，河州吐蕃首领瞎毡子木征又以河州（今甘肃临夏东北）之地降夏。

然而，这时夏宋关系却日趋恶化。先是在拱化元年（1063），西夏遣使吊唁宋仁宗时，夏使吴宗因礼仪问题与宋朝引伴使高宜发生争执。高宜扬言宋朝将以百万大军攻入贺兰山。宋英宗指责夏毅宗用人不当，要求他惩办吴宗等人。毅宗认为这是对自己的侮辱，拒绝了英宗的诏命。拱化二年（1064）秋，毅宗派兵七万侵扰秦凤、泾原等地，杀掠当地人畜数以万计。拱化三年（1065）年初，又派万余夏兵进攻庆州（今甘肃庆阳）王官城。年底，再攻德顺军（今甘肃静宁）外的同家堡。拱化四年（1066）九月，毅宗率兵数万，亲征庆州，包围大顺城（今甘肃华池东北）。夏军攻城三日，因毅宗中流矢，才撤围而去。拱化五年（1067）十月，汉人李文喜等胁迫夏绥州（今陕西绥德）守将嵬名山投降宋朝。毅宗派兵争夺绥州，在大理河被宋军击败。只得加强边备，以防宋军深入。

同年十二月，毅宗去世，其子秉常即位，是为惠宗。惠宗年仅七岁，由梁太后摄政。

毅宗亲政时间虽然不长，但他推行的改革促进了西夏社会的封建化。

西夏梁氏专权

夏拱化五年（1067）年底，年仅七岁的惠宗秉常即位，政权落入太后梁氏及其弟国相梁乙埋手中。梁氏是蕃化的汉人，顽固坚持党项奴隶主的利益。于是，西夏统治集团内部展开了后族与皇族的斗争，坚持蕃礼与主张汉礼的斗争。对外，则与北宋发生了剧烈冲突。

梁太后一执政，就宣布废除汉礼，仍用蕃礼。同时，罢免掌握兵权的皇族成员嵬名浪遇，将其贬出京师。在巩固了梁氏地位之后，梁太后姐弟一再发动对北宋的战争。乾道三年（1069），西夏兵进攻秦州（今甘肃天水市）、攻占刘沟堡。接着又进攻庆州（今甘肃庆阳）、顺安寨、黑水堡等地，包围绥德。次年五月，梁氏出兵，号称十万，修筑闹讹堡。北宋庆州知州李复圭逼部将李信率兵三千出战，大败而还。李复圭将战败的责任推到李信等人身上，再出兵进攻邛州堡、金汤城等地，夏军已从容离去。李复圭竟下令捕杀西夏老幼百姓一二百人，冒充被斩杀的西夏士兵，向朝廷报捷。这种残暴行为引起西夏民众的极大仇恨。八月，梁乙埋率数十万大军进入环庆路，攻大顺城（今甘肃华池东北）、荔原堡（华池东南）等处，前锋直逼庆州城下。后因吐蕃董毡率部进攻西夏，梁乙埋担心西部边境不稳，才撤兵而去。

天赐礼盛国庆二年（1071）正月，北宋陕西、河东宣抚使韩绛派鄜（fū）延钤（qián）辖种谔统率诸军，准备攻取横山。种谔率兵在啰兀（今陕西米脂西北）击败夏军，留兵两万，就地筑城。接着，二分兵在永乐川、赏逋（bū）岭等处修筑城堡。各城堡之间相距大约四十里，企图以此遏制西夏的进攻。不料，才到二月，西夏就大举进攻。种谔惊慌失措，新筑诸城堡全部被西夏占领。不久，西夏梁氏开始与北宋谈判，最后约定以绥德城外二十里为界。

绥德定界之后，梁氏集中兵力攻取吐蕃武胜城（今甘肃临洮）。武胜地处进入洮河流域的要害，北宋秦凤安抚使王韶早有夺取武胜之意。于是，在天赐礼盛国庆三年（1072）闰七月，正当西夏大军即将攻占武胜之际，王韶率宋兵突然出现在城下。夏兵仓促应战，打了败仗，不得不撤退。这时，武胜的吐蕃守将瞎药也弃城而逃，王韶轻而易举地占领了武胜。次年，王韶又攻占了西夏的河州（今甘肃临夏东北）。天赐礼盛国庆四年（1073），梁乙埋派兵七千企图收复河州，又被宋军击退。

梁氏在战场上的连连失利，动摇了自身的权威。大安二年（1076），惠宗亲政，但大权仍在梁氏掌握之中。大安六年（1080），惠宗在皇族支持下提出废蕃礼，行汉礼，恢复毅宗时的国策，遭到梁氏反对。次年，惠宗听从汉人将军李清的建议，准备与北宋和谈。梁太后等却害死李清，囚禁惠宗，重新听政。这一消息传出后，拥护皇族的诸将纷纷拥兵自重。保泰军（今甘肃靖远北）的西夏驻军将领统军禹藏花麻甚至向北宋求救，请求北宋出兵讨伐梁氏。

宋神宗君臣认为这是千载难逢的良机，决定派李宪、种谔等将领率三十余万大军进攻西夏。宋军分五路出师。大安七年

（1081）八月，李宪出兵熙河，禹藏花麻投降。九月，李宪克兰州。十月，种谔部克米脂，夏守将令介讹投降；至石州（今山西离石），夏守将弃城而逃。种谔入夏州、银州。王中正部攻占宥州。高遵裕部出环州（今甘肃环县），夏清远军守将嵬名讹吓投降。刘昌祚部在堪哥平磨哆隘口（今宁夏青铜峡市东南）击败梁乙埋亲率的大军，夺取关隘，直逼灵州（今宁夏青铜峡市东）城下。只因刘昌祚的顶头上司高遵裕嫉妒刘的战功，下令刘屯兵城下，等自己到达后才许攻城，丧失了战机。夏军赢得了喘息之机，从容做好准备。宋军围攻灵州十八天，仍未能攻克。

这时，梁太后采纳了一位老将的建议，实行坚壁清野、诱敌深入的战略。集中十万精兵于都城附近，保卫要害，另派机动部队绕到敌后，切断敌人粮道。结果，各路宋军因军粮匮乏被迫退兵。西夏军趁机在灵州掘开黄河河堤，水灌宋营。高遵裕、刘昌祚所部十余万宋军死伤无数，大败而退。

大安八年（1082）八月，宋神宗命给事中徐禧在银、夏、宥三州交界处筑永乐城（今陕西米脂西北），以扼守西夏军队东来的要道。徐禧加紧施工，用十九天的时间就将城寨建好，然后屯兵一万驻守。永乐城地处兵家必争之地，西夏当然不能坐视。梁氏闻讯，出动全国的精锐部队三十万人进攻永乐城。夏军的精锐骑兵部队"铁鹞子"首先抢渡黄河，纵横驰骋，锐不可当。主力部队随后跟进，包围了永乐城，前锋直至米脂城下。永乐城的宋军顽强抵抗，但被夏军切断了水源，只好绞马粪汁解渴，结果有一大半宋兵渴死。李宪率领的援军受到西夏军队阻击，寸步难进。西夏军队奋勇攻城，终于占领了永乐城，击毙徐禧以下宋军将士、民夫二十余万，缴获大批辎重。

西夏在战场上的胜利却不足以抵消经济上的巨大损失，更未能缓解统治阶级内部的矛盾。为了笼络皇族一派的将领，梁太后于大安九年（1083）闰六月，恢复了惠宗的皇位。惠宗复位后，立即向宋朝求和，但遭到拒绝。于是，惠宗出动八十万大军进攻兰州，未能攻克。接着，西夏军攻德顺军（今甘肃静宁），围定西（今甘肃天水市西北），后在静边（今甘肃静宁东南）被宋军击败。

大安十一年（1085），梁乙埋、梁太后先后去世。乙埋之子乙逋自任国相，与大将仁多氏分掌兵权。次年，惠宗去世，其子乾顺即位，是为夏崇宗。崇宗年仅三岁，大权操纵于梁乙逋、梁太后（乙逋之妹）兄妹之手。但兵权则由皇族嵬名阿吴、仁多保忠分掌。嵬名、仁多、梁氏三大势力展开了激烈的斗争。

夏天仪治平元年（1087）五月，梁乙逋勾结吐蕃阿里骨部进攻宋朝。阿里骨攻占洮州（今甘肃临潭），梁乙逋也在定西城大破宋军。但仁多保忠因与梁氏不和，竟擅自退兵，致使西夏军队未能扩大战果。不久，仁多保忠率兵十万入泾原路，宋军坚守不出，西夏军未取得大的战果而撤退。频繁的战争使西夏、北宋都感到疲惫，天仪治平三年（1089）夏宋议和。

但是，在辽朝的挑唆之下，梁乙逋兄妹又向北宋进行挑衅。天祐民安二年（1092）正月，梁乙逋率军进攻绥德，大肆掳掠。梁太后亲征环州，围城七日，无功而还。归途中遭到宋军阻击，夏军狼狈而逃。这时，梁氏兄妹因争权夺利发生内讧。梁太后不让梁乙逋领兵，企图削弱他的权力，乙逋十分不满，阴谋夺取皇位。天祐民安四年（1094）十月，嵬名阿吴、仁多保忠等杀梁乙逋全家，由梁太后直接控制朝政。

梁太后专权后，继续进攻宋朝。天祐民安六年（1096）十月，梁太后、崇宗亲征，攻克金明寨（今陕西延安市安塞区北）。次年，夏兵进攻北宋的绥德、麟州、葭芦城等地，而宋兵则反攻西夏的洪、盐、宥等州，双方各有胜负。天祐民安八年（1098）十月，梁太后率四十万大军攻平夏城（今陕西靖边北），连营百里，昼夜不停地进攻了十三天，终因军粮接济不上而退兵。梁太后不得不向辽朝求援。次年正月，梁太后去世。长达三十余年的梁氏专权结束，西夏的国力也受到相当大的损害。

西夏崇宗亲政

夏永安元年（1099）正月，崇宗乾顺在辽朝支持下亲政。他对内削弱政敌，巩固嵬名氏皇族的势力，对外奉行依附辽朝，与宋朝和解的方针。

亲政后，崇宗向宋朝谢罪，宋哲宗答复说，如果诚心悔过，可以接受这一请求。但实际上并不相信西夏的诚意，仍然让边将接受西夏的降官降卒，并严加戒备，甚至有时还进入夏境骚扰。当年，西夏兰会正钤辖革瓦娘率本部落降宋，宋朝予以接纳，封官赏金。后，宋将种朴在赤羊川俘虏西夏人一百五十余口、牲畜五千头。西夏派兵追击，又被宋军击败。于是，崇宗被迫发动反击。九月，西夏骑兵两千出浮图岔，击败陈告所部宋军。闰九月，宋将王愍率兵镇压邈川（今青海乐都）部族的叛乱。西夏派仁多保忠率十万人马包围王愍，结果反被王愍击败。接着，夏军又在青唐魄（今青海乐都境内）败于宋将苗履之手。战场上的失利促使崇宗决心求和，在他请求之下，辽朝使节赴宋，为夏宋两国斡旋。夏宋两国和好，两国边民得以休养生息。

崇宗在缓和对宋关系的同时，着手清除政敌。永安元年（1099）四月，崇宗将梁太后时的穷兵黩武归罪于大将嵬保没、陵结讹遇，理由是这两个人都劝过梁太后对外用兵。结果是将嵬保没、陵结讹遇二人处死。同年闰九月，仁多保忠援邈川失利，郁郁不得志。在宋朝当权的蔡京闻后，便强令熙河军统帅王厚诱降仁多保忠。王厚派出的诱降使者被夏巡逻兵截获，崇宗借机解除了仁多保忠的兵权。这样一来，西夏兵权全部落入嵬名氏皇族将领的手中。

为巩固皇权，崇宗采用宗室封王的办法，大封宗室诸王。罢免仁多保忠之后，崇宗封皇弟察哥为晋王，执掌兵权。后来又封宗室仁忠为濮王，仁礼为舒王。晋王察哥骁勇善战，富于谋略。濮王仁忠、舒王仁礼通晓蕃文汉字，长于文学。他们都是崇宗得力的辅佐。在此期间，崇宗还接受了汉宫御史中丞薛元礼的建议，在蕃学之外特设"国学"，专门教授汉学。崇宗将汉学定为国学的做法表明了大力提倡儒学，推行汉文化的决心。

崇宗在对辽关系上开始时实行依附的方针，特别是贞观四年（1105），辽天祚帝将宗室女南仙封为成安公主，嫁给崇宗之后，夏辽关系更为密切。所以，在金国开始进攻辽朝之时，西夏采取了助辽抗金的方针。元德三年（1122）年初，金兵围攻辽西京（今山西大同市），夏崇宗振兵五千援辽。但是，当夏军还在途中，西京已被攻破，天祚帝逃入阴山。五月，崇宗派大将李良辅率兵三万援辽，在天德军（今内蒙古自治区乌梁素海西岸）击败金军。六月，李良辅军大败于宜水。次年，崇宗再发兵援辽，被金军所阻。五月，崇宗遣使邀天祚帝入夏。天祚帝应允，封崇宗为夏国皇帝。金将宗望闻讯后，遣使要求崇宗扣押天祚帝，并许以割地为酬劳。

在金国劝诱之下，崇宗改变了国策。元德五年（1124）正月，崇宗向金国称臣。金朝将原属辽国的下寨以北，阴山以南，吐禄泊以西的土地割让给西夏。于是，西夏借金辽交战以及后来金宋交战之机，大肆扩展疆土。七月，夏出兵攻武（今山西神池）、朔（今山西朔县）二州，并攻占朔州。同时，出兵攻北宋丰（今陕西府谷西北）、麟（今陕西神木北）二州。元德六年（1125）三月，夏兵攻占天德、云内（今内蒙古自治区土默特左旗东南）两军及武州八馆等地。四月，破宋震威城（今陕西府谷境内）。九月，夏兵攻占宋西安州（今兰州市东北）。不久，又破麟州建宁寨和平夏城怀德军（今宁夏固原东北）。然而，金国不愿意看到在西北崛起一个强大的西夏国，于是趁西夏军队大掠宋境之时，突然出兵攻占天德、云内等地。崇宗遣使质问。金国不愿归还天德、云内，而是于正德元年（1127）将原属北宋的陕西北部割给西夏，作为补偿。这一做法无疑给夏金关系投下了阴影。

此后，夏崇宗既与金宋互派使节，又趁两国交战之机争城夺地，招降纳叛。

大德二年，夏兵攻占乐州（今青海乐都）、西宁州（今青海西宁）。次年，金朝按夏的请求，割让乐州、积石军（今青海贵德）、廓州（今青海尖扎北）。大德五年（1139）三月，夏兵攻占金府州（今陕西府谷）。同年六月，崇宗去世，其子仁孝即位，是为仁宗。

西夏灭亡

西夏建国后采取联辽抗宋的战略不断入侵宋边境。夏宋之间的战争一直到 1044 年才平息。宋承认夏的割据地位，夏对宋称臣。另外宋每年"赐"给夏若干财物。但同年夏与辽之间又爆发了战争。夏取得了与宋、辽平等的地位。

李元昊死后，他不满两岁的儿子李谅祚成为皇帝，由其母没藏氏专政。辽攻西夏，夏大败，向辽称臣。李谅祚子李秉常即位后被其母梁氏幽禁。1063 年吐蕃禹藏花麻归夏。梁氏又发动与宋的战争，失败后被迫让权于李秉常。李秉常死后，他三岁的儿子李乾顺即位，梁氏再揽大权，重新发动与宋和辽的战争。李乾顺亲政后采取依附于辽、与宋修和的策略，战争逐年减少，社会经济得到了恢复和发展。

1115 年金朝立国，开始发动对辽的进攻。1123 年辽天祚皇帝兵败逃到西夏。同时金使到西夏劝李乾顺将辽帝擒拿送往金，以保障西夏不被金攻击。李乾顺看到辽灭已不可挽回，答应了金的条件。从此西夏归服金。

金灭北宋时西夏随其尾迹而入，获得了数千里的土地。

李乾顺死后其子李仁孝即位，西夏境内发生了严重的饥荒和地震，民不聊生，以此发生了巨大的人民起义。李仁孝的改革促进了社会经济的发展，保持了社会的稳定。

李仁孝死后，其子李纯佑即位，政治腐败，国势日益衰落。1206 年他的堂兄李安全篡位，杀李纯佑。李安全改变了依附金的政策，开始依附此时不断强大起来的蒙古族。他发动了与金长达十多年的战争，使两个国家被削弱，而且，在他统治时期，西夏百姓十分贫困，军队非常衰弱，政治腐败到极点，而李安全自己也十分腐败，沉湎于酒色之中，整日不理朝政，四处怨声载道。再说李安全附蒙抗金的策略并没有使蒙古友好地对待西夏。早在1205 年，蒙古就开始进攻西夏。至 1209 年，蒙古三次出征西夏。

夏无以抵挡。1211年，西夏内部发生宫廷政变，李遵顼篡位。李遵顼仍然保持着襄宗（李安全）的作风，西夏政治更加腐败。1216年，西夏因不肯派兵帮助成吉思汗西征，触怒了蒙古，次年蒙古第四次进攻西夏。1223年，由于李遵顼声称自己不愿做亡国之君，便让位给太子李德旺。

　　西夏在襄宗、神宗一再的腐败之下，终于病入膏肓，无可救药，尽管献宗李德旺是治国之才，仍然挽不回西夏政权的覆灭命运。李德旺打算趁成吉思汗西征之际抗击蒙古。不料机密泄露，1224年蒙古攻克银川。李德旺向蒙古投降，送人质，才得免灭国。1225年成吉思汗西征得胜后又开始对西夏的进攻。1226年李德旺病死，他的侄子李睍（xiàn）被推举为皇帝。1227年李睍投降蒙古。成吉思汗此时已死，但密不发丧，以免西夏反悔。李睍投降后按照成吉思汗遗嘱被杀，党项族被灭族。西夏灭亡。

〔金〕

金入主中原

金宋在相约合力灭辽的时候，曾约定灭辽之后，将幽云十六州还给北宋，北宋将给辽的岁币转给金国。金天辅五年（1121）十二月，金发动攻辽战争。金兵势如破竹，连连攻占辽国名城。但是，腐朽的北宋王朝一直拖延到第二年十月，才发动攻辽战争。童贯统率的十万宋军在良乡等地连吃败仗，溃逃百余里。宋朝不得不再派使节赴金，以每年增加纳绢五万匹、银五万两的代价，约金国出兵夹攻燕京。不久，金太祖亲征，攻占燕京（今北京市）等地。金国群臣攻占燕京等地之后，不愿履行约定。金国大臣宗翰认为金占领燕京，该地赋税应当归金所有。金太祖更是直截了当地告诉宋使赵良嗣说："我听说宋朝将领之中以刘延庆最能打仗。这次刘延庆的十五万大军不战自溃，宋朝何足道哉！我们金国独自打下的燕京，当然应该归我们所有，凭什么交给宋朝呢？"宋使无言以对。经过谈判，北宋以年币四十万之外，每年另加燕京代税钱一百万缗的代价，换取了燕京。天辅七年（1123）四月，金太祖撤出燕京时，将该地的金帛、子女等席卷一空，给北宋留下一座空城。

在攻打燕京的过程中，金国君臣了解到北宋外强中干，萌生了进攻中原的念头。只是因为辽的残余势力尚未消灭，才与宋维持和好。金完颜吴乞买天会三年（1125）二月，金灭辽，八个月后便发动了侵宋战争。金太宗任命完颜杲为都元帅，主持南征，统率全军。命完颜宗望率东路军自平州（今河北卢龙）攻燕京，完颜宗翰率西路军自大同攻太原。规定东、西两路的会师地点是北宋首都开封。当金国调兵遣将，进攻部署已经完成之时，北宋君臣竟然毫无觉察，仍然和平时一样向金朝派遣使节。

金军十月发动进攻。东路宗望军攻占檀州（今北京密云）、蓟州（今天津蓟州区）等地，并在白河、古北口（位于北京市密云区古北口镇东南）等地大败宋军。燕京守将郭药师投降。同月，西路宗翰军包围太原。东路宗望军也攻占了濬州（今河南浚县），并渡过黄河。宋徽宗逃往江南，留下钦宗守开封。由于李纲等大臣坚决主战，开封守军顽强抵抗金军，再加上各地勤王的宋军相继到达开封城下，宗望在取得了宋割让太原、中山、真定（今河北正定）三镇，对金称侄，派亲王为人质等条件后，答应钦宗求和，胜利班师。但是，太原、中山等地宋将拒不交出城池，坚决抵抗金兵。金太宗便以此为理由，再派宗翰、宗望征伐宋朝。不久宗翰军攻占太原，宗望军攻占真定。然后两路金军渡过黄河，再次兵临开封城下。最后，金兵攻克了开封，宋钦宗投降。天会五年（1127）四月，金军俘虏徽、钦二帝及大批人口、财物北返。金军北撤之前，立宋大臣张邦昌为楚帝，让其治理中原和南方。

北宋灭亡之后，宗室康王赵构在南京（今河南商丘）称帝，史称南宋。在此之前，张邦昌主动取消帝号，仍做宋朝的臣子。宋高宗赵构下诏河北、河东官民抗金，但又将首都迁到扬州，不敢和金军较量。天会五年（1127）十二月，金将宗翰兵分三路大举进攻南宋。宗翰自率中路攻河南，宗辅、宗弼兄弟率东路军攻山东，娄室率西路军攻陕西。到第二年年初，宗辅、宗弼的东路军攻占山东的青州、潍州等地，同时分兵奔袭扬州，主力转攻开封。宗弼在开封城下见城池坚固，守将宗泽戒备森严，只好转攻河南其他城池。宗翰的中路军攻占宋西京洛阳等地。娄室的西路军则攻占了长安（今陕西西安等地）。不久，各路金军在中原掠夺大批战利品之后，撤兵北返。

天会六年（1128）七月，金太宗听到南宋东京留守、名将宗泽去世的消息，决定大举南征。这时，宗翰建议先攻西夏，再攻南宋，以防大军南征，西夏趁机袭击金军侧翼。金太宗认为应当趁南宋立国未稳，先取中原、江南，但陕西等地也不可放弃。于是派宗翰率主力南下，娄室率偏师攻陕西。到年底，娄室军攻占了陕北的延安等地。宗翰军与宗辅军在濮州会合，连破开德（今河南濮阳）、北京（今河北大名）等地。宋济南知府刘豫投降。宋东京留守杜充不敢出战，决黄河之水入清河，暂时挡住了金兵。宗翰决定率军自山东东严出发，直逼扬州。次年正月，宗翰大军攻占徐州，接着又在沭阳击溃宋军主力韩世忠部，乘胜强渡淮河，分兵攻占两淮郡县。二月，宋高宗仓皇离开扬州，逃到建康（今江苏南京市）。金兵进入扬州，直追到瓜洲江边才回师扬州，将全城劫掠一空，纵火烧城而去。

宋高宗逃到建康之后，一再派遣使节向金朝表示情愿削去帝号，自居藩臣，乞求金兵不要再逼迫了，均遭到金朝拒绝。天会七年（1129）七月，宋东京留守杜充不顾部将岳飞等人反对，以粮草断绝为理由放弃东京汴梁。从此，中原地区落入金朝控制之下。同年十月，金兵分两路南下，直逼江西、浙江。宗弼率东路军从和州（今安徽和县）渡过长江，在马家渡击溃宋军陈淬、王燮等部。这时，宋高宗早已从建康逃到杭州，又从杭州逃到越州

（今浙江绍兴市）去了。由于在马家渡一带击溃了建康宋军的主力，宗弼兵不血刃进入建康。这时，高宗又逃到明州（今浙江宁波市）。十二月，宗弼追到杭州，高宗干脆乘船逃到海上。次年正月，金兵追到明州，并派出海船追击高宗三百余里，遇到宋军的阻击才被迫回师。于是，高宗得以到达温州。宗弼见未能达到活捉高宗的目的，担心孤军深入，决定北返。二月，宗弼大军在撤退途中连续焚毁明州、杭州、平江（今江苏苏州市）等城镇，给江南人民造成巨大的痛苦。同时，也激起了南宋军民同仇敌忾的决心。三月，宗弼的十万大军在镇江（位于今江苏）遭到韩世忠部八千人的阻击。金兵损失惨重，在黄天荡（今南京东北江中）中被困了四十八天。宗弼从黄天荡突围后，再也不敢轻易用兵江南。后来金兵在焚建康北返途中，又遭岳飞部队的沉重打击。与宗弼同时南下的西路金军在攻占江西诸郡之后，转攻荆湖，焚毁潭州（今湖南长沙市）等地之后，也撤兵北返。

金太宗在侵略江南失利之后，决心在中原扶持刘豫的伪齐政权，与南宋抗衡。同时，集中兵力进攻陕西。天会八年（1130）九月，宗弼、娄室率兵在富平击败宋将张俊的四十万大军，取得了进军关陇的决定性胜利。到次年二月，金兵攻占了泾原、熙河两路的州县，尽得关陇之地。

天会九年（1131）金军继续向汉中挺进。五月，金军在和尚原（今陕西宝鸡北）被宋将吴玠（jiè）击败。十月，宗弼率兵数万再攻和尚原，仍遭惨败。宗弼身中两箭，全军折损将近万人。

经过六年的战争，金朝取得了秦岭、淮水以北的大片疆土，成为中国历史上又一个入主中原的王朝，奠定了12世纪中国南北对峙的政治格局。

金熙宗改制

　　金初，朝廷政治制度基本上是承袭女真旧制，但当金朝统治者在进入封建政治文化高度发展的汉族地区后，女真贵族内部受汉族文化的影响就愈来愈深，他们中间的一些人，认识到学习汉族统治者的统治经验、崇儒尊孔、推行文治，对加强统治有重要意义。许多汉族儒生被女真贵族延置门下，充当贵族子弟的师傅，讲授儒家经典及史籍。金熙宗自幼就跟随辽代进士韩昉（fǎng）学习汉文经典，被那些旧贵族称为"汉儿"，韩昉对他后来进行改革起了很大的诱导作用。女真贵族中的一些有识之士，在中原封建政治制度的影响下，也要求改变女真旧制，早在太宗初年，当权的斜也、宗干等人就曾劝太宗改革女真旧制，采用汉官制度。但太宗在位十二年间，基本上还是遵从太祖的既定方针，沿袭了女真旧制，没有对其进行根本性的变革。

　　熙宗完颜亶为太祖长孙，太宗在位时，本以弟完颜杲（gǎo）为谙班勃极烈，充任储嗣，后完颜杲病故，宗室大臣请太宗立完颜亶为储嗣。天会十三年（1135）正月，太宗卒，年仅十六岁的熙宗即位，从这一年起，熙宗就开始进行一系列的政治改革，废除了女真旧制，建立起一整套封建专制主义的中央集权制度。

　　熙宗政治改革的主要内容，是废除金初的勃极烈制度，而以三省制度取而代之。金初朝廷的中枢机构，是在皇帝之下，由出身宗室近亲、地位显赫并具有终身职务的数名勃极烈组成的勃极烈会议，它是带有氏族制残余的贵族议事机构，皇帝就依赖这个机构来议决国家大事。勃极烈贵族会议的职能十分有限，而且任勃极烈的宗室大臣职守也没有明确的分工，这样就势必造成国家制度的无秩序和低效率。在勃极烈制度之下，国家大事更多地取决于参加勃极烈会议的宗室权贵的共同意见，而皇帝的私意有时是起不了决定作用的。这样的状况同君主专制统治是不相适应的，因而统治者就需要将它加以改变。太宗在位的最后一年，就颁布了"初改定制度"的诏书，准备对原有的勃极烈制度加以革除，建立新的朝廷中枢机构。诏书颁布之后，虽然到太宗去世时，三省制度尚未建立起来，但这个方案正在积极地付诸实施。太宗专门把知云中枢密院事韩企先调入朝廷，让他参与制订新制度的工作，而韩来到朝廷后就被授予了尚书右丞相的职务，这也表明新尚书省的机构在太宗死前就已在筹建之中。

天会十三年（1135）正月熙宗即位以后，首先在中央建立了三省六部等机构，新的官僚制度主要是采用辽、宋官制，并兼采唐制而形成的。在皇帝之下设立三师（太师、太傅、太保），三师位高而无实权，专以安置位尊权重的大臣，熙宗任命国论忽鲁勃极烈宗盘为太师，国论左勃极烈宗干为太傅，国论右勃极烈宗翰为太保，在三省之上设置领三省事一职，以三师并领三省事，而实际上这一职位也形同虚设。熙宗通过这样的改革，首先把军权和行政权分开，授予宗翰等势力最大的军事贵族以最高行政职务，剥夺了他们的军权，并规定以后各地的军事统帅均不得随意从州郡签军，军权收归中央的都元帅府，大大削弱了旧贵族的势力。

在官制改革所建立的三省制度中，以尚书省为新的行政中枢机构，中书省和门下省的长官均由尚书省官员兼任，其中门下侍中由尚书左丞相兼，中书令为尚书右丞相兼。尚书省最高长官为尚书令，其下设左、右丞相（号宰相）及左、右丞（号执政官，即宰相之副手）。三省六部的建立，彻底摧毁了旧的体制，促进了整个官制改革的进行。天眷元年（1138）八月一日，朝廷正式颁行新官制及换官格，史称"天眷新制"。颁行新官制时，在尚书省增设了平章政事和参知政事，其地位分别在左右丞相和左右丞之下，为他们的助手。从熙宗即位以来至新官制的颁行时止，新建的中央机构除三省六部外，还有御史台、宣徽院、翰林院、国史院、殿前都点检司、太常寺、秘书省等。此外，在官吏的选举、考核、俸禄等方面，也都进行了改革。所谓换官格，就是将原来女真和辽、宋的旧官职，按照新定的官制进行统一换授的规定。同年十月，又正式制定了封国、封爵制度。新的官僚制度至此基本上得以完善。

官制改革大大加强了皇帝的权威和提高了行政机构的工作效率。旧有的勃极烈制度实行的是终身制；而新的官制规定官员任期为二十五个月，实际上尚书省的宰执常常由皇帝随时任免。新的官僚机构分工明确，直接对皇帝负责，完全成为皇帝实现其君主专制统治的工具。熙宗以后直至金朝亡国，这套官僚制度基本上没有改变，成为金代的定制。

新官制颁布以后，熙宗又开始对朝廷礼仪制度进行改革。金朝初年，朝廷上下保留着一种较为淳朴的风尚，君臣之间不甚注重礼仪，尊卑界限还不是十分严格，这种状况对皇帝实行君主专制统治是非常不利的。天眷二年（1139）三月，熙宗命百官详定仪制，开始这个方面的改革。前后七八年间，熙宗在宗庙、社稷、祭祀、尊号、谥法、朝参、车服、仪卫及宫禁制度等方面进行了大量的建设，制定了周密详尽的礼仪制度。新的礼仪制度处处表现皇帝至高无上的尊严，例如金初群臣朝见皇上本无什么具体的规定和限制，但熙宗制定朝参仪后，规定每月以六天为朝参日，后又定为以朔望日为朝参，余日为常朝；而且朝参及常朝都要遵照复杂的仪式行礼，然后方可奏事。有了这些礼仪规定之后，臣下要见皇帝的面就十分不易了，皇帝的威严得到了充分维护。

君位继承方式的改革，也是熙宗改革政治制度的一项重要内容。女真的传统继承方式是兄终弟及，从金六代祖乌古乃以下，酋长职位都是以兄终弟及的方式在家族内承袭的，太祖死后，也把皇位传给自己的弟弟吴乞买，太宗在位时，仍立弟弟完颜杲为储嗣，后因完颜杲早死，才把皇位传给太祖的嫡长孙熙宗。熙宗对这种君位继承的传统方式进行了根本性的改革，皇统二年（1142）三月，熙宗立自己的亲子济安为皇太子，确立了父子相传的皇位世袭权，这一改革对皇权的加强具有重要意义。

金熙宗时期政治制度的改革，对金朝的发展产生了巨大的影响，金代的各种制度大多在此时形成了它的基本面貌。同时，熙宗的改革对金朝社会从奴隶制向封建制的转化也具有深远的意义。

伪齐始末

伪齐是金太宗时期在中原地区建立的一个傀儡政权，金朝统治者利用宋朝降官刘豫来统治原属北宋的河南、山东及陕西地区，这个伪政权前后共存在了八年（1130—1137）。

刘豫，字彦游，河北景州阜城人，北宋宣和末年任河北西路提点刑狱，金军占领河北后，他弃官逃到真州。金天会六年（1128）春天，枢密使张悫（què）荐举他任济南知府，当时山东正处在宋金战争的最前沿，济南府随时有陷落的可能，刘豫请求朝廷改派他到长江以南的某个州郡去任职，但没有得到允许，最后还是不得不满怀愤怒地到济南去上任。当年冬天，金元帅左监军挞懒率兵攻济南。宋朝守将关胜顽强抵抗，知府刘豫却乘其不备，杀死关胜，投降了挞懒。金朝遂以刘豫为京东东西及淮南安抚使，兼诸路马步军都总管，统率降金的宋军，并以其子刘麟知（管理）济南府，而挞懒则统兵屯守山东，镇抚降军，成为刘豫的庇护人和直接上司，刘豫因而对挞懒极力奉承和讨好，企图取得他的宠信和欢心，以巩固自己的地位。

到了天会八年（1130）夏天，金朝已经基本上将淮水以北的山东、河南地区全部占领，当时这些新占领区内的汉人反抗仍很激烈，很不利于金朝的统治。为了尽快把金政权对这一地区的统治巩固下来，同时也为了在宋金两国之间设置一个缓冲地带，金朝统治者准备在中原地区扶植一个傀儡政权，寻找一个宋朝的降官作为他们的代理人，对这一地区进行间接的控制。为选择一个合适的人选，金太宗命百官献计献策，有人提出用宋朝降将折可求，而挞懒则力荐刘豫。围绕这一人选问题，金朝统治集团内部进行了一番明争暗斗。当时掌握最高军事权力的是驻扎在云中的左副元帅宗翰。当挞懒提出扶植刘豫建立傀儡政权后，宗翰的心腹僚属高庆裔（yì）就向他出谋献议，让他赶紧把刘豫从挞懒手里抓过来，控制了刘豫，以后就可通过刘豫控制中原。宗翰采纳了高庆裔的建议，当即派遣他去刘豫的家乡河北景州以及山东德州、博州、东平府等地，鼓动那些地方的官吏和百姓书写《愿状》，表示愿意拥戴刘豫为帝，宗翰把这些《愿状》集中起来送给太宗，力请立刘豫为帝。有了宗翰的强有力支持，这个人选便得到了最后确定。

天会八年（1130）九月九日，金王朝册立刘豫为帝，国名也由金朝代拟，称为"大齐"，建年号阜昌，都城设在河北大名。金朝把已经占领的山东、河南之地，一概划归这个伪齐政权统治。次年，又把宗辅新占领的陕西之地也划归伪齐统治，并且把都城从大名迁到了汴京（今天的河南省开封市）。

刘豫做了傀儡皇帝之后，任用了一批文武大臣和地方官吏，其中大多数都是原来的宋朝官吏。他以张孝纯为宰相，以自己的儿子刘麟为尚书左丞相兼诸路兵马大总管。刘豫还从其统治区内招募壮士，组成武装部队，后来一些在南宋境内受到讨伐的游寇和军贼也纷纷投奔伪齐。伪齐名义上是一个独立国家，实际上却完全是金王朝的附庸和傀儡。刘豫被立为齐帝的时候，金朝就规定他为子皇帝，父事金主，伪齐政权的任何重大政事都必须请示金朝皇帝，没有一点自主权。南宋王朝虽明知这是金人所立的一个傀儡政权，但迫于金的压力，不得不以敌国之礼待之，国书亦称"大齐皇帝"。

伪齐建立之后，极力配合金军向南宋进攻，在天会十一年（1133）、十二年（1134）和十四年（1136）对南宋进行了三次较大规模的攻击，但均以失败告终，没有起到金朝统治者期望起到的作用。刘豫因宗翰的大力支持而得以立为皇帝，因此他就一心投靠宗翰，而对宗翰的对头，即他原来的庇护人挞懒却大加冷淡。伪齐建立后，金朝仍以挞懒统率部属驻屯于山东地区，伪齐政权正处在挞懒的直接控制之下，依靠宗翰为后台的刘豫必然要与挞懒发生矛盾，特别是在对山东民户征收赋税的问题上，他们经常发生冲突。挞懒十分后悔当初不该推荐刘豫，于是又几次向太宗提议把伪齐废掉，只因当权的宗翰不肯答应，所以未能实现。

熙宗即位以后，逐渐削弱宗翰的兵权，天会十五年（1137）秋，熙宗将宗翰心腹高庆裔以贪赃的罪名处死，过了不到一个月，宗翰也忧闷而死。宗翰死后，熙宗以挞懒和宗弼为左、右副元帅，挞懒早就对刘豫怀恨在心，现在一当权就提出要把伪齐废掉，宗盘、宗弼等人也都赞成这个提议。正好此时刘豫因南宋郦琼率淮西军来降，增强了自己的军事实力，因此便派使节去向熙宗陈言，请求金朝出兵相助，一起进攻南宋。于是熙宗便将计就计，爽快地应允下来，并要刘豫先把其军队集结到淮水北岸，还约请刘麟去滑州与挞懒商议南伐事宜，刘麟只带了两百名骑兵前往，刚到黄河岸边就成了金人的俘虏。接着挞懒和宗弼等人便率领数千骑兵驰赴汴京，拘获了刘豫，把他囚禁起来。天会十五年（1137）十一月十八日，金朝正式颁布诏令，废掉齐国，降封刘豫为蜀王，迁于临潢府（今内蒙古巴林左旗南波罗城）。金朝在汴京设置行台尚书省，统治原属伪齐的山东、河南地区，并以伪齐宰相张孝纯为行台左丞相。

金世宗致治

金世宗是金朝一位比较有作为的统治者，他在位二十八年（1161—1189），也是金朝在位时间最长的一位皇帝。在这期间，金朝进入了一个稳定发展的时期，很为后人称道，金世宗也因此被封建史家称之为"小尧舜"。

金世宗完颜雍，本名乌禄，是太祖之孙，宗辅之子。世宗于正隆六年（1161）十月在东京辽阳府称帝后，马上就面临着一个把都城确定在何地的问题，当时海陵王将都城从上京迁至中都未久，又因南侵的需要，从中都迁往南京。世宗刚刚即位，就有一些怀旧的女真贵族向他建议还都于上京，世宗母舅、参知政事李石向他指出，现在海陵还在江淮间，北方的契丹和中原的汉民又不断起事，中都地处腹心，只有定都于此，才能稳定大局。世宗采纳了李石的意见，于当年十一月定都中都。

世宗即位之后，面临着海陵王（完颜亮，金太祖完颜阿骨打庶长孙，金朝第四位皇帝）南侵受挫，金朝内部陷于一片混乱的局面，他的首要任务就是要稳定金朝的统治，为此，在他在位期间所做的头一件大事便是与南宋达成和议。就在世宗即位的当年冬天，他派元帅左监军高忠建去报谕宋国使，赴宋通报世宗即位的消息，表示愿意休兵和好，并答应归还海陵王所侵宋地。次年六月宋孝宗即位，世宗又派高忠建去临安致贺，再次提出议和的要求。然而南宋方面在击败海陵王南侵之后，主战派逐渐得势，他们主张趁金内部不稳，出兵北伐，一举恢复中原。刚刚登基的宋孝宗也踌躇满志，很想有一番作为，他将秦桧的党羽驱逐出朝，起用反对和议的张浚任枢密使，积极筹划北伐事宜。在这种情况下，金世宗做了两手准备，于大定二年（1162）十一月任命右丞相仆散忠义为都元帅，坐镇南京（今河南开封市）节制诸军；任命左副元帅纥石烈志宁为其副手，驻军睢阳（今河南商丘），摆出一副准备攻宋的架势。但在仆散忠义赴任前，世宗又告诫他说："宋若归侵疆，贡礼如故，则罢兵。"显然还是要争取议和。仆散忠义到南京后，根据世宗的意图，一面以十万之众屯集河南，声言要取两淮；一面又于大定三年（1163）四月让纥石烈志宁移牒南宋枢密使张浚，要求南宋归还在海陵王南侵失败后占领的金朝州县，并遵守《绍兴和议》所划定的疆界，如是，则金朝当罢兵议和，否则当以兵戎相见。当时南宋正在积极准备北伐，对金提出的要求当然不可能接受，张浚复书纥石烈志宁，驳斥了他维持绍兴和议所划疆界的说法。五月，宋军就渡过淮河开始北伐，先后占领灵璧（隶属于安徽省宿州市）和虹县（治今安徽固镇仁和集），并一举攻占宿州，纥石烈志宁率金军自睢阳反攻宿州，宋将李显忠和邵宏渊不和，结果只得仓皇后撤，大败于符离（今安徽宿州符离集），北伐就此夭折。

符离一战的失利，动摇了南宋恢复中原的决心，宋孝宗迫于压力，不得不任命秦桧党羽汤思退为宰相，准备与金议和。但南宋朝廷内部在议和条件上争论不休，金世宗指示仆散忠义，只要南宋同意归还大定元年（1161）攻占的海、泗、唐、邓四州和保持原来的岁币数额，就可以不再对金称臣，可改称侄国。金宋使臣往返多次，和议仍不能达成。为了向南宋施加压力，大定四年（1164）十月，世宗令纥石烈志宁率军渡淮，攻取盱眙（xū yí，江苏省淮安市下辖县）、濠（今安徽凤阳东）、庐（今安徽合肥）、滁（在安徽省东部）等州，想用武力逼迫南宋就范，但同时世宗又交代仆散忠义要"度宜以行"，亦即适可而止，目的还是为了实现和议。在金朝的军事压力下，南宋终于屈服，大定五年（1165）正月，宋使魏杞带着议和书至金，两国达成"隆兴和议"（和议内容在前一年冬天已经确定；其时为宋隆兴二年）。在和议的内容上，双方各自做了一些让步，和议规定南宋将海、泗、唐、邓四州及商、秦两州之地割让给金；宋帝对金称侄皇帝，不再称臣；南宋给金的岁贡改称岁币，银、绢各减五万两、五万匹。

和议达成之后，金世宗立刻诏令天下罢兵，命元帅府以六万人留戍，其余士兵一概复员归农。自此以后，金宋之间四十多年未发生大规模战争。这为金朝社会经济的恢复和发展创造了有利的条件。

世宗以海陵王为鉴戒，采取各种措施安定社会，以巩固其统治。为了争取更多的支持，把各种势力都纳入自己的控制，世宗在用人上采取兼容并包的政策，不管过去是属于哪一派别、哪一集团的，包括反对过他和曾经受到海陵王重用的人，他都不加排斥，予以信任。完颜昂在海陵时为太保、枢密使，海陵王死后，他派人到南京杀太子。光英向世宗上表贺即位，次年入朝，世宗任他为都元帅，仍为太保。海陵时任太傅、尚书令的张浩，也在海陵王被杀后向世宗上贺表，世宗进封他为太师，仍为尚书令。白彦敬和纥石烈志宁曾经反对拥立世宗为帝，一起密谋起兵，又杀世宗派去的使者，世宗对他们一再招降，在他们归附之后，世宗任用白彦敬为曷苏馆节度使、纥石烈志宁为临海节度使，后来纥石烈志宁升任左副元帅，对宋作战有功，和议订立后进拜平章政事，后又任为枢密使。海陵王时的文武官员大都继续任职，成为世宗的重要支持力量。同时，世宗沿袭海陵王广泛任用各族人参政的政策，以扩大其统治基础。世宗之前，金朝统治者一向重用燕人，而对宋人却持敌视和不信任的态度，世宗改变了这种做法，大量吸收汉人进入统治集团。随着南北和议的实现和女真族在北方统治的逐渐巩固，世宗时期民族矛盾较之以前明显地缓和了，汉族地主官僚集团对女真统治者更多地采取联合与合作的态度。另外，除了宗室完颜贵族外，世宗更多地任用非皇族的女真各部贵族。在世宗统治的二十八年间，朝廷参知政事以上的宰相和执政官中，宗室完颜部贵族仅七人，非完颜部的女真贵族十五人，汉人十四人，契丹及渤海人各二人。世宗一朝，统治集团内部比较稳定，派系斗争不明显，朝廷大臣也很少有被诛杀的。

世宗为了缓和阶级矛盾，改善生产关系中不利于社会生产发展的某些因素，采取了一些行之有效的措施。当时女真奴隶制的残余仍然大量存在，虽然战争中的奴隶来源减少了，但破产的农民仍不断沦为奴隶；世宗对沦为奴隶的平民采取赎身的办法使他们摆脱奴隶身份，并且严禁奴隶买卖。辽朝时依附于寺院的二税户，在金初逐渐沦为奴隶，他们纷纷向官府陈告，要求放免，世宗于大定二年（1162）下诏将有据可凭的二税户全部放免为平民。海陵王时，凡被杀的官员及贵族，其家属都被籍入宫籍监为监户（官奴婢），世宗也将这些人放免为民。

海陵王时连年不断的兴作和征战耗尽了民力，社会生产遭到很大破坏。世宗与民休息，减轻赋税和徭役，罢去海陵时弊政。在针对时弊实行的若干改革政策中，最重要的一项是"通检推排"（调查税户资财多寡以定赋役轻重的方法）。由于赋役不均的现象普遍存在，世宗在大定四年（1164）、五年（1165）、十五年（1175）、二十六年（1186）四次派遣官员对各路民户进行"通检推排"；在清查户口，按照各户实际占有的财力物力确定户等的基础上，按户等征赋税派差役。虽然在实行过程中派生出许多弊病，甚至加重了百姓的某些负担，但这一措施在一定程度上克服了以往征派不均和混乱的情况，抑制了富户逃避赋役的趋势，增加了国家的财政收入。

世宗时期金朝社会经济持续发展，农业生产在某些方面甚至超过了辽、宋时期的水平，不但中原地区垦田有所增加，就连东北地区许多从前的荒芜土地也得到开垦。据大定二十三年（1183）的统计，仅猛安谋克部所占有的垦田面积即达一百六十九万余顷。随着垦田的增加和产量的提高，粮食储量也越来越多，世宗后期，全国常平仓（中国古代政府为调节粮价，储粮备荒以供应官需民食而设置的粮仓）每年约积粟一千二百多万石、米二百多万石，世宗曾对大臣说，当时一岁之收，可支三年之用。反映金朝经济的另一个重要方面是畜牧业，海陵王南侵时曾征调战马五十六万匹，在战争中牲畜大批散失，世宗初年，全国四个群牧所仅存马一千余匹、牛二百八十余头、羊八百六十只、骆驼九十头，世宗采取保护畜牧业的政策，禁止宰杀，限制官府对民户牲畜的征调，畜牧业得以逐渐恢复。大定二十八年（1188）对全国牲畜数的统计，马四十七万匹、牛十三万头、羊八十七万只、骆驼四千头。经济的恢复和发展，反映在人口增长上更为明显，世宗初年，金朝户数仅三百余万，大定二十七年（1187）便迅速增加到六百七十八万余户，四千四百七十万余口。这是社会稳定、人民安居乐业所产生的效应。

全真教的兴盛

金大定三年（1163），陕西咸阳道士王韶与道士和德瑾、李氏结茅刘蒋村，倡道关中。大定七年（1167）王喆自焚其居，东行至宁海（今山东牟平）收马钰（道号丹阳）为弟子。后陆续收谭处端（长真）、刘处玄（长生）、丘处机（长春）、王处一（玉阳）、郝大通（广宁）、孙不二（清静散人）等人入室，这就是后来的全真道北宗七真。

大定八年（1168），王喆等在宁海创建三教七宝会。次年，建三教金莲会，在福山县成立三教三光会，至登州建三教玉华会，至莱州建三教平等会。从而创立了全真道。

全真道主张儒、释、道三教合一，三教圆融，勿分彼此。王喆诗云："儒门释户道相通，三教从来一祖风。"卑视服饵（服食丹药）药石，烧炼外丹，祈禳（祈祷以求福除灾）禁咒等修道方法，吸取了禅宗的"见性成佛"观点，主张"养气守神即内丹"（道家谓以自身的精气炼成的丹为"内丹"，以烧炼金石成丹为"外丹"）。认为心性为本，性命为末。心性清净，不染杂念，精、气、神自然不会外泄，也就能"独全其真"了。因此，全真道以清修为得道法门，不婚配，不食荤腥。无论出家为道士，还是在家修行，都强调身安、心静、意诚，于"清虚冷淡，潇洒寂寞"中"识心见性"，以证大道。

全真道的教义迎合了士大夫的情趣，给身处乱世的人们找到一条遁世之路，逐渐在各地流行开来。大定十年（1170），王喆去世，遗著有《重阳全真集》《重阳立教十五论》等，均被奉为全真道典籍。马钰等人分头传教，辛苦奔波于山东、河南、山西、陕西等地；信徒日益增多，形成了全真道的七个门派。即，马钰的全真遇仙派，谭处端的全真南无派，刘处玄的全真随山派，丘处机的全真龙门派，王处一的全真嵛山派，郝大通的全真华山派，孙不二的全真清静派。

全真道的发展引起了金朝的重视。大定二十七年（1187），金世宗召见王处一。这时马钰、谭处端已去世。次年，又召见丘处机，向其询问保养之术，未得要领。金章宗即位后，担心全真道像张角一样造反，于明昌元年（1190）以"惑乱民"的罪名，下令禁止全真道。承安年间（1196—1200），一些将相为全真道辩解，金章宗又放松了禁令。并召见王处一，封其为"体玄大师"，赐给一处道观。不久，又召见刘处玄，让他住在有名的天长观里。金章宗宠妃元氏遥礼（遥拜）丘处机，送给王处一、丘处机《道藏》各一部。于是全真道迅速在中国北方流行开来，成为北方一大道教教派。

全真道得到封建王朝的认可后，与统治者的关系日益密切。金宣宗贞祐二年（1214），山东爆发杨安儿、耿格等人起义，丘处机亲至山东劝谕道众、民众不要反叛朝廷。成吉思汗十四年（1219），成吉思汗派使节邀请丘处机西行。丘处机率十八名弟子登程，经历十余国，行程万余里，于成吉思汗十六年（1221）到雪山朝见了成吉思汗。成吉思汗问他长生之术，他对以"清心寡欲为要"，并劝告说："欲一天下者，必在乎不嗜杀人。"希望成吉思汗以敬天爱民为本。这些劝告对减少蒙古军的杀戮多少起了作用。成吉思汗称他为"丘神仙",下诏由他管领天下道众,赐以虎符、玺书,免除全真道徒的赋役。成吉思汗十八年(1223)丘处机在成吉思汗派出的千骑护送下从漠北回到燕京。丘处机在燕京住于大天长观(太极宫,后改名长春宫)。四方招揽徒众,人数大增。全真道达到极盛,成为北方最大的道教教派。

成吉思汗二十二年(1227),丘处机去世。弟子尹志平、李志常、宋德方等嗣其教业。窝阔台汗九年(1237),宋德方秉丘处机遗命整理《道藏》,至乃马真皇后称制三年(1244)完成,凡七千八百余卷,名之曰《玄都宝藏》。元世祖忽必烈在位期间,崇信佛教,全真道地位下降。蒙哥汗八年(1258)、元世祖忽必烈至元十八年(1281),道教徒两次在大都与佛教徒辩论失败,被迫焚毁部分经书。但总的来说,元朝统治者对全真道还是保护的。元世祖曾封丘处机为长春演道主教真人,刘处玄为长生辅化明德真人,谭处端为长真云水蕴德真人,马钰为丹阳抱一天为真人,郝大通为广宁通玄太古真人,王处一为五阳体玄广慈普度真君,孙不二为清静渊真玄虚顺化元君。元武宗时(1308—1311),又加封丘处机为长春全道神化明应真君,刘处玄为长生辅化宗玄明德真人,马钰为丹阳抱一无为普化真君,郝大通为广宁通玄太古真君,王处一为玉阳体玄广慈普度真君。直到明清时期,全真道仍然是北方势力强大的道教教派。

铁木真统一蒙古

蒙古族是生活在我国东北额尔古纳河(黑龙江正源,史称"望建河")上游的古老民族。新旧唐书称为"蒙兀室韦"。约在7世纪时，蒙古部落逐渐向西迁徙。8 世纪后期，游牧于斡难河（今鄂嫩河）、怯绿连河（今克伦河）之间的草原上，与原居大漠的多族杂居。10 世纪后，蒙古部落产生私有制和两极分化，出现了许多互不统属的大小部落。到 12 世纪，高原的游牧部落除蒙古部外，还有克烈、塔塔尔、乃蛮、蔑尔乞、汪古等大约一百个较大的部落。蒙古高原各部的贵族奴隶主，为了掠夺财产和奴婢，长期互相厮杀。金朝有意挑动各部间的争斗，以便从中渔利。这种无休止的战争，给蒙古高原人民带来极大的痛苦。

金大定二年（1162），蒙古孛儿只斤氏族首领也速该把阿秃儿和塔塔尔作战，俘虏了一个叫铁木真的塔塔尔人，为了纪念战争的胜利，也速该为他刚出生的儿子取名叫铁木真。大定十年（1170），铁木真随其父也速该到邻近部落求婚，也速该在独自返回途中时被塔塔尔人毒死。也速该死后，他的氏族随之分裂。铁木真兄妹五人由寡母月伦抚养，生活十分贫困。原属也速该的泰赤乌部首领乘机袭击铁木真一家。铁木真全家被迫迁走。在艰苦环境中长大成人的铁木真善于骑射、刚毅多谋。经过多次挫折后，他认识到必须争取其他部落的支持，才能壮大自己的力量。于是用厚礼取得了克烈部脱斡里勒汗和札答剌部首领札木合的支持，原属也速该的部落属民纷纷重新归附。

大定二十九年（1189），铁木真被部分蒙古贵族推举为汗。铁木真成立了侍卫军"怯薛（汉译多作宿卫，有轮流值宿守卫之意）"组织，并着手整顿军队。铁木真势力的发展引起札木合的嫉恨，因此集合所属十三部三万余人，与泰赤乌部落联合进攻铁木真。铁木真分兵迎战失败。在十三翼之战中，铁木真虽败，但有许多其他部落属民归附，实力反而得到加强。

金明昌七年（1196），金朝出兵镇压塔塔尔部的反抗。铁木真联合克烈部脱斡里勒汗，截击溃逃的塔塔尔首领及残部，掳掠了大批财富和奴隶。金朝封铁木真为"札兀惕忽里"（部落统领）之官，脱斡里勒汗为王汗（语讹为汪罕）。此后，铁木真不断削弱旧氏族贵族的权力，进而扩大自己的势力。

铁木真的崛起，加深了和蒙古各部贵族的矛盾。泰和元年（1201），札木合集结了铁木真的宿敌泰赤乌、塔塔尔、蔑尔乞等十一部联合进攻铁木真和王汗。铁木真和王汗共同击溃了札木合联军。札木合投降王汗，铁木真消灭塔塔尔部，占领呼伦贝尔高原，统一了蒙古东部。

王汗感到铁木真的强大已危及自己在蒙古高原的霸主地位，便于泰和三年（1203），对铁木真发起突然袭击。铁木真经过苦战，终因寡不敌众而败退。他利用休战之机，突击王汗驻地。经过三天激战，歼灭了王汗的主力。王汗及其子桑昆败逃时被杀，强大的克烈部被征服。铁木真扫除了统一全蒙古的最主要障碍。

王汗的覆灭，使西蒙古的乃蛮部十分震惊，太阳汗决定攻打铁木真。铁木真闻讯后，进一步健全军事组织，强化汗权，建立了一支高度集中又有严格纪律的军队。泰和四年（1204），他率大军出征乃蛮部。太阳汗聚集克烈、塔塔尔、蔑尔乞等残部迎战铁木真。经过激战，太阳汗被擒而死，乃蛮部被征服。乃蛮王子屈出律逃奔西辽。不久，铁木真北征蔑尔乞部，其他部落也纷纷投降。这样蒙古高原上近百个大小不一、社会发展、语言文化各有差异的部落，终于被铁木真统一起来了。

成吉思汗元年（1206）春，铁木真召集全蒙古的贵族首领们在斡难河源举行忽里台（亦称忽里勒台）大会。蒙古各部首领一致推举铁木真为蒙古大汗，尊称为成吉思汗（蒙古语坚强有力之意），正式建立了蒙古汗国。蒙古也由一个部落的名称成为蒙古高原各族的总称，形成了统一的蒙古民族共同体。

蒙古建国

成吉思汗六年（1206），成吉思汗铁木真建立了蒙古汗国。它统治着东起兴安岭，西迄阿尔泰山（位于中国新疆维吾尔自治区北部和蒙古西部），南至阴山（中国内蒙古自治区中部山脉）的广大地区。成吉思汗作为奴隶主贵族的代表，对内建立了一整套国家制度，对外开展了大规模的军事扩张。

成吉思汗即位后，打破以血缘为纽带的民族部落组织，把全蒙古百姓划分为九十五个千户，分封给开国的功臣和贵戚。在这些封地每一千户内的牧民按十户、百户、千户编组，分别统属于多级那颜（长官），平日游牧生产，战时出征作战。千户既是军事组织，又是地方行政组织。生产和军事相结合的千户制，是蒙古国家的基本制度之一。千户之上设立只管军事，不管民政的左手、右手、中军等三个万户。分别由木华黎、博尔术、纳牙阿掌管。

同时，成吉思汗把护卫军"怯薛"由五百五十人扩充为一万人，主要从有技能、身体健壮的各级那颜贵族子弟及少数"自身人（自由人）"的子弟中挑选。护卫军的主要职责是保卫大汗的金帐。这支由大汗亲自统领的亲军，是防止内战和进行掠夺扩张战争的有力工具。

早在宋嘉泰二年（1202），铁木真就设立"札鲁忽赤（断事

官）"来处理民事纠纷。嘉泰三年（1203），又召开大会，制定了札撒（法律）。嘉泰四年（1204），铁木真让乃蛮掌印官、畏兀儿人塔塔统阿借用畏兀儿文（回鹘文）字母，拼写蒙古语，创造了蒙古文字。成吉思汗元年（1206）年建国后，任命其养弟失吉忽秃忽为"普上断事官（大断事官，掌管民户的分配和审断刑狱、诉讼司法，是蒙古的最高行政长官。后来断事官逐步成为兼管财政、赋税和司法的重要官职）"。成吉思汗十三年（1218），成吉思汗又召开忽里台大会，将自己以往发布的命令汇集成册，形成成文法《大札撒》。《大札撒》确保私有财产和奴隶主贵族的利益，对巩固蒙古政权、加强统治有积极作用。

蒙古建国后，成吉思汗在创立各项制度的同时，发动了扩张战争。成吉思汗二年（1207），派长子术赤领兵北进，征服“林木中百姓”各部。失惕河（锡什锡德河）流域的斡亦刺各部，八河地区（贝加尔湖以西）和贝加尔湖以南的不里牙惕等部，纷纷投降。接着术赤进兵吉利吉思部（唐时黠戛斯的后代，居住于今叶尼塞河上游）。吉利吉思首领表示臣服。西伯利亚部落纷纷归顺蒙古，蒙古北部疆域大大扩展。

征服了北方部落以后，成吉思汗三年（1208）冬，成吉思汗向西追击乃蛮首领屈出律和蔑尔乞首领脱脱的残部。在额尔齐斯河支流不黑都儿麻河射死脱脱，击溃了乃蛮、蔑尔乞部联军。屈出律与脱脱子忽都渡额尔齐斯河逃入畏兀儿部境内。乃蛮的失败，震动了畏兀儿各部，他们决定借助蒙古的力量，摆脱西辽的统治。次年，畏兀儿人杀死西辽所置的监国，派两名使者去向蒙古汗表示臣服，并配合蒙古军击溃了忽都的残部，以此表示对成吉思汗的忠诚。成吉思汗六年（1211），畏兀儿首领巴尔术阿尔忒的斤带大量珍宝亲自去克鲁伦河畔朝见成吉思汗。成吉思汗按氏族收养子的惯例，收认巴尔术为第五子，并将女儿也立安敦公主嫁给他。同年，成吉思汗派大将忽必来进攻巴尔喀什湖以南的哈刺鲁。哈刺鲁马木笃汗杀死西辽监国，投降蒙古。马木笃汗也到蒙古朝见成吉思汗。成吉思汗将阿勒合别姬公主嫁给他为妻。畏兀儿和哈刺鲁的归顺打开了蒙古进军西辽的通道。

成吉思汗在西进的同时，派兵南下进攻西夏。早在宋开禧元年（1205）三月，成吉思汗灭乃蛮后就率兵侵入过西夏。成吉思汗二年（1207）秋，又以西夏不纳贡称臣为由，第二次侵入西夏，四出掳掠，直至次年春退回。成吉思汗四年（1209）秋，成吉思汗发兵第三次侵入西夏。西夏向金求援，金却坐视不救。蒙古军长驱直入，包围西夏都城中兴府（今宁夏银川），引黄河水灌城，城内居民死伤无数。西夏国王纳女求和，每年向蒙古纳贡，归顺于蒙古。

到成吉思汗六年（1211），蒙古已成为南接金朝，西临西辽的强大国家。

成吉思汗伐金

金太宗（1123—1135）时，蒙古乞颜部首领合不勒汗曾应召入朝。后因合不勒汗杀害金使，双方即处于敌对状态。金朝多次出兵征讨，并支持塔塔尔部进攻蒙古部，先后捕杀蒙古部首领俺巴孩汗等多人。金世宗（1161—1189年）时，曾下令每三年向北进行一次剿杀，掳掠蒙古人为奴，称之"减丁"。蒙古军每年要向金进贡，但又不许入境。金朝对蒙古部的民族压迫和剥削，使蒙古人对金"怨入骨髓"。

金明昌七年（1196），成吉思汗因协助金朝镇压塔塔尔部的反抗，被封为"札兀惕忽里"的官号，每年亲自到金边境进贡。成吉思汗元年（1206），蒙古国建立后，成吉思汗亲自到净州（今内蒙古自治区四子王旗西北）向金朝进贡。金章宗命卫王允济接受贡品。成吉思汗见允济时，不施臣下之礼，表达了摆脱臣属关系的愿望。成吉思汗四年（1209），金章宗死，允济（完颜允济，金国第七位皇帝）即位，遣使臣传谕蒙古。成吉思汗闻讯唾骂说："我谓中原皇帝是天上火做，此等庸懦亦为之耶！"遂断绝与金的臣属关系。成吉思汗六年（1211）春，成吉思汗率部在克鲁伦河畔誓师，倾全国之兵力分两路攻金。西路由成吉思汗的儿子术赤、察合台、窝阔台率领；东路由成吉思汗及幼子拖雷率领。四月，成吉思汗拒绝了金朝的求和。七月，以哲别为先锋自达里泊（今内蒙古自治区克什腾旗达里泊）进入金境，攻占乌沙堡（即乌沙堡长城，东自河北丰宁县草原乡东边墙沟，西至内蒙古商都县大库伦乡上二股地，是金朝用以防御蒙古大军的入侵的军事防御工程体系）、乌月营。金军主帅完颜承裕放弃抚州（今内蒙古自治区兴和境内）、昌州（今内蒙古自治区太仆寺旗西南）、桓州（今内蒙古自治区正蓝旗北），据守天险之地野狐岭（今河北张家口北）。八月，成吉思汗进攻野狐岭，四十万金军，一触即溃，横尸百里。完颜承裕节节败退到浍河堡（今河北怀安东）。蒙军追踪而来，双方激战三日，金军主力被全歼。九月，蒙军攻占德兴府（今河北涿鹿）。十月，兵至缙山县（今北京延庆）。金居庸关守将望风而逃，蒙军先锋哲别随即入关，直逼中都（今北京市）。

这时，术赤率领的西路蒙古军，在汪古部首领阿剌兀思剔吉忽里引导下，越过边墙，九月攻下净州、丰州（今内蒙古自治区呼和浩特东）。十月攻下云内（今内蒙古自治区托克托县东北古城）、东胜（今内蒙古自治区托克托县）、武（今山西五寨县北）、朔（今山西朔县）等州，威胁金西京（今山西大同）。西京留守纥石烈执中（胡沙虎）弃城逃回中都。蒙古大军兵临城下，金帝允济下令戒严，采纳主战派的建议，任用完颜天骥等死守中都。十二月，蒙古军屡攻不克，被迫解围而去，中都得以保全。

成吉思汗七年（1212），蒙古军再次伐金。拖雷率军攻占宣德州、德兴府等地，抄掠该地村镇后退出。成吉思汗乘胜攻打西京，在攻城时，为流矢所伤，撤回。同年，蒙军先锋哲别攻金东京（今辽宁辽阳），大胜而归。

成吉思汗八年（1213）秋，成吉思汗会集大军，第三次南下伐金。蒙古军循旧路入野狐岭，攻下宣德、德兴，在怀来（今河北怀来东），大败金左丞相完颜纲和术虎高琪所率的金军，乘胜追至居庸关北口，因居庸关金军防守坚固，成吉思汗留怯台等攻居庸，自率主力转向西南，取紫荆口（今河北易县北）入关，攻下涿（今河北涿州市）、易（今河北易县）二州。令哲别从后面攻南口，出其不意，金军大败。然后与关外的怯台、哈台军里外夹攻，取居庸关，包围中都。成吉思汗随即把蒙古军分成三路：右路军由术赤、察合台、窝阔台率领，循太行山东麓南下，连破保（今河北保定）、邢（今河北邢台）、相（今河南安阳）、卫（今河南汲县）、孟（今河南孟州市）等州，直抵黄河北岸，再绕太行山西麓北行，掠平阳（今山西临汾）、太原（今山西太原）之间诸州府，至代州（今山西代县）而还。左路军由其弟哈撒儿等率领，循海而东，掠蓟（今天津蓟州区）、平（今河北卢龙）、滦（今河北滦县）和辽西（今辽宁省的西部以及河北省山海关以北）诸地而还。成吉思汗与拖雷率中路军南下，掠沧州（今河北沧州市东南）、济南府（今山东济南）、泰安州（今山东泰安）、益都府（今山东益都）、登州（今山东蓬莱）、沂州（今山东临沂）等地，直达海滨而还。蒙古三路大军破金九十余城。史称“两河山东数千里，人民杀戮几尽，金帛子女，牛马羊畜皆席卷而去，屋庐焚毁，城郭丘墟”，可见破坏之严重。

成吉思汗九年（1214）三月，蒙古三路大军会集于中都城下。金宣宗答应了成吉思汗的要求，献允济女歧国公主及金帛、童男女等求和。成吉思汗纳歧国公主为第四个妻子，称“公主合敦”，掳大批奴婢和牲畜财货，率军退出居庸关，北返，驻于达里海，同时派遣木华黎、孛秃等攻取辽西、辽东诸州郡。

同年五月，由于蒙古的威胁，金宣宗迁都至汴京（今河南开封），留太子完颜守忠等守中都。六月，驻守涿县、良乡一带的金军哗变，投降蒙古。成吉思汗立即派遣蒙古大将三模合拔都率契丹人石抹明安和投降的金军首领斫答合兵围中都。中都附近的州、县守将和官员纷纷降蒙。七月，金朝留守中都的太子守忠弃中都逃至汴京，中都军心益惧。成吉思汗十年（1215）正月，驻守通州（今北京通州）的金朝右副元帅蒲察七斤投降蒙古。驻守中都的右丞相都元帅完颜承晖向宣宗告急。宣宗派遣军队，护运粮草救援中都。蒙古军切断金朝对中都的救援，致使中都援绝，内外不通，处于危急状态。五月，留守中都的左丞相抹撚尽忠，准备弃城南逃。完颜承晖得知后服毒自尽，以死报国。当日傍晚，抹撚尽忠率子妾南逃，蒙古军不战而入中都。

成吉思汗得知攻下中都后，派失吉忽秃忽等到中都搜集财物，随后把库藏的财宝劫掠一空，留石抹明安镇守中都。

蒙古军攻下中都后，派脱栾扯儿必统蒙军及投降的契丹、汉军抄掠河北、山东各地，至当年秋天，共占金城邑八六二座。同时派遣三模合拔都率万骑自西夏趋关中，出潼关，前锋部队深入河南，直抵杏花营（在今开封西十二里）。金军击败蒙军。蒙古军退至陕州（今河南三门峡），乘黄河冰冻，渡河大掠河南，北返。

成吉思汗十一年（1216）春，成吉思汗留木华黎经略中原，自率大军返归克鲁伦河草原，准备全力从事西征。

金宣宗南迁

泰和八年（1208），金章宗病死，由世宗第七子允济嗣位，是为卫绍王。此时，成吉思汗领导下的蒙古汗国已对金朝形成了严重威胁。大安三年（1211）二月，成吉思汗聚兵南下，发动了大规模的侵金战争，腐朽的金王朝在蒙古军队的进攻下不堪一击。九月，参知政事完颜承裕所率数十万金军在会河堡（今河北万全南）一役中几乎全被消灭。蒙古军直达中都城下，卫绍王下令中都戒严，朝廷上有人主张弃城逃跑，但多数臣僚认为应该利用中都坚固的城防死守。卫绍王采纳了守城的建议，一面在城内做防御准备，一面诏令各地金兵入卫中都。蒙古军屡攻不下，只得于当年年底从中都撤围。

至宁元年（1213）八月，金右副元帅纥石烈执中发动宫廷政变，杀死卫绍王，迎立世宗孙完颜功入朝即位，是为宣宗。就在这时，蒙古又一次发动了对金朝的进攻，很快进逼居庸关下，而后绕过中都向南突破紫荆关，乘胜攻占涿州（今河北涿州市）和易州（今河北易县），打开了南进中原的大门。从宣宗贞祐元年（1213）秋到二年（1214）春，蒙古骑兵几乎踏遍了黄河以北的中原大地，这一地区的金朝州府只有中都、通（今北京通州）、顺（今北京顺义）、真定（今河北正定）、清（今河北清河县）、沃（今河北赵县）、大名（今河北大名）、东平（今山东东平）、德（今山东德州东南）、邳（今江苏睢宁西北）、海州（今江苏连云港西南）等十一城未下，其余全被蒙古军队掳掠一空。贞祐二年（1214）二月，蒙古诸军在横扫中原后，又集中到中都城北，金朝派驻居庸关北口的契丹人讹鲁不儿率军投降，蒙古军遂进入居庸关，中都再次被围。三月六日，宣宗派都元帅完颜承晖前去议和，蒙古奴隶主贵族在几年来的对金战争中，一直以掳掠奴隶、财物和牲畜为主，无意于占领金朝的领土，因此成吉思汗便同意了金朝的求和，并提出以下要求作为议和条件：金朝向蒙古献纳童男女各五百名，绣衣三千件，御马三千匹和大批的金银珠宝，并把卫绍王女歧国公主献给成吉思汗，以表示对蒙古的臣服。金宣宗对这些条件全部接受，和议于是达成，同月，蒙古撤军北退。

蒙古虽然暂时退兵，但还有随时再来的危险，中都两度被围，使得君臣们心有余悸，因此从蒙古撤兵之日起，朝廷内就开始酝酿迁都南京（今河南开封）的意见。元帅左都监完颜弼向宣宗建言说，南京北有黄河可以阻挡蒙古，南有淮水可以抵御宋朝，西有潼关可以对西夏设防，乃是都城的最佳所在。参知政事耿端义也力主南迁，南京留守仆散端连上三表，促请宣宗南幸。反对南迁的大臣以左丞相徒单镒（yì）和宗室霍王从彝为代表，他们认为，如果放弃中都，河北肯定就守不住了，丢了河北，南京之外再也没有退路。但在四五月间，徒单镒和霍王从彝却突然相继死去，宣宗遂决意南迁。五月十一日，宣宗正式下诏迁都南京，太学生赵昉等四百人上书极言利害，反对迁都，宣宗一概不听。十八日，宣宗车驾离开中都。作为金朝都城长达六十一年的中都终于被放弃了。

宣宗南迁后，命右丞相兼都元帅完颜承晖、左副元帅抹撚尽忠辅太子守忠留守中都。宣宗刚刚离开中都，驻守涿州一带的以契丹人为主的乱军就起兵反金。完颜承晖派兵到卢沟桥设防，却被乱军偷渡掩袭；金兵大败。乱军叛金后就派使者去向蒙古投降请援，成吉思汗派蒙古军与契丹降将石抹明安等部南下与乱军会合，合力包围中都。七月间，宣宗一听说蒙古军再度南下，就把驻守中都的太子守忠召回南京，这表明朝廷已经无意坚守中都，中都守军因此更加人心惶惶。贞祐三年（1215）正月，蒙古军已经攻到中都外围，驻守通州的金右副元帅蒲察七斤率军投降，中都形势更加危急。完颜承晖派人向朝廷告急，宣宗派元帅左监军完颜永锡等率河北军增援，但援军一遇蒙古兵就被击溃。完颜承晖本想与左副元帅抹撚尽忠合力死守，不想抹撚尽忠却另有打算，他悄悄与元帅府经历官完颜师姑密谋南逃，承晖知道这个消息后，就将完颜师姑推出斩首。五月二日，承晖作遗表交付尚书省令史师安石，要师持表去奏报朝廷，随即服毒自杀。当日傍晚，抹撚尽忠弃城南逃，中都失陷于蒙古。

木华黎伐金

成吉思汗十一年（1216）春，成吉思汗从中原返回克鲁伦河草原，留大将木华黎经略中原。次年八月，成吉思汗召回木华黎，嘱咐他说："太行之北，朕自经略，太行以南，卿其勉之。"并用中原官号"太师国王"封木华黎，赐金印和九尾白旗，使承制行事。他晓谕诸将"木华黎建此旗以出号令，如朕亲临也"。从此，木华黎专事攻金朝，以图中原。

在更早的时候，木华黎攻金北京（今内蒙古自治区宁城西北）时，就接受了契丹人萧也先限制杀掳，招纳降人的建议。成吉思汗见这个政策收到效果，命木华黎大量"召集豪杰，戡定未下城邑"。规定凡率部或纳土归降者，授以统军管民的实职，并许其世袭，自辟僚属。木华黎受命专征金后，继续奉行这一政策，于是，契丹、女真、汉族地主武装都纷纷归附，这股势力成为蒙古攻金的重要力量。

成吉思汗十二年（1217）秋，木华黎控制着燕京（今北京）、西京（今山西大同）及其以北地方，并在燕京、西京设置行省加以管理。他统率札剌亦儿、弘吉剌、亦乞列思、兀鲁、忙兀、汪古等部及契丹、女真、汉诸军共十万人，向河北、山西、山东进攻。先攻占遂城（今河北徐水西）、蠡州（今河北蠡县。蠡，lí）。同年冬，又攻占大名府（今河北大名）、益都（今山东益都）、密州（今山东诸城）、淄州（今山东淄博市南）、登州（今山东蓬莱）、莱州（今山东莱州市）、潍州（今山东潍坊）等十余州县。

成吉思汗十三年（1218），木华黎率兵向山西进攻。史天倪、史天祥兄弟率汉军相从，随之越来越多的汉人地主武装首领归附木华黎。木华黎率军攻下太原、平阳（今山西临汾市）等八十余城。在木华黎攻山西时，河北的一些汉人地主武装又归附金朝，金朝封他们为公。他们与降蒙的汉人地主武装互相攻战不休，因此，金军在第二年又收复了太原和平阳。

成吉思汗十五年（1220），木华黎率主力转攻河北。他亲驻满城（今河北满城），遣史天祥攻真定（今河北正定），史天祥劝降金将武仙，于是真定复归蒙古。木华黎接受史天倪的建议，改变过去蒙古军春去秋来，纵兵抄掠的做法，下令禁止剽掠，"所获老稚，悉遣还田里"。从此，他的部下建立了禁止杀掠的新纪律，战争的目的由掠夺战利品变为扩大疆域。木华黎军陆续攻占了邢（今河北邢台）、相（今河南安阳）、卫（今河南汲县）、怀（今河南沁阳）等州。

这时山东是红袄军（中国金末山东、河北农民起义军）活动的地区，红袄军名义上归附南宋，用宋朝名义招抚义军，收复了山东南部诸州。但是，实际上红袄军首领各据地盘、顾私利，形成各自的武装力量，为了自己的利益，一直游移于金、宋、蒙古之间。同年秋，木华黎攻占济南。宋治中严实，见蒙古势力强大，遂以

1201

所控的六州三十万户降蒙。木华黎封严实为山东西路行尚书省事，总管本部军民。严实的投降，使蒙古不战而取得了大片土地，大大加强了攻打山东的实力。在严实协助下，木华黎又攻占曹（今山东菏泽）、濮（今山东鄄城北）、单（山东单县）等州。次年夏，严实入据东平（今山东东平）。同年，山东的红袄军也相继投降了蒙古。

成吉思汗十六年（1221）冬，木华黎率蒙古军的主力和汉军石天应、史天祥等部，渡黄河向西，联合西夏兵五万，进攻山西、陕西。蒙古、西夏兵联合攻延安（今陕西延安）不克，木华黎转而攻占绥德（今陕西绥德）、鄜（fū，今陕西富县）、坊（今陕西黄陵）等州。又从丹州（今陕西宜川）东渡黄河，取隰州（今山西隰县）。

成吉思汗十七年（1222）秋，木华黎率军向云中（今山西大同），夺回太原、平阳诸州，并设置官吏驻守。冬，木华黎率军西渡黄河，攻占同州（今陕西大荔县）、蒲城（今陕西蒲城），直逼长安。京兆行省完颜合达率金军二十万，固守长安，木华黎攻之不下。次年正月，转攻凤翔（今陕西凤翔）。凤翔守将完颜仲元率领军民英勇抵抗。木华黎苦战四十多天，未能破城。三月，木华黎被迫回师山西，病死于闻喜县（今山西闻喜）。蒙古退兵后，金军收复山西失地，金朝抗蒙斗争出现了新转机。但是，金军没有抓紧战机，故未能取得显著成效。

木华黎依靠强大的军事力量，又采取汉族地主武装比较容易接受的政策，争取到一批武装势力，逐渐消灭投靠金方的地方武装，从而使蒙古对中原地区的统治得以稳定，蒙古贵族与汉族地主对中原地区的联合统治从此开始建立。

金朝红袄军起义

金朝自章宗之后由盛而衰，在卫绍王及宣宗统治时期（1209—1223），社会矛盾日趋激化，并由此引发了13世纪中国北方地区规模最大的一次农民起义。章宗以后，金政权在中原和山东地区进行经常性的扩地，将民田占为官地，分给屯田军户耕种，这种做法造成大批农民流离失所，是造成农民起义的主要原因。另外，女真统治者对汉族百姓进行苛征暴敛，尤其是世宗以后实行的所谓"通检推排"之法，以重新确定民户家产为名，一再加重百姓的赋税负担，迫使农民不得不离开土地，纷纷出逃，社会生产遭到极大破坏。

从卫绍王大安三年（1211）起，在山东、河北地区相继爆发了规模浩大的农民起义。起义军为了便于互相识别，身穿红袄作为标志，因此被称为红袄军。起义队伍主要由佃农和驱丁（奴隶）构成。当时红袄军各支队伍之间并没有统一的组织和指挥，声势最为浩大的主要是下面四支队伍：

（1）益都杨安儿领导的起义军是红袄军的主力，主要活动在益都（今山东益都）、密州（今山东诸城）、莒州（今山东莒县）地区，人数以数十万计。他们的主要进攻目标是猛安谋克村寨，这说明金朝统治者的扩地行径导致民族矛盾激化。这支起义军先后攻占莱阳、登州（今山东蓬莱）、宁海（今山东牟平）、密州等地，控制了山东半岛的大部分地区，各地官吏纷纷望风请降。起义军还建立了政权，设置官吏，建元天顺。贞祐二年（1214），金宣宗南迁汴京，使来自蒙古的压力暂时减轻之后，便派出大批军队对山东起义军进行镇压。杨安儿不敌金将仆散安贞，于当年十二月兵败后乘舟逃入海中，准备转移到栖霞县（隶属于山东省烟台市）东的炬蜗山，途中被船夫曲成暗害。

（2）泰安刘二祖领导的起义军，主要活动在沂蒙山区，极盛时人数达数万。贞祐三年（1215），金军在击溃杨安儿的队伍之后，又在密州的马耳山打败了刘二祖的起义军，刘率余部转移到沂州（今山东临沂），再次败于金军，刘本人战死，其部数万人被金军杀害。

（3）兖州郝定领导的起义军，活动在滕（今山东滕州市）、兖（今山东济宁兖州区）等州，人数达十余万。在杨安儿、刘二祖两支队伍失败之后，郝定还在鲁西南地区攻占十余县，并在东平建号设元，自称大汉皇帝。贞祐四年（1216），这支队伍也被仆散安贞镇压下去，郝定在泗水县受擒，最后被送到汴京杀害。

（4）潍州李全领导的起义军，主要活动在潍县（今山东潍坊）、安丘、临朐等地区。初起时仅数千人，后来队伍迅速壮大。杨安儿死后，其余部由其四妹杨妙真率领，后来杨妙真与李全的起义军会合，两人结为夫妻，他们在莒县东南磨旗山建立了一个抗金根据地，长期坚持斗争。兴定三年（1219），金宣宗曾企图招安这支起义军，李全回信称："宁作江淮之鬼，不为金国之臣。"就在这一年，起义军曾一度攻占山东地区二府九州四十县之地，给金朝统治者造成极大的威胁，同时也大大减轻了金朝对南宋的压力。

杨妙真和李全领导的这支队伍虽然在对金军的作战中取得了很大的胜利，但此时他们不但要应付金朝统治者的进攻，还面临着来自蒙古入侵者的强大压力，在这种困境下，一部分起义军首领相继投降金朝。为了取得外援，起义军主动派人与南宋建立联系，杨妙真和李全等人接受了宋王朝的封号和任命。兴定五年（1221），金人放弃东迁，蒙古军队占据了山东大部分地区，起义军直接受到蒙古入侵者的威胁，就是在这样不利的条件下，他们仍然坚持两面作战。南宋政权虽然一方面需要联合这支队伍进行反金斗争，另一方面却又对起义军存在畏惧心理，怕他们归附后对自己的统治造成威胁，因此始终不许他们南渡。哀宗正大四年（1227），李全率部坚守益都，与蒙古兵抗衡达一年之久，终因孤立无援，最后投降了蒙古。李全降蒙后又率部向南宋进攻，正大八年（1231），他和宋将赵葵战于扬州城外，兵败被杀。杨妙真率红袄军余部返归山东益都，在蒙古人的统治下保持半独立状态，成为一支地方割据势力。

红袄军起义虽然最终未能推翻金王朝的腐朽统治，但它削弱了金政权的统治力量，客观上起到了加速金朝灭亡的作用。

成吉思汗西征

成吉思汗十一年（1216），成吉思汗决定西征，追击蔑儿乞部首领脱脱之子忽都和乃蛮王子屈出律。次年秋，速不台出征蔑儿乞部，在垂河（今楚河）流域消灭了忽都率领的蔑儿乞残部。成吉思汗十三年（1218），成吉思汗遣大将哲别征讨屈出律。这时屈出律正在攻打可失哈耳（今新疆喀什），闻蒙军来攻，向西逃跑，蒙军穷追不舍，当他逃至巴达哈伤（今阿富汗巴达克山）边境时，被逼至撒里黑忽纳河谷中而陷于绝境。蒙军包围屈出律及其残部，在当地猎人的协助下，将他捕获并处死。蒙军在征讨屈出律时，曾向当地居民宣布，不侵害百姓，准许居民信奉本民族的传统宗教，从而得到伊斯兰教徒的支持。蒙军顺利进入西辽都城八喇沙衮（今吉尔吉斯托克马克西南布拉多内吉城）。哲别把屈出律的头挂在可失哈耳、鸭儿牵（今新疆莎车）、忽炭（今新疆和田）等地示众。西辽各地官员相继归附，西辽灭亡。

成吉思汗十四年（1219）夏，成吉思汗从西辽继续向西进攻中亚大国花剌子模〔今黑海东、咸海西、锡（xíng）尔河南〕。自成吉思汗四年（1209）花剌子模公开与西辽决裂后，经济、军事实力日益雄厚。花剌子模王摩诃末计划向东扩张，征服中国，建立一个世界大帝国。花剌子模使团曾于成吉思汗八年（1213）到达过中都，成吉思汗向使者表示了互通贸易的友好愿望。随之成吉思汗也派商队去花剌子模进行贸易。成吉思汗十三年（1218）春，蒙古商队到达花剌子模边境城市讹答剌（在今哈萨克土耳其斯坦东南）时，摩诃末下令没收商队财物，杀掉全部商人。成吉思汗获悉此事后，决意兴兵复仇，于成吉思汗十四年（1219）夏，统领二十万大军亲征花剌子模。术赤等诸子和大将速不台、哲别随行西征。随征的还有契丹军、汉军、河西军及畏兀儿、哈剌鲁的军队等。花剌子模虽号称有四十万大军，但统治集团内部争权夺利、政治腐败，不能一致对外，摩诃末惊慌失措，丧失斗志。当年秋，成吉思汗率军抵达讹答剌（位于哈萨克斯坦奇姆肯特市阿雷思河和锡尔河交汇处），留察合台、窝阔台（二者都是蒙古四大汗国之一）围攻该城。派长子术赤进攻锡尔河（源于天山山脉，流经图兰低地注入咸海）下游诸城，令阿剌黑那颜攻取别钠客忒（今乌兹别克塔什干南、锡尔河北）、忽毡（今纳巴德）等地。成吉思汗和拖雷率主力直趋不花剌（今布哈拉）。察合台兄弟用五个月时间攻破讹答剌城。术赤也攻下锡尔河下游诸城。成吉思汗十五年（1220）二月，成吉思汗攻占不花剌城。三月，从不花剌进围摩诃末的京城撒麻耳干（今乌兹别克撒马尔罕）。摩诃末早已弃城逃到阿母河南。蒙古军入城后，大肆劫掠，致使撒麻耳干遭到极大破坏。成吉思汗命令哲别、速不台率军追赶摩诃末。摩诃末辗转藏匿，最后逃到宽田吉忽海（今黑海）中的一个岛上，年底病死。哲别与速不台率军向西，抄掠波斯各地，越过太和岭（今高加索山），攻入钦察。成吉思汗十八年（1223）五月，在阿里吉河（今乌克兰日丹诺夫市北）战役中击溃斡罗斯（今俄罗斯）与钦察联军。蒙古军长驱直入斡罗斯南部。年底东返，攻入亦的勒河（今伏尔加河）中游的不里阿耳，然后与成吉思汗会师东归。

摩诃末之子札兰丁即位后，决心以旧都玉龙杰赤（今土库曼尼亚乌尔根奇）为基地抗蒙。不久因部将图谋叛乱，札兰丁离开旧都，逃至呼罗珊（今阿母河以南，兴都库什山脉以北地区）。术赤、察合台、窝阔台攻入玉龙杰赤，纵火烧房，杀掠居民后，又引阿母河水灌城，繁华富庶的玉龙杰赤变成一片废墟。成吉思汗命拖雷先率军攻取呼罗珊诸城。成吉思汗十六年（1221）年初，又自统大军南渡阿母河，攻下巴里黑城（今阿富汗马札里沙里夫西）之后，屠杀了全城百姓。同年二月，拖雷部攻占马鲁（今土库曼共和国马里东），将该城夷为平地，屠杀居民达七十万之多。四月，屠奈撒（今土库曼阿什哈巴德东）等城。四军途中攻占也里（今阿富汗赫拉特），至塔里寒城（今阿富汗塔利甘）与成吉思汗会合。花剌子模王札兰丁在蒙军占领呼罗珊时，逃入原封地哥疾宁（今阿富汗加兹尼），拥兵约十万，继续抗蒙。成吉思汗亲自追击，双方激战于八鲁湾川（今阿富汗查里卡东北），蒙军大败，损失过半。消息传开后，已投降蒙古的部分花剌子模城市纷纷起义。但是，札兰丁的部下因为争夺战利品而发生内讧，纷纷离去。不久，各路蒙军会师于塔里寒，成吉思汗亲统大军攻占哥疾宁。札兰丁弃城撤退到申河（今印度河），由于缺乏渡船未能过河，又准备逃到印度。十一月，蒙军发动猛攻。札兰丁率部拼死抵抗，大部分士卒战死或失散，札兰丁纵马入河，游至对岸，仅剩四千余人进入印度。成吉思汗十七年（1222）春，成吉思汗命蒙军沿申河追击札兰丁余部，未见踪迹，加之入夏以后，蒙古军难耐酷暑，只好回师阿母河驻地。次年，成吉思汗决意东归。成吉思汗二十年（1225）春，回到蒙古，结束了西征。

成吉思汗西征是一场带有破坏性的对外侵略战争，给所到之处的人民造成了巨大的灾难，当然客观上也沟通了东西交通，促进了中外文化的交流。

蒙古灭西夏

成吉思汗四年（1209）秋，蒙古军围困西夏都城中兴府（今宁夏银川），引黄河水灌城，迫使西夏纳女请和，达到了孤立金朝的目的。成吉思汗十一年（1216），蒙古军借道西夏国境攻击金国的关中地区。西夏出兵配合随征，攻下潼关。此后，蒙古多次征调西夏兵攻金。西夏疲于奔命，损失甚重，逐渐与蒙古关系疏远。次年，成吉思汗又命西夏出兵随征西域，遭到西夏拒绝。成吉思汗大怒，派兵突然袭击西夏，再次包围中兴府。西夏主遵顼逃到西凉，遣人求降。成吉思汗为集中兵力西征，决定暂停攻夏，由木华黎驱使西夏军队参加对金朝的战争。西夏政治腐败，兵无斗志，屡遭失败，国力进一步被削弱。

成吉思汗十八年（1223）底，夏献宗（李德旺）即位，决心改变其父的附蒙攻金国策。为此，一方面联合漠北诸部落，企图建立抗蒙联盟；另一方面于次年夏，与金议和，称"兄弟之国"，共抗蒙古。

成吉思汗十九年（1224）秋，木华黎之子孛鲁受成吉思汗之命，征讨西夏，攻破银川（今陕西榆林南）。蒙古俘其主将塔海，杀死士卒数万人，掳掠牲口牛马驼羊数十万之多。

成吉思汗二十年（1225），成吉思汗从西域回到漠北和林〔今蒙古后杭（yuán）爱省额尔德尼召北〕，准备大举进攻西夏。同年秋，成吉思汗留察合台驻守草原，亲率窝阔台、拖雷等子征西夏。次年二月，蒙古兵分两路进军。在进军途中，成吉思汗射猎坠马，身负重伤。于是，派使者到西夏去招降，被拒绝。成吉思汗大怒，带病坚持出战。一支蒙古军由西域（今新疆）东进，取沙州（今甘肃敦煌）后，攻下凉州（今甘肃武威）、甘州（今甘肃张掖），东攻肃州（今甘肃酒泉），遭到西夏军民的顽强抵抗。攻破肃州后，成吉思汗下令屠城，幸免者仅一百零六户。另一支由成吉思汗亲自统率，从漠北向西南进攻。三月攻下黑水（今河套北狼山山脉西北喀刺木伦）等城，兵进至贺兰山。七月，攻西凉府，西夏守将力屈投降，周围诸县被蒙军占领，西夏主献宗忧惧而死，其侄南平王睍（xiàn）即位。

成吉思汗趁西夏危急，率军穿越沙漠，至黄河九渡（今宁夏中卫）附近，取应里（今宁夏中卫）等县。十一月，率大军攻灵州（今宁夏灵武西南）。西夏派十万大军来援。蒙古骑兵在冰冻的黄河上面飞驰，猛击西夏兵，西夏损失惨重，死者堆积如山。蒙军占领灵州后，围攻夏都城中兴府。成吉思汗到盐州川（今陕西省定边附近）驻冬。蒙军在西夏境内肆行杀掠，居民受害者无数。成吉思汗二十二年（1227）正月，成吉思汗率军南渡黄河，攻入金境。蒙军先后攻破临洮（今甘肃临洮）府、洮（今甘肃临潭）、河（今甘肃临夏东北）、西宁（今青海西宁）、德顺（今甘肃静宁东北）等州。闰五月，成吉思汗在六盘山（今宁夏原州县）避暑时，派遣使臣到中兴府劝降。中兴府被围半年，粮尽援绝，已无力支持下去了。六月，西夏主向蒙古投降，条件是请宽限一个月献城，得到成吉思汗应允。这时成吉思汗已经病重，七月十二日（公历8月25日）死于清水县（今属甘肃）行宫。他临死前吩咐，密不发丧，以免西夏获悉后发生变故，待西夏国主来投降时执而杀之。成吉思汗死后三天，西夏国主献城出降，被处死。中兴府城的居民也遭杀掠。西夏的灭亡，解除了蒙古向金朝进攻的后顾之忧，使蒙古可集中全力向南进攻金朝，也为西征创造了有利条件。

金哀宗抗蒙

金哀宗完颜守绪，是宣宗第三子。元光二年（1223）十二月即位。哀宗不因金朝大势已去而自甘灭亡，而是竭尽最大努力来挽救局势。他即位之后，一改过去对蒙古一味退让的做法，采取一切措施全力抗蒙，使濒临灭亡的金朝又苦苦支撑了十年。

哀宗即位后，首先对腐败的朝政进行了一番整顿，在宣宗时担任吏部侍郎的蒲察合住残暴苛刻，谏官不敢弹劾，哀宗把他贬为恒州刺史，不久又将他处死；左司员外郎泥庞古华山勾结权臣，败坏朝政，哀宗将他贬为同知桢州（治今陕西韩城市区）军州事。这两个奸臣被逐后，朝廷士大夫都纷纷称庆。同时，哀宗又任用了一批抗蒙有功的将帅分掌军政，赤盏合喜任枢密副使，完颜合达任参知政事，行省于京兆，完颜赛不任平章政事，李蹊任参知政事；又下诏为十三位抗蒙死节将士建立褒忠庙，以激励士气。

宣宗时一方面对蒙古的入侵一再避让，一方面却又连年发兵南侵宋朝，想向南方扩地以补偿北方的失地，结果不但达不到扩地的目的，反而使得金朝不得不陷入了两面作战的困难境地。哀宗改变这种不明智的做法，断然停止对南宋的战争，正大元年（1224）六月，派枢密判官移剌蒲阿到当时处在金军占领之下的淮南光州（今河南潢川），张榜告示南宋军民，金朝从此不再南伐。另外，宣宗时西夏趁金屡败于蒙古之机，连年出兵侵扰金朝，金朝不得不分出很大一部分精力来对付西夏。哀宗即位之后，西夏因蒙古已转而对它用兵，便于正大元年（1124）十月遣使到金朝来求和，哀宗也正想结束与西夏的战事，于是使节频频往返，和议于次年九月达成，哀宗为了抗蒙大业，主动对西夏做出重大让步，和议规定：改变西夏对金称臣的旧规，此后西夏对金称兄，金则对西夏称弟，西夏也不再用金朝的年号。十月，哀宗以与西夏修好诏告中外。与南宋和西夏的休战和好为哀宗抗蒙去除了后顾之忧，使金朝可以腾出手来全力抗击主要的敌人。

自宣宗南迁之后，河北、河东(今山西)就陷于蒙古之手，金朝在这些地方主要是利用当地的地主武装，与蒙古进行反复的争夺。正大三年(1226)秋，哀宗趁蒙古正倾全力进攻西夏的时机，派遣权枢密副使移剌蒲阿统率金军主力进兵河东。八月，移剌蒲阿旗开得胜，收复绛州曲沃及晋安(今山西新绛)。次年年初，移剌蒲阿和灵宝总帅纥石烈牙吾塔率兵北攻平阳(今山西临汾)，蒙古知平阳府事李守忠出战败北，平阳副帅夹谷常德开城门降金，金军遂收复这个河东重镇。蒙古行平阳元帅府事李伯温往西退至青龙堡(今山西吉县东南)据守，金兵乘胜追击，李伯温战败而死。五月，金河北地主武装首领武仙率兵进攻太原，城中金降兵哗变，里应外合，结果蒙古守城大将攸兴哥战死，武仙收复太原。至此，河东南北两路的首府都已易手，金朝暂时控制了河东地区的主动权。

正大四年(1227)六月，蒙古灭亡西夏，随后便移兵南下，进攻金朝的陕西地区。哀宗召集朝官商议对策。当时陕西行省奏上三策，上策是请哀宗亲自率军出战，中策是哀宗去陕西坐镇指挥，下策是放弃陕西，退保潼关。哀宗于此三策都不取，却遣使去蒙古军中求和，成吉思汗拒绝金朝的求和，督率蒙军由西向东一路攻来。七月，蒙古军攻占凤翔，前锋进至京北(今陕西西安)，南京为之震动，朝廷在南京签民为军，劝百姓入城保聚。金岢岚(kě lán，隶属于山西省忻州市）节度使杨沃衍率部与蒙古军一再接战，屡战屡胜，遏止了蒙军的进攻势头。正在此时，成吉思汗病死军中，蒙古暂且撤军。

　　成吉思汗死后由其幼子拖雷监国，正大五年（1228）又继续东进陕西，哀宗派平章政事完颜合达率军在凤翔、泾州（今甘肃泾川）一带抵御，当蒙古军进至大昌原（今甘肃宁县东南）时，完颜合达令忠孝军首领完颜陈和尚率骑兵四百为前锋出战，陈和尚英勇上阵，以手下士兵击败蒙古军八千之众，金军将士士气大振，踊跃奋战，在此战中取得重大胜利。这是自蒙古侵金以来，金军的首次大捷，消息传至朝廷，哀宗手诏褒奖，授陈和尚定远大将军、平凉府判官，世袭谋克（金代军政合一的基层政权单位的官职）。金朝暂时阻止了蒙古军的东进。

　　哀宗的抗蒙斗争迟滞了蒙古的进攻，但并不能挽救金朝覆灭的命运。正大六年（1229），成吉思汗第三子窝阔台继承汗位之后，统率蒙古军主力大举攻金，不过短短的四五年间，就于天兴三年（1234）正月将金朝灭亡。

〔元〕

忽必烈建国号大元

窝阔台死后，由乃马真皇后监国，后来由她的儿子贵由做了两年多大汗。贵由死后，大汗位就传到拖雷的儿子蒙哥手里了。

蒙哥做了大汗之后，就让他的弟弟忽必烈掌管黄河以北的地方军队和行政事务。忽必烈从小就有远大的理想，想干一番事业。他早年就受到中原汉族文化影响，后来他认识了一批有学问的汉族知识分子，如刘秉忠、张文谦、王鹗（è）、郝经、姚枢等人，他们劝说忽必烈要用儒家思想来治理国家，特别要用"汉法"来治理中原。郝经还说："谁要是能重用士大夫，又能用中原的统治方法来治理国家，谁就能当中国的皇帝！"这些话对忽必烈影响很大，他决定夺得天下后，一定用"汉法"来治理国家。正是这些人支持忽必烈夺得汗位的。

忽必烈让刘秉忠在滦河北岸的龙岗（现在的内蒙古自治区多伦县西北）为他建造了一座新的城市，叫作开平，作为他的根据地，把他的谋士都召到那儿，开始了在黄河以北的统治。忽必烈用汉法治理汉地，损害了蒙古贵族的利益，也有损蒙哥的汗位。于是蒙哥夺去忽必烈的兵权，并派阿兰答儿、刘太平前去调查。忽必烈听从姚枢等人的劝告，把妻子、女儿送到蒙哥那里去当人质，并亲自去见蒙哥，说明自己并无野心，蒙哥这才相信了他。

1258 年，蒙哥发动三路大军攻打南宋，他自己率领主力攻四川，让忽必烈攻鄂州（今湖北省武汉市），让元良哈台从云南打潭州（今湖南省长沙市）。正当忽必烈攻打鄂州的时候，忽然传来蒙哥去世的消息，有人说是病死的，有人说是在指挥攻城时，被飞石打成重伤，回到军营后死的，反正是死了。忽必烈想攻下鄂州后，再回去夺取汗位，可是这时传来阿里不哥要继承汗位的消息。

阿里不哥是拖雷的小儿子，按照蒙古人"幼小守产"的习惯，在蒙古打仗的时候，他就留在蒙古国的都城和林（位于今蒙古国境内前杭爱省西北角）。在阿里不哥的周围有一批蒙古贵族，他们反对用"汉法"来统治，而主张用蒙古的旧法来统治，因此他们反对忽必烈，而拥护阿里不哥。阿里不哥听到蒙哥去世的消息后，马上任命支持他的人担任各级官员，并派脱里赤和阿兰答儿占领燕京和陕西一带，准备阻止忽必烈北上。

当时，忽必烈的妻子察必正在开平，她得知消息后，马上报告给了忽必烈。忽必烈立刻召集跟着他的诸王、大将和谋士们，商量怎么办。谋士郝经说："阿里不哥已经开始行动了。大王虽然有重兵，但是，如果他宣称有大汗的遗诏，先即位了，我们还能回去吗？"他给忽必烈献了一条妙计：一方面派一支军队去接蒙哥的灵车，把大汗的宝玺夺过来；一方面派军队夺取并守卫燕京；同时通知各王到和林去举行丧礼。正在这时，南宋宰相贾似道又来求和，忽必烈马上同他订了和约，然后带着人马北上。

1259 年，忽必烈到达燕京，遣散了脱里赤招买的人马。1260年 3 月，忽必烈到达开平。他的大将廉希宪和商挺私下对他说："先下手为强，后下手遭殃。机会丢失了，就再也找不回来了。"于是，忽必烈在开平召开忽邻勒塔（部落和各部联盟的议事会，用于推举首领，决定征战等大事，蒙古语"聚会""会议"的意思），在塔察儿、也先哥、合丹、米哥等王的拥护下，忽必烈登上了大汗宝座。

阿里不哥没想到忽必烈的动作这样快，他慌忙地在 4 月也召开忽邻勒塔，宣布自己为大汗。

常言道："天无二日，国无二主。"蒙古国出了两个大汗，那怎么能行呢？看来只有通过打仗来决定了。当时，东部的各个王都支持忽必烈，西边的王中，有的支持阿里不哥，有的支持忽必烈，而且忽必烈还统治着中原，因此忽必烈的力量比阿里不哥大得多。因为阿里不哥的势力在西边，因此忽必烈就派廉希宪向陕西进军。阿里不哥在陕西的大将是浑都海，他手下一个姓刘、一个姓霍的战将驻扎在六盘山一带。廉希宪一到，两军就打了起来。廉希宪的老将刘黑马一马当先，一场恶战，活捉了刘、霍二人，把浑都海打得大败。廉希宪又从霍鲁怀口里知道，驻扎在成都的密里霍者，驻扎在青州的乞台不花，都要起兵反叛忽必烈，情况万分紧急，来不及报告忽必烈，廉希宪就假传圣旨派刘黑马到成都杀死了密里霍者，派汪惟正到青州杀死了乞台不花。不久，八春、合丹等又同廉希宪会合，他们打败浑都海，并杀死了阿兰答儿和浑都海。阿里不哥在西方的力量被打垮了。

同时，忽必烈亲自带领大军，直扑阿里不哥的老巢和林。阿里不哥哪里是对手，慌忙逃到谦州（在今唐努山以北，苏联叶尼塞河上游），他怕忽必烈追来，就使了一个缓兵计，派人向忽必烈认罪，说他愿意投降，等他把马儿养肥了，再同其他王一起来拜见。忽必烈认为阿里不哥所做的事全是他的谋士指使的，因此，就对使者说："你回去告诉我的弟弟，说我相信他的话，原谅他了，叫他快快来见我。"后来忽必烈等不及了，就派也孙哥驻守和林，自己先回开平了。

1261 年秋天，阿里不哥养肥了他的战马，又收集了一批人马，又发兵南下。他派人到也孙哥那儿，假意说是来投降，也孙哥信以为真，没有做打仗的准备。阿里不哥发动突然袭击，又把和林夺了回去。忽必烈知道后，马上又带兵北上，两军在昔木土脑儿（今内蒙古东乌珠穆沁旗西北）相会，结果阿里不哥又被打败，逃回和林。可是这时，原来支持阿里不哥的阿鲁忽王也开始起兵反对他，阿里不哥被迫逃到新疆去了。

后来，阿里不哥又多次打了败仗，加上蒙古高原又发生了饥荒，原来支持阿里不哥的各王，纷纷跑到忽必烈那儿去了。1264 年，阿里不哥只得向忽必烈投降。忽必烈问他："咱们兄弟俩，按道理讲，到底谁该当大汗呢？"阿里不哥说："以前我是对的，现在是大汗你对！"他还挺硬气的，只承认失败，可不承认没有道理。后来，忽必烈下诏：阿里不哥等王，都不问罪，但是他的谋臣，要全部杀死。这样，忽必烈巩固了他的汗位。

忽必烈平定阿里不哥后，把政治中心由和林搬到中原，他继续推行"汉法"来改造蒙古国。1271 年，忽必烈根据刘秉忠的建议，按《易经》中"乾元"（相大）的意思，把国号改为"大元"，这样元朝正式成立了，忽必烈就是元世祖。第二年，元世祖把燕京改为大都，作为全国的首都。

窝阔台侵南宋

窝阔台汗六年（1234）年初，蒙、宋联合灭金后，蒙古与南宋仅隔一条淮水。蒙古违约，不肯将河南地归还南宋。南宋不敢坚持原议，反而让蒙古占领了陈州（今河南淮阳）、蔡州（今河南汝南)西北的大片土地。南宋也想乘金国灭亡，河南处于空虚状态之机，收复洛阳、汴京（今河南开封）、归德（今河南商丘）等地。蒙古和南宋的冲突在所难免。

同年六月，宋朝在各方面都准备不足的情况下，仓促出兵汴京。庐州知州全子才奉命率军万人进至汴京，汴京人立即举事响应。汴京军民杀死蒙古所立的长官崔立等人，迎接南宋军队。宋将赵葵率兵五万进入汴京。七月，宋将张迪率兵进攻洛阳，也受到洛阳民众的欢迎。但是，由于河南经历连年战乱，到处是断壁残垣，田野荒芜，粮饷极度缺乏，宋军士气大受影响。蒙古军在都元帅塔察儿的率领下进攻洛阳。洛阳城中缺粮，宋军只得退出。在汴京的赵葵也因无粮饷，再加上蒙古军掘黄河堤放水，不得不退出汴京。昏庸的宋朝君臣又把收复失地的希望寄托于和议。但是，由于南宋曾接受过将陈、蔡西北之地归属蒙古的要求，窝阔台便以此为理由把这次出兵归罪于南宋先启边衅，召集诸王贵族开会，决定进攻南宋。

窝阔台汗七年（1235），蒙古兵分两路进攻南宋。东路由皇子阔出率诸王口温不花、国王塔思以及汉将张柔、史天泽等统兵攻宋荆襄和长江中下游；西路由皇子阔端率元海塔海，汉将刘黑马等率兵攻取四川。南宋的防御重点是以襄阳为中心的镇北军。该军全部由招募的中原豪杰组成，骁勇善战。七月，东路口温不花部攻唐州（今河南唐河县）。十月，塔思部攻陷枣阳后南下攻郢州（今湖北钟祥）。宋军坚守，塔思未能破城，掳掠大批人口和牛马数万头而还。同月，西路阔端军进入巩昌（今甘肃陇西）。原金国守将汪世显投降。阔端大喜，命其率兵攻宋，同时要求他约束部队，不要扰民。年底，蒙古军将宋将赵彦呐所部包围在青野原

（今甘肃徽县南）。宋将曹友闻知道后说："青野原是入蜀的咽喉要地，绝不能丢失。"便率兵星夜前往援救，击退了敌军。解青野原之围后不久，曹友闻率兵援救大安（今陕西宁强北），击退汪世显部，并扼守仙人关（在今甘肃省徽县东南），挡住了蒙古军的攻势。

但是，这时镇守襄阳的宋将赵范由于用人不当，军纪废弛，内部矛盾尖锐。窝阔台汗八年（1236）三月，王曼、李伯渊等发动兵变，焚毁襄阳城郭，投降了蒙古。荆襄重镇的失守，使东路蒙古军得以长驱直入，攻克了郢州、随州（和荆门都属今湖北省）、荆门等地。阔端的西路军由大散关（今陕西宝鸡西南）南下取凤州（今陕西凤县东北）。九月，四川宋军主将赵彦呐拒绝了曹友闻凭险据守、伺机伏击敌军的建议，下令曹部守大安军以保蜀中门户，导致曹友闻在大安阳平关全军覆没。阔端长驱入川，一个月之内，攻占了成都、利川（今四川广元）、潼川（今四川三台）等二十余州，宋军只剩下川东的夔州一路和潼川路的顺庆府。蒙古军队在大肆抄掠之后，退回陕西。阔端又派按竺迩攻占金遗臣郭斌据守的会川（今甘肃兰州西北）和南宋的文州（今甘肃文县）。与此同时，东路蒙古军口温不花等部进攻淮西。蕲（qí，今湖北蕲春）、舒（今安徽安庆）、光（今河南潢川）三州守将望风而逃。蒙古军直逼黄州（今湖北黄冈）。同时，派轻骑自信阳奔袭合肥。蒙古忒木觖率部进攻江陵（今湖北荆州）。宋将孟珙（gǒng）命部下多次改换服色、旗帜，以迷惑敌军，使敌军不敢轻动，接着连破蒙古军二十四寨，救回被俘的两万多百姓。攻真州（今江苏仪征）的蒙古察罕部也被宋将邱岳击退。

窝阔台汗九年（1237）十月，东路蒙古军口温不花、史天泽部再度南下攻占光州，在复州（今湖北西阳西南）打败南宋水军，并迫使复州宋军投降。接着又转攻秦春（今安徽寿县）、黄州。宋将孟珙率兵援黄州，击退蒙军。同月，西路蒙古军攻克夔州（今四川奉节。夔，kuí）。

窝阔台汗十年（1238）年初，东路塔思蒙古军队抄掠安庆府（今安徽潜山）后北返。九月，察罕、张柔率八十万大军围攻庐州（今安徽合肥），宋将杜杲死守，迫使察罕退兵，然后派水军扼守淮河，派其子杜庶率勇将占文德、聂斌等精兵强将埋伏在要害之地。蒙古军无法前进，只好北撤，两淮得以稳定。宋将孟珙收复了荆襄等地。

窝阔台汗十一年（1239），蒙古军接连三次败于孟珙手下。南宋收复了襄阳、樊城、光化、信阳等地。同年八月，蒙将塔海等率兵八十万入蜀，攻占重庆、万州（今重庆万县）、夔州等地。但出川时，在归州（今湖北秭归）大垭寨遭到宋将孟珙的阻击，未能顺流而下进入湖湘。孟珙乘胜收复夔州。次年二月，蒙古按竺部再攻万州，在夔门击败宋军。窝阔台汗十三年（1241）十月，东路蒙古军再围安丰。十一月，达海绀（gàn）卜、汪世显等部进攻成都、汉州（今四川广汉）、遂宁（今四川遂宁）、叙州（今四川宜宾）、泸州（今四川泸州）、资州（今四川资中）等地。同月，窝阔台去世，皇后乃马真称制，继续进攻南宋。

自从窝阔台汗七年（1235）蒙古大举进攻南宋以来，荆襄、两淮、四川的许多地区遭到蹂躏。蒙军虽从这些地区掠夺了大量财物，但在各地遭到宋军民抗击，损失也不小，蒙古贵族一面进攻，一面也派使者来宋议和。南宋也于嘉熙二年（1238）和嘉熙四年（1240）两次派人到蒙古议和，均未达成和议。

在此期间，双方无大战，而各有胜负。宋朝于淳祐二年

（1242）曾任命余玠（jiè）为四川安抚置制使，收复了被蒙古占领的一些州县，改革弊政，安抚遗民，招聘贤才，并想出兵收复汉中地区，但没有成果。而蒙古由于贵族宗室内部矛盾的尖锐化，直到蒙哥即汗位、海迷失后二年（1250）之前，未能对南宋发动新的大规模进攻。

忽必烈治理中原

蒙哥汗元年（1251），蒙哥即位后，任命二弟忽必烈总理漠南汉地军国政事。忽必烈南下驻于爪忽都（蒙古人对金北边部族的泛称）之地，建藩府于金莲川（今内蒙古自治区正蓝旗闪电河），常驻于桓（今内蒙古自治区正蓝旗北）、抚（今内蒙古自治区兴和县）二州间。他招纳了一批汉族士人为幕僚，如刘秉忠、姚枢、许衡、郝经等人，并通过这些人引荐，吸引了更多的中原士人。他们用儒家思想和历代行之有效的治国之道影响忽必烈，促使忽必烈采纳他们的计策，以汉法来治理中原。

蒙哥汗二年（1252）正月，谋士姚枢建议改变过去春去秋来、夺城后剽杀掳掠的作战方式，采取以守为主，亦战亦耕，广积粮储，充实边备的灭宋方针。忽必烈采纳了这一建议，首先整治邢州（今河北邢台）。这时，邢州在两个答剌军的统治下，民户由一万多户锐减为五七百户。忽必烈任用汉人张耕为邢州安抚使、刘肃为邢州商榷使。他们到邢州后，除去弊政，革去贪暴，召抚流亡，仅几个月时间，邢州大治，户口增加几十倍。于是，忽必烈请设经略司于汴（今河南开封），以汉人史天泽、杨惟中、赵璧等为经略使，整顿河南军政。汉将史天泽等到河南后，打击暴虐贪淫的地方军阀，处死横暴的州官，兴利除害，深得民心。他们还在唐（今河南唐河县）、邓（今河南邓州市）屯田。在邓州设屯田万户，范围西起邓州，东连陈州（今河南淮阳）、亳州（今安徽亳县）、清口（今江苏淮阴西）等地。屯田的军民，敌至则战，敌走则耕，不久，河南大治。

蒙哥汗三年（1253），蒙哥把关中地区封给忽必烈。次年，忽必烈在京兆（今陕西西安）立宣抚司，以孛兰和儒臣杨惟中为宣抚使，并屯田于凤翔（今陕西凤翔）。又奏割河东解州盐池的收入以供军食，募民以盐换粮，支援四川前线。他们改革弊政，努力恢复农业生产，减关中常赋之半；整顿吏治，处死害民的贵族，并进一步严肃军纪，关中情况大为改观。忽必烈还任命许衡为京兆提学，在关中建立学校，释放俘掠的儒士，编入儒籍（读书人的户籍）；又立京兆交钞提举司，所发纸钞，以佐经用。关陇地区的社会经济得以恢复。忽必烈上述措施，得到了汉族地主、儒生的广泛支持，巩固了自己的统治地位。他从中也学到了统治汉地的方法。

蒙哥汗六年（1256）春，忽必烈命刘秉忠在桓州东北、滦河北岸的龙冈（今内蒙古自治区多伦西北）营建宫室、房舍。三年后建成。称开平府（今内蒙古自治区锡林郭勒盟正蓝旗东五十里），作为藩王府的常驻地。开平府聚集了忽必烈的一批重要谋士，成为他治理汉地的政治中心。汉地社会经济的恢复，也为后来建立元朝奠定了基础。

忽必烈采用汉法治理中原地区，取得了显著成效，改变了过去那种人民逃亡、农田荒芜、典章不立的混乱状况，但却招致了蒙古统治集团中一部分贵族的不满。蒙古旧贵族企图用旧的统治方式来统治中原汉地。于是，有人向蒙哥大汗告状，说忽必烈在中原收买人心，财赋尽入王府，恐枝大于本，不利朝廷等，引起了蒙哥的疑忌。蒙哥汗七年（1257）春，蒙哥以王府诸臣多擅权营奸利事为名，派遣亲信阿兰答儿等到关中主管政务，并在关中设钩考局，查核关中、河南等处钱谷事。阿兰答儿从忽必烈所任命的经略、宣抚司官员中，罗织罪状一百四十余条，企图通过罢免忽必烈所信用的官员来打击他的势力。蒙哥下令解除忽必烈在汉地的军权。忽必烈忧惧不安，谋士姚枢献策说，只有将王府诸妃送往和林，表示准备久居和林，才能解除蒙哥的怀疑。忽必烈接受了这个建议，于冬天亲自送全部家属到和林，并单独朝见蒙哥，才消除了蒙哥对他的猜忌。蒙哥决定不追究忽必烈，同时停止了对关中、河南的钩考。但是，忽必烈所设置的行部、安抚、经略、宣抚、都藩诸司全部被罢除。忽必烈调回自己派出的官员。蒙哥伐南宋时，仍以忽必烈患足疾为名，让他在家养病，不予统兵之权，直到蒙哥汗九年（1259）十月才不得不改命忽必烈统东路军征南宋。忽必烈以谦恭忍让保全了自己，避免了一场不测之祸。

元灭南宋

忽必烈即位之初，由于内部矛盾比较尖锐，他为了巩固自己的地位，暂时放松了对南宋的进攻。这本是南宋巩固长江防线甚至乘蒙古内乱北进的好时机，但南宋统治者不但不反思自己生死存亡的处境，反而自己窝里斗。

此时南宋朝中大权掌握在奸相贾似道手中，误国害民的贾似道对外怯懦怕死，不敢抗争；对内却弄权称霸，排斥异己，将许多有功的将领或罢去兵权，或逮捕下狱。前线的战将有功不赏，犯罪不罚，人人心怀疑惧，不肯出力甚至主动投降蒙古。贾似道把持下的南宋政权，极其黑暗腐朽，灭亡的命运已经注定了。

1261年，南宋驻守四川的骁将刘整因遭受贾似道等人的迫害而投降了蒙古。南宋的军情他了如指掌。1267年，他向忽必烈献策说："攻宋战略，应当先打襄阳；如果得到襄阳，由汉水进入长江，再顺流而下就可以平定南宋了。"忽必烈采纳了刘整的建议，派刘整和大将阿术领重兵围攻襄阳。

襄阳位于汉水南岸的一个河湾里，东、北、东南三面临水，地势险要，易守难攻；与襄阳隔水相望的北岸是樊城（与襄阳店都位于湖北省西北部），汉水上架有浮桥，沟通两城往来；南宋在这两城都驻有重兵，城池坚固，粮食充足。从1267年至1273年，蒙古军队围攻六年都未能攻入。但孤城毕竟难以久守，南宋的援兵又迟迟不派，在蒙古军新式大炮的轰击之下，樊城先破，襄阳守将吕文焕投降。

就在蒙古军围攻襄阳期间，忽必烈于1271年宣布将大蒙古国号改为"大元"。新国号是取自《易经》中"大哉乾元"之意，表示国家极其广大。第二年，忽必烈就将首都迁到新建的大都城（今北京），意味着其统治中心已从蒙古高原移到中原地区，接下来就是灭掉南宋，统一中国了。

元朝的建立，标志着蒙、汉各族地主阶级的进一步联合，数千年的汉文化封建统治制度被蒙古族新王朝延续下来了。

1274年6月，忽必烈发布伐宋诏书，命左丞相伯颜统率二十万大军，水陆并进。临行时忽必烈告诫伯颜不得乱杀无辜，这次的目的不是烧杀抢掠，而是统一中国。

伯颜大军从汉水入长江，以南宋降将吕文焕统领的水军为先锋，顺江东下，一路势如破竹，捷报频传。南宋的贾似道既无意抵抗，又求和不得，在朝野舆论的压力下，勉强率领十三万精兵及大批后勤物资、大小船只相连百余里溯江而上，迎战元军。

两军在池州（今安徽贵池）下游的丁家洲相遇。贾似道见元军来势凶猛，吓得魂飞魄散，未经交战便鸣金收兵，十三万大军顷刻崩溃。元军乘胜前进，直逼南宋都城临安。南宋除少数将领坚持率众抵抗外，各地的大小官吏纷纷投降。

南宋朝廷一面将贾似道贬职处分，一面再三向元军求和，最后只好投降。1276年年初伯颜进入临安（属今杭州市），俘宋恭帝及两宫太后和大批皇室宗亲及大臣等，北上押至大都。第二年又以水军下海追击陆秀夫、张世杰、文天祥诸人拥立的宋端宗。1279年2月文天祥等战败被俘，陆秀夫背着年仅九岁的南宋小皇帝在广东崖山（今广东新会南）跳海而死。至此南宋王朝终于灭亡，元朝统一全国。

元朝的统一，是历史发展的必然趋势。以忽必烈为代表的蒙古统治集团，是从奴隶主贵族转化过来的封建地主阶级的新兴统治力量，他们战胜南宋没落腐朽的统治，完成统一中国的历史任务是必然的。它结束了唐末以来中国大地长期分裂、割据、混乱不堪的政治局面，奠定了元、明、清三代六百多年国家的长期统一，为推动中国的历史进程起了不可磨灭的作用。

四大汗国

蒙古人成吉思汗建立的蒙古帝国在他的孙子们时最后定型。因为蒙古实行的是幼子继承制，所以以中国的元朝帝国为大汗辖区，另外，还有服从大汗宗主权的四个相对独立的国家，即四大汗国，分别是金帐汗国，察合台汗国，窝阔台汗国和伊儿汗国，后来的"联邦"类似于这种情况。

（1）钦察汗国，元朝西北宗藩国，亦称金帐汗国或术赤兀鲁思。成吉思汗长子术赤的封地，主要辖区是东起额尔齐斯河，西至多瑙河，南起高加索山的地区。1236年至1240年，术赤第二子拔都征服了乌拉尔河以西伏尔加河流域钦察、不里阿耳等部族，并征服了斡罗思，迫使斡罗思各公国称藩纳贡。1243 年，拔都结束西征回到伏尔加河上，建立了东起也儿的石河，西到斡罗思，南起巴尔喀什湖、里海、黑海，北到北极圈附近的辽阔的钦察汗国。对于东欧各公国享有宗主权，其中也包含罗斯公国（罗斯公国是俄罗斯国家的雏形）。

（2）察合台汗国，成吉思汗的次子察合台封地，主要辖区在天山南北。

1314 年，原本让位给自己哥哥也先不花的察合台汗怯伯复位，把国都从阿力麻里（遗址在新疆伊犁霍城县境内）迁至撒马尔罕，在河中地区提倡农业，实行改革，而也先不花汗则坚持游牧传统，汗国开始分裂为东、西两部。东部以阿力麻里为中心，包括喀什、吐鲁番一带；西部以撒马尔罕为中心，统治河中地区。今新疆及周边大部分地区在东察合台汗国统治之下。也先不花为东部汗，怯伯为西部汗。也先不花、怯伯死后，亚洲中部的蒙古贵族各部各自为政，互相攻杀。1348 年，统治天山南路的杜格拉特部权臣布拉吉找到一个十八岁的贵族秃黑鲁帖木儿，宣布他是也先不花的儿子，并在阿克苏（位于塔克拉玛干沙漠西北边缘、塔里木河上游）拥立为汗。历史上把秃黑鲁帖木儿统治的地区称为东察合台汗国。秃黑鲁帖木儿是第一个信奉伊斯兰教的蒙古大汗，他用强制手段迫使天山以北十六万蒙古人改信伊斯兰教。1363年，秃黑鲁帖木儿死去，东察合台汗国发生内乱，布拉吉之弟卡玛鲁丁夺取了政权，并残杀秃黑鲁帖木儿的子女及眷属十八人。1389 年，幸存的秃黑鲁帖木儿的幼子黑的儿火者即汗位，建都于别失八里（故城在今新疆吉木萨尔境内）。1418 年，黑的儿火者之孙歪思汗，又把国都迁到亦力把里（今伊宁市），所以东察合台汗国也称"别失八里国"和"亦力把里国"。东察合台汗国从 1348 年建立，历经八代、十五位汗主政，到 1514 年被叶尔羌汗国所灭，计立国一百六十六年。而西察合台汗国在秃黑鲁帖木儿死后不久，便被自己的将军铁木尔夺取了国家政权。

成吉思汗次子察合台的封地，初领西辽旧地，包括天山南北路及今阿姆河、锡尔河之间的地区。初建都阿力麻里。察合台系后王笃哇与窝阔台系后王海都联合，屡与元朝皇帝军队争战，终世祖一朝未断。至 1303 年始与海都子罕八儿归服。

（3）窝阔台汗国，成吉思汗第三子窝阔台的封地，领有额尔齐斯河上游和巴尔喀什湖以东地区。建都叶密立（今新疆额敏县）。

1229 年窝阔台继帝位后，将封地赐给其子贵由。1251 年蒙哥汗即位后，以窝阔台系诸后王屡与作难，将封地分割，分授诸王，以去其势。窝阔台子合丹领别失八里，灭里领额尔齐斯河之地，窝阔台孙脱脱领叶密立，海都领海押立（今伊犁西）。1264 年忽必烈称帝后，海都自以太宗嫡孙不得立，先后联合阿里不哥、乃颜、笃哇争夺帝位。1301 年（大德五年）海都兵败逃亡，最终死去，汗国势衰。1310 年（至大三年），海都子察八儿为察合台系后王怯伯所败，部分归附钦察汗国，部分被并入元朝。

（4）伊儿汗国，又称伊尔汗国或伊利汗国，成吉思汗孙子旭烈兀西征后建立，是东滨阿姆河，西临地中海，北界里海、黑海、高加索，南至波斯湾的大国。既为欧、亚两洲文化荟萃之地，又是重要交通枢纽。居民民族成分复杂，主要讲波斯语和阿拉伯语。大多数信奉伊斯兰教，部分崇奉基督教。建都于帖必力思。境内农业发达，商业和手工业也很繁荣。与元朝关系一直都很密切。今伊朗、伊拉克、南高加索的阿塞拜疆、格鲁吉亚、亚美尼亚和中亚的土库曼斯坦都由伊尔汗直接统治；阿富汗斯坦西部的赫拉特王国是伊尔汗的属国；小亚的罗姆素丹国名义上是属国，实际上由伊尔汗派官治理。旭烈兀死后，他儿子阿八哈继袭汗位（1265—1282），政权进一步巩固，1270年曾率军击退了察合台汗八剌对呼罗珊的进攻。

文宗的文治

在元代诸帝之中，文宗图帖睦尔有着较深的汉文化修养，所以，在位期间比较注重文治。

文宗首先建立了专门掌管文化事务的机构。

天历二年（1329）二月，文宗设立了奎章阁学士院，秩（官吏的职位或品级）正三品，专掌进讲经史之书，考察历代帝王之治。以翰林学士承旨忽都鲁、都儿迷失、集贤大学士赵世延等人担任奎章阁大学士。大学士之下设有侍书学士、承制学士、供奉学士、博士等官。这些职位大多由有学问、有声望的朝官兼领。八月，在奎章阁学士院之下设艺文监，秩从三品。专门负责将儒家典籍译成蒙古文字，以及校勘这些典籍。艺文监设有太监、少监、监丞、博士等官。监下属机构有两个，一是负责保管书籍的艺林库，一是负责刻印书籍的广成局。

在设立了这些文化机构的当年，文宗下令编纂《经世大典》。《经世大典》全名是《皇朝经世大典》，是一本记载元朝典章制度的会要体政书。九月，文宗命翰林国史院、奎章阁学士院的官员着手搜集、整理本朝的典故，按照《唐会要》《宋会要》的体例，编纂《经世大典》。次年，即至顺元年（1330）正月，正式委任赵世延、赵世安负责此事。后来,文宗见编纂进度缓慢,又于二月改任赵世延、虞集担任总裁官,任命中书右丞相燕铁木儿担任监修官。为了加快进程,文宗还要奎章阁学士阿怜帖木儿、忽都鲁、都儿迷失等人负责将蒙古文字所记载的典章译成汉文。

至顺二年(1331)五月,修成《皇朝经世大典》。该书分为《帝号》《帝训》《帝制》《帝系》《治典》《赋典》《礼典》《政典》《宪典》《工典》等十类。每类之下再分若干细目。全书正文八百八十卷,目录十二卷,公牍一卷,纂修通议一卷,合计八百九十四卷。是元代一部重要的记述典章制度方面的巨著。

在组织编纂这部巨著的同时,文宗十分重视教育。例如至顺元年二月,文宗十分恳切地对奎章阁学士忽都鲁、都儿迷失、虞集等人说:"我的帝位是祖宗传下来的,但怎样治理国家却不是生来就知道的。所以,才设奎章阁。希望你们给我讲讲祖宗怎样治国和前朝的治乱得失。这些都是我十分乐于听的学问啊!"正是出于这一认识,文宗不仅自己听学士们讲解治国之道,还下令所有勋贵大臣的子孙都要到奎章阁学习。并任命翰林应奉揭傒(xī)斯担任授经郎,负责讲授。文宗自己经常去奎章阁,向揭傒斯等人请教。揭傒斯写了《太平政要》献给文宗,文宗爱不释手,常常拿出来向大臣们夸耀说:"这是我的授经郎揭曼硕字所写的书。"文宗对揭傒斯总是称呼他的表字"曼硕",以示亲近和尊重。

为了严格官学的考试制度,文宗在至顺元年(1330)下令中书省、御史台、集贤院、奎章阁的官员共同主持对国子监学生的考试,合格者按考试成绩分等授官,不合格的留校读书,不得予以官职。

此外,为表示对儒学的重视,文宗还沿袭前朝褒扬圣贤的办

法。应孔子后裔、衍圣公孔思晦之请，加封孔子之父齐国公叔梁
纥为启圣王，母鲁国太夫人颜氏为启圣王夫人，孔子之妻并官氏
为大成至圣文宣王夫人。后来，又封颜回为兖国复圣公，曾参为
成国宗圣公，子思为沂国述圣公，孟子为邹国亚圣公，程颢为豫
国公，程颐为洛国公。用加封儒学先圣先贤的办法提高儒学的
地位。

至顺三年（1332）八月，文宗去世。文宗在位期间虽短，但他
提倡文治的做法是有利于文化发展的。

忽必烈灭大理

蒙哥汗二年（1252）六月，忽必烈到曲先脑儿（蒙语脑儿意为
湖，蒙古驻夏之地）朝觐蒙哥。蒙哥命忽必烈率师征云南。老将兀
良哈台（速不台之子）总督军事，随行诸宗王有五十余人。士人姚
枢、刘秉忠等人随行参谋。

云南地区早在唐代由南昭国（乌蛮族即今彝族建立的政权）统
治。宋时白蛮族（今白族）取得政权，建立了以大理（今云南大理）
为都城的大理国，统治区域包括今云南、贵州、广西西部和四川
南部，以及缅甸、泰国、老挝的一些地方。主要民族为乌蛮和白
蛮。其他的还有摩些（今纳西族）、和泥（今哈尼族）、金齿、白夷
（今傣族）等，再加上与各少数民族杂居的汉族。这时大理国事衰
微，内政腐败，阶级矛盾尖锐。因此，有些地区的少数民族正逐
渐摆脱大理国的统治，不听大理国号令。

同年秋，忽必烈从蒙古起兵南下。次年夏，忽必烈率军驻屯
六盘山，待诸军齐集，粮饷、武器充足后再进攻大理。秋天，军

至临洮（今甘肃临洮），取道吐蕃（今四川甘孜藏族自治州地区），到达忒剌（今四川松潘），然后分兵三路前进。兀良哈台率军由西路晏当（今云南丽江北部）进；诸王抄合、也只烈率东路军由白蛮（今西昌、会理境）境进；忽必烈自领中路军，经大雪山，过大渡河，穿行山谷两千余里，抵达金沙江北岸。忽必烈军队乘革囊及木械渡过金沙江，分别招降大理以北四百余里的摩些等部。冬天，西路军进到此会合。忽必烈遣使入大理招降。大理国拒绝投降并杀死蒙古使臣。忽必烈与兀良哈台分兵进攻大理。兀良哈台破大理北的龙首关（上关）。大理国主段兴智与权臣高祥、高和兄弟弃城逃跑。忽必烈军与兀良哈台会合，顺利进入大理城。

进入大理后，忽必烈本欲屠城以示惩罚。汉将刘秉忠、姚枢等劝止。忽必烈命姚枢裂帛为旗，写上止杀的命令，传示于城内大街小巷以安民心，大理居民得以保全。他又命姚枢等搜访大理国图书典籍。这时东路兵取道吐蕃，也到达大理。忽必烈命人追击高祥兄弟，擒斩于姚州（今云南姚安）。

蒙哥汗四年（1254）春，忽必烈率军北返，留下兀良哈台率军戍守大理，并继续征服未降附的诸部。任命刘时中为宣抚使，对云南地区进行治理。秋，兀良哈台继续向东追击段兴智，进取善阐（又称押赤，即今云南昆明）。蒙军用炮轰、纵火等方式，发动猛攻。善阐军民坚持七天后城池陷落。段兴智逃至昆泽（今云南宜良），最终被蒙军擒获。兀良哈台遣送段兴智等首领去蒙古见蒙哥。蒙哥施以怀柔政策，赐金牌，让他们回去继续管理原属各部。段兴智回部后，献出地图，并统本族军队，亲自为先锋，引导兀良哈台去征服继续抵抗的各部。蒙古军经过两年的激战，相继征服了赤秃哥（今贵州西部）、罗罗斯（今四川凉山彝族自治州地区）和白蛮波丽国（今元江一带）。从此，大理五城八府四郡之地，和大部分乌蛮、白蛮部归附于蒙古。兀良哈台在云南设置统治机构，管理这一地区的事务。

忽必烈用武力征服了大理，通过征服，统一了大理各部。以后又按中原的封建制度设置郡县，并在大理进行屯田，不断推广中原地区先进的生产技术，传播科学文化，使云南地区的经济、文化不断进步，对我国多民族国家的形成和发展发挥了积极的作用。

进攻南宋和统一吐蕃、大理

蒙宋联合灭金后，蒙古并没有兑现将河南地归宋的诺言，反而迫使宋朝将陈州、蔡州西北的大片土地归蒙古所有。蒙宋开始对峙。历史又开始重演了：一百多年前，当女真进攻辽朝时，约北宋联合灭辽，结果辽被灭后女真大举进攻北宋；现在蒙宋联合灭金后，蒙古又大举进攻南宋。

这时的南宋政权，已经腐朽到了极点。宋理宗赵昀在位达四十年（1225—1264）之久，他先后重用权臣史弥远、史嵩之、董宋臣、丁大全、贾似道等人，这伙人在民族存亡的关键时刻，依然过着纸醉金迷、腐化挥霍的生活。"山外青山楼外楼，西湖歌舞几时休？暖风熏得游人醉，直把杭州作汴州"的情景，有增无减。面对强大的敌人，他们不是加强国防、坚决抵抗，而是束手无策，和战不定，把希望寄托在委屈求和、敌人自动退兵上。所以蒙宋四十年战争，南宋一直被动挨打，直到灭亡。下面要讲的，是忽必烈即位以前蒙古进攻南宋的情况。

金朝灭亡后，蒙古主力军北还，河南处于空虚状态下，南宋乘机出兵，企图收复洛阳（西京）、汴京（东京）、归德（南京）三京和河南其他地方。1234年6月，宋理宗赵昀命全子才等出兵汴京，汴京蒙古守将杀长官崔立降宋，宋将赵葵自滁州（今安徽滁县）取泗州（今江苏盱眙北），至汴京会师。7月，宋兵入洛阳。洛阳近乎一座空城，宋兵军饷无着，蒙古闻讯后派军南下，包围洛阳。双方交战后宋军虽然未败，却因为严重缺粮，只好弃城而归。在汴京的宋军，也因朝廷不供应粮饷，无法坚守，在蒙古军决黄河水淹城后，也只好退走了。南宋收复三京的失败，是缺乏周密准备和史嵩之等人破坏的结果。当时，河南遭战争破坏，州县多半是空城荒地，控制朝政的史嵩之等又不供应军饷，所以无法坚守。这次军事行动，反而成了蒙古进攻南宋的借口。1234年年底，王楫再次使宋，责怪南宋破坏协议。

1235年年初，窝阔台大举进攻南宋。蒙古军队分兵三路：西路由窝阔台次子阔端等率领攻取四川；中路由窝阔台第三子阔出等率领，进犯汉水流域和长江中下游；东路由宗王口温不花等率领入侵江淮。这次南下的蒙古军队是由"蒙古军"（由蒙古人和西域人组成）、"汉军"（由北方汉族地主武装和新降附的金军组成）所组成的。蒙古统治者由于兵力枯竭，在西征和南侵时，都是用征服地区的人民来补充自己的军队。

1235年10月，阔端率领的西路军到达巩昌（今甘肃陇西），原金守将汪世显投降。又攻下沔州（今甘肃略阳）。1236年9月，蒙古军入蜀，大败宋军，占领成都、利州、潼川三路二十余州。阔端大肆掳掠后，于1237年年初返回陕西。宋军于1238年收复成都。

1236年3月，阔出率领的中路军，进攻郢州（今湖北钟祥）。4

月，襄阳宋将叛降蒙古。襄阳自岳飞收复以来一百三十年间，仓廪充盈，城高池深，这次叛乱后，被洗劫一空。10月，阔出在进攻江陵（今湖北江陵）时死去。

口温不花、察罕等率领东路军，先于1235年7月攻唐州（今河南唐河），不胜。1236年11月，口温不花入淮西蕲（今湖北蕲春）、舒（今安徽舒城）、光（今河南潢州）三州，进攻黄州（今湖北黄冈）、庐州（今安徽合肥）等地。1237年10月，宋命孟珙往援。

1238年10月，宋以孟珙为荆湖制置使，收复荆、襄。孟珙连战皆捷，复信阳、光化、襄阳、樊城，荆襄形势扭转。蒙宋双方曾互派使臣，但未达成协议。1241年窝阔台死，蒙宋战争暂时休止。

蒙古军退兵后，南宋开始在四川部署防御。孟珙、余玠等先后主持屯田积粮，立寨筑城等，卓有成效。特别是合州（今四川合川）钓鱼山城的修筑，为日后击退蒙古军的进攻做好了准备。

1251年，蒙哥即大汗位，开始做进攻南宋的新部署。由于四川宋军防守严密，蒙古军队不敢轻易进攻。因而采取了绕道吐蕃，进攻云南的大理，然后南北合兵进攻南宋的战略。1252年蒙哥弟忽必烈、老将速不台子兀良哈台奉命出征。1253年秋，忽必烈取道吐蕃向大理进发。当时吐蕃正处于四分五裂的状态下。蒙古强大起来后，还在灭西夏之前，有的吐蕃地方势力就已向蒙古表示臣服。后来，窝阔台派阔端和掌握吐蕃地方实权的萨斯迦派宗教首领萨迦班智达在凉州达成协议。吐蕃正式接受蒙古大汗规定的各项制度。忽必烈入藏后，击败了反抗的吐蕃军队，吐蕃归于统一。

1253年10月，忽必烈和兀良哈台率军进入大理境内，在金沙江附近降服了大理以北的摩些蛮各部，酋长唆火脱因、塔里马等投降。忽必烈遣使入大理招降，使臣被杀。大理是五代后晋的白蛮首领段思平于天福二年（937）所建，辖今云南全境及四川西南境。当时的国王是段兴智，大权操于高祥、高和兄弟之手，忽必烈的使臣就是被高祥杀死的。1253 年 12 月，忽必烈攻占大理城，段兴智逃奔善阐（今云南昆明），高祥逃奔姚州（今云南姚安），蒙古军追至姚州，杀高祥。忽必烈留兀良哈台继续平定大理境内尚未征服的地区，自己返回蒙古。兀良哈台攻占善阐，擒获段兴智。自 1254 年至 1256 年，兀良哈台先后平定了乌蛮、白蛮、罗罗、金齿、白衣等部，大理国八府四郡内附。

1258 年年初，蒙哥再次发动三路大军进攻南宋。他亲率主力军进入四川；命忽必烈攻打鄂州（今湖北武昌）；又命兀良哈台从云南北上攻潭州（今湖南湘潭）。然后在鄂州与忽必烈会师。准备三路军会师后同时东进，直抵临安，灭亡南宋。

蒙哥先派纽磷占领成都，亲率大军攻下利州（今四川广元）及其附近地方，然后沿嘉陵江南下，准备进攻重庆。1258 年年底，蒙古军到达合州。合州在嘉陵江东岸，地势险要，是重庆北边的门户。合州宋将王坚调集十七万人，增筑钓鱼城御敌，军民抗蒙情绪高涨。1259 年春，蒙宋双方在合州及其周围展开了激烈的攻守战，蒙国始终未能攻破钓鱼城。入夏后，天气炎热，疾病流行，被阻在合州城外的蒙古军病倒很多。7 月，蒙古军围合州，先锋汪德臣差点被炮石击中，回营后得病死去。随后，蒙哥等率大军攻城，宋军发炮石，蒙哥被击中负重伤，回营后终因伤势严重，死于军中。大汗一死，蒙古军只好撤退。

忽必烈一路于 1259 年 8 月渡淮河，入大胜关，抵黄陂（今湖北黄陂北），向鄂州推进。9月，蒙哥死讯传来，忽必烈企图攻下鄂州后再北上夺取汗位。因而攻城更加激烈。由于南宋援兵来到，忽必烈一直未能得手。12月，在汉阳声援鄂州的南宋右丞相兼枢密使贾似道向忽必烈求和。这时，忽必烈已经得知其弟阿里不哥准备在和林即大汗位，于是便采纳谋臣郝经的计策，匆匆与贾似道签订密约：双方以长江为界，南宋每年献银二十万两、绢二十万匹给蒙古。然后，忽必烈急速撤兵北上争夺汗位。

兀良哈台一支军队到达潭州后，因南宋军民奋战抵抗，未能攻下，兀良哈台便绕道北上与忽必烈会师。